착한
사람들의
나쁜
사회

착한 사람들의 나쁜 사회

지금 여기, 지속 가능한 삶의 조건들

권경우 지음

생각의힘

차례

2부 나는 대한민국이 아니다

3부 대학에서 절대 가르쳐주지 않는 것들

|

사건은 '사건들'로 존재하고
우리는 '홀로' 존재하지 않는다

|

이 책에 실린 글들은 천차만별이다. 여러 해에 걸쳐 다양한 지면에 다양한 주제로 쓴 글들이다. 대부분 나름대로 주제를 정해 썼지만, 정해진 주제를 청탁받아 쓴 것도 있다. 몇 만 원에 불과한 원고료를 받아 생계를 유지하기도 했고, 매체 성격에 따라 고료 없이 쓴 글도 있다. 서재에서 밤을 지새우며 쓴 글도 있지만, 카페에서, 강사휴게실에서, 때론 지하철에서 이동하면서 휴대폰으로 쓴 글도 있다. 이러한 객관적인 물리적 환경은 글쓰기에 영향을 미쳤을 것이다. 주류의 관점보다는 비주류, 다수보다는 소수의 관점을 견지하게 된 것도 그런 이유들 때문일 것이다.

　우리가 살아가는 사회는 어떤 곳이며, 이 사회를 구성하고 살아가는 사람들은 어떤 이들일까? 이러한 물음이 내 글쓰기의 출발점이다. 국가나 민족, 계급, 세대 등은 다음 순위다. 다양한 사회현상과 대중문화의 풍경을 통해 동시대 사람들이 무슨 생각을 하면서 어떻게 살아가고 있는지를 살펴보려고 했다.

여기 실린 글들은 대부분 '문화비평'으로 분류된다. 그렇다면 문화비평은 무엇일까? 문학비평이나 영화비평, 미술비평 등과는 어떻게 다른가? 먼저 문화비평은 특정한 장르를 넘어선다. 장르 중심의 특징이 드러나는 비평의 한계를 극복하고 장르와 장르 사이에서 나타나는 관계성의 문제, 권력의 문제, 장르의 부상과 소멸 등을 종합적으로 다루게 된다.

다음으로 비평은 대중의 동의나 합의에 반하는 것이어야 한다. 누구나 동의하는 글은 비평이 될 수 없고 그래서도 안 된다. 다수의 합의를 통한 흐름을 비판한다는 점에서 소수의 관점을 유지해야 한다. 비평을 읽으면서 대중들이 고개를 끄덕이고 있다면 좋은 비평이라 할 수 없다. 오히려 글을 읽으면서 고개를 갸웃거리거나 짜증을 내야 한다. 대중이 갖는 고정관념이나 인식을 깨뜨리는 글쓰기가 아니라면 굳이 비평을 할 이유가 없다. 비평은 대중이 서 있는 자리가 아니라 건너편에 서 있어야 한다. 좀 더 정확이 말하면 대중이 서 있는 것에서 같이 바라보다가 글을 쓸 때는 반대편으로 건너가야 한다. 달리 말하면 비평 텍스트를 선정할 때에는 대중의 시선으로 바라보고, 글쓰기에 있어서는 철저하게 대중과 분리되는 입장을 가져야 한다. 이 책은 부족하나마 그러한 관점을 유지하려고 애쓴 결과물이다.

또한 비평은 무조건 쓴다고 되는 것이 아니다. 흔히 글쓰기를 잘하기 위한 방법으로 '무조건 많이 써라'는 이들이 있지만, 비평은 해당되지 않는다. 비평 글쓰기는 먼저 관점과 입장을 갖춰야 한다. 비평가에게 이론이 필요한 이유다. 이론은 입장을 제공한다. 어디에 설 것인가 하는 문제는 사건으로서 대상을 바라보는 데 있어 가장 중요한 지점이다. 다음으로 이론은 관점을 제공한다. 사건은 단일하지 않다. 사건은 항상 '사건들'로 존재한다. 관점은 사건들의 위상을 맥락적으로 사유하고 이해할 수 있는 시각이다.

이 책은 모두 3부로 구성되어 있다. 1부는 주로 사회적 문제에 관해 쓴 글들이다. 글 제목에 유독 '사회'라는 단어가 많이 들어가는 것도 그런 이유에서다. 우리가 살고 있는 사회가 어떤 모양인지 나름 질문을 던진 것이다. 개인의 삶은 중요하다. 그렇다고 해서 개인의 자유를 강조하는 것은 우리 사회에서는 어울리지 않는다고 생각한다. 개인은 사회라는 일종의 장field에 위치하기 때문이다. 정치와 문화는 별개가 아니다. 세월호의 죽음이 결코 특정 개인이나 가족들의 슬픔이 아닌 것과 같다. 세월호 참사가 단순한 사건으로 그치지 않는 것은 문제 해결이 가능하지 않기 때문이다. 그 과정에 우리 사회의 모든 문제점들이 망라되어 있는 것이다. 신자유주의가 강화되는 사회에서 개인의 삶은 더 분절화되고 있으며, 개인과 사회의 연결고리는 희미해지고 있다. 그럴수록 개인은 사회의 변화와 구조를 알아야 한다. 하지만 현실은 그렇지 못하다. 생존을 위협받는 대다수 사람들은 사회의 흐름이나 구조와는 전혀 상관없이 살아가고 있다. 그런 점에서 책의 제목에 등장하는 '착한 사람들'은 대중을 바라보는 나의 복잡한 시선이 담겨 있는 표현이다. 순수한 대중을 비난할 수는 없다. 하지만 그들의 존재는 누군가 나쁜 사회를 유지하기 위한 역할을 수행하고 있는 것이다. 우리 사회는 이 아이러니에서 자유로울 수 없다.

2부는 인문학과 대중문화에 관한 내용을 묶었다. 최근 몇 년 동안 대안으로 급부상하고 있는 인문학 열풍의 문제점과 한계를 지적하면서, 그러한 열풍이 정작 사회적 맥락을 잃어버린 채 반쪽짜리로 남는 것은 아닌가 하는 문제의식이 있다. 다음으로 대중문화에 관해 쓴 글들은 단순한 소재주의나 유행을 넘어 새로운 문화정치적 지형도를 그리고자 했다. 대중문화는 결국 동시대 대중들의 욕망을 발현하는 장이라는 점에서 대중문화를 살펴보는 건 매우 유의미한 일이다. 그럼에도 유행이나 트렌드만을 소개하는 것은 비평의 몫이 아니다. 비평은 대중들이 생각하지 못하거나 표면적으로 드러나지 않는 중층적 맥락을 들추는 것이어야 한다. 그런 점에서 유행이나 열풍에 담긴 대중들의 공통 감수성이나 그 바탕에 깔려 있는 '정치적 무의식'에 주목하려고 했다.

3부는 대학과 청년을 소재로 쓴 글들이다. 오늘날 대학은 신자유주의의 전진기지가 되었으며, 그 핵심을 이루는 청년세대는 탈출구 없는 '절벽사회'를 경험하고 있다. 대학문화와 청년문화의 이름으로 대학을 일종의 대안문화의 산실로 호명하던 시절은 멀찌감치 사라지고 말았다. 과거 대학에서 대안을 모색하던 흐름은 더 이상 불가능하게 되었으며, 청년세대 자체의 활동이나 노력보다는 필요에 따라 사회적으로 호명되는 주체로서의 청년세대만 남아 있는 듯하다. 오랜 시간 대학생과 대학원생, 시간강사로서의 시간을 보내면서 대학은 애증의 공간이 되었다. 희망이 사라진 대학 공간에서 청년세대와 교수들은 무엇을 할 수 있을 것인가. 무조건 대학을 바꾸는 것만이 아니라 대학의 안과 밖을 동시에 사유함으로써 대안을 발견하는 것이 필요하다.

  여기에 실린 글들은 내가 썼지만 실제로는 나만의 글이 될 수 없다. 내가 속한 한국사회의 맥락과 지금까지 내게 영향을 끼친 다양한 사람들과 함께 만들어낸 결과물이다. 개인은 홀로 존재하지 않는다. 한 개인은 그가 만나고, 경험하고, 읽은 모든 것들의 총합이다. 나 역시 마찬가지다. 나를 스쳐간 모든 것들이 나의 스승이다. 특별히 강내희 선생님을 비롯한 여러 선생님들과 선후배 동료들은 항상 보이지 않는 울타리가 되어주고 있다. 그리고 가장 가까운 곳에서 가장 큰 사랑을 보여주는 가족들에게 고마움과 사랑을 전한다. 가족을 통해 인간에 대한, 그리고 세상에 대한 나름의 역할을 잊지 않게 되었다.

I

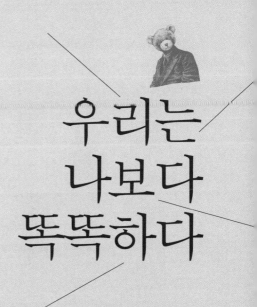

우리는
나보다
똑똑하다

집단지성은 고립을 넘어 연대로, 소수의 독점이 아닌 개별성의 총합을 지향한다. 그것을 통해 지배
와 독점, 불평등, 폭력에 대한 저항의 형태도 달라질 것이다. 한 사람의 영웅이 아니라 평범한 개인,
사소한 사건이 새로운 저항의 출발점으로 작동하는 것이다.

|

착한 사람들의
나쁜 사회

|

2014년 2월, 서울 송파구 석촌동에 살던 세 모녀가 자신들이 살던 집에서 생을 마감했다. 최근 이러한 가족 동반의 죽음이 빈번해지고 있다. 대개 부모가 어린 자녀를 먼저 '살해'하고 자신의 목숨을 끊는 것이다. 하지만 이번에는 어린 자녀가 아니라 60대 어머니와 30대 두 딸의 죽음이다. 사람들은 조금 의아해한다. 여성이라 할지라도 세 명의 성인이 왜 살아보려고 노력하지 않았을까. 오늘날 많은 이들이 힘들더라도 버티고 있는데, 어찌하여 버티지 못했을까. 이런 시각에는 어쩌면 그들의 죽음을 '경제적 이유'로 보는 시선이 담겨 있다.

그들은 왜 그런 선택을 했을까. 전후 사정은 다음과 같다. 아버지는 12년 전에 방광암으로 투병하다 사망했다. 암 투병 과정에서 늘어나는 병원비는 두 딸 명의의 신용카드로 충당했다. 그 후 두 딸은 신용불량자가 됐고, 어머니는 식당일을 하면서 가계를 이어갔다. 설상가상 큰딸은 고혈압과 당뇨를 앓고 있어서 일을 할 수 없었을 뿐만 아니라 최근에는 약을 처방받지도 못했다. 작은딸 역시 신용불량자라는 이유로 직장을 구하기가 쉽지 않아 간간히 아르바이트를 했다. 작은딸은 만화가의 꿈을 품고 공모전 수상을 할 정도로 실력을 갖추고 있었다. 하지만 대부분의 만화가들이 그렇듯이 그것은 자신의 삶을 감당할 수 있는 조건과는 관계없는 일이었다.

무엇보다 이들의 죽음이 사회적 관심을 끌었던 이유는 남겨진 유서 때문이었다. 그들의 죽음 곁에 놓인 하얀 봉투에는 현금 70만 원과 함께 짧은 유서가 발견됐다. 내용은 네 줄에 불과했다.

주인아주머니께
죄송합니다.
마지막 집세와 공과금입니다.
정말 죄송합니다.

그들은 한 번도 월세를 밀린 적이 없고, 채무 이자도 사건 발생 한 달 전까지는 꼬박꼬박 입금했다. 대략적인 상황만 보더라도 그들의 삶과 일상이 어떠했을지 짐작할 수 있다. 두 딸은 가장 푸르른 20대 청춘의 시기를 채무에 시달리는 신용불량자로 살아갔을 것이고, 모르긴 해도 그사이 친구들을 비롯한 다양한 사회적 관계는 단절됐을 것이다. 실제로 가계를 책임지고 있던 어머니는 팔을 다친 이후에 식당일을 그만둬야만 했다. 우리는 그녀가 빌라 지하의 두 칸짜리 방에서 느꼈을 절망의 크기를 짐작할 수 없다.

그런데 그들은 절망을 표출하지 않았다. 죽음을 결정하고 실행하는 과정에서 그들은 분노와는 다른 정결함을 유지했다. 우리가 목도하고 있는 것처럼, 악이 유행처럼 번지고 있는 시대에 그토록 착한 마음을 유지하는 것은 무엇을 의미하는 걸까. 그들은 죽는 순간까지 착하기만 했다. 그들은 세상을 원망하거나 대한민국을 욕하지 않았으며, 신세를 한탄하지도 않았다. 누군가는 그들의 착함에 대해 칭찬을 아끼지 않는다. 그렇지만 죄책감이나 수치심이라고는 도저히 찾을 수 없는 사회에서 그들의 순수함을 이렇게 봐야 할까.

서른 한 글자에 불과한 짧은 유서에 두 번이나 등장하는 '죄송합니다'라는 표현은 인간과 사회에 대한 우리의 생각을 새롭게 정초할 것을 요구한다. 그들은 잘못을 저지르지 않았다. 월세가 밀린 것도 아니었고 특별히 '주인'에게 죄를 짓지 않았다. 그런데도 죽음을 맞이하는 순간까지도 죄책감을 느끼는 그들은 누구이며, '죄송하다'는 그들의 고백을 받는 '주인아주머니'는 누구인가. 그들의 죽음에 대한 사회복지 차원에서 실효적 대책을 세우는 것도 중요하지만, 그들이 죽음을 선택하는 것은 복지만의 문제는 아닐지 모른다.

도대체 오늘날 착하다는 것은 어떤 것일까. 예측할 수 없는 위험과 재난이 늘어나고 일상적이고 구조적으로 고통스러운 사회에서 사회적 약자들은 '착한 사람들'로 다시 태어나고 있다. 그 과정에서 그들은 수치심이나 죄책감에 익숙해지고 있다. 수천만 국민에게 한 약속을 눈 한번 깜짝이

지 않고 헌신짝처럼 던져버리고도 미안하기는커녕 전혀 부끄러움을 느끼지 않는 이들이 있는가 히면, 오히려 정직하게 자신의 삶을 살다가 목숨을 끊을 수밖에 없는 이들이 부끄러워하는 시대다.

이처럼 수치심이 사라진 사회에서 착하게 산다는 것은 스스로를 죽이는 일이다. 착한 사람들이 착한 사람들을 죽인다. 우리 사회의 수많은 죽음을 착하게 산다는 것의 사회적 산물이라고 말한다면 과장된 것일까.

사람들은 그들을 가리켜 '착하다'고 말한다. 결국 그들은 죽음을 선택했다. 그것은 죽을 수밖에 없는 이유가 있어서라기보다는 더 이상 '살아야 하는 이유'가 없기 때문이 아닐까. 우리가 발 딛고 살아가는 사회가 정말 나쁘다고 하는 이유는 이토록 착한 사람들이 살아야 하는 이유를 박탈한다는 데 있다. 사회의 약자들에게 제발 착하게 살라고 강요하지 말자. 이렇게 나쁜 사회에서 살아남는 것만으로도 충분히 착하지 않은가.

|

세월호가
일상이다

|

2014년 8월 11일 박근혜 대통령은 청와대 수석비관회의를 주재하면서 "정치가 국민을 위해 있는 것이지 정치인들이 잘살라고 있는 게 아닌데, 지금 과연 정치가 국민을 위해 존재하고 있는 것인가 자문해봐야 할 때"라고 말했다. 이 발언의 배경은 당시 국회에 계류 중인 20여 개 법률안 처리를 촉구하는 것이었다. 소위 '유체이탈 화법'의 좋은 사례다. 국민과 정치의 관계를 언급하면서 정작 정치의 핵심 주체인 당사자는 슬그머니 삭제하는 방식이다. 즉 지금과 같은 정치 실종의 현실에서 자신은 아무런 책임이 없다고 말하고 있는 것이다. 정치의 영역을 협소한 의미로 받아들인다 하더라도 청와대와 대통령이 정치에서 제외될 수는 없다. 박 대통령은 스스로 민주주의 제도에서의 대통령이 아니라 일종의 왕으로서의 위치를

드러내고 있음을 보게 된다.

　그가 취하는 화법은 한국사회와 대통령의 관계를 분리시키는 것이다. 한국사회에서 어떤 문제가 발생하면 대통령의 책임에 해당하는 것이 아니라 국회나 정부의 각 기관에서 책임을 지는 것으로 정리한다. 그렇게 되면 대통령은 그 문제와 유리될 뿐만 아니라 얼핏 보면 아무런 상관이 없는 존재처럼 여겨지기도 한다. 이것은 대통령이 자신을 초월적 존재로 인식함으로써 국민을 대변하고 국민의 안전과 행복을 지키는 행정수반으로서의 책임과 역할을 방기하는 것이다.

　이러한 방식은 사실 우리의 삶과 닮아 있다. 대중의 일상이 점차 분절되면서 개인의 삶이라 할지라도 전혀 다른 층위로 구성되는 것을 보게 된다. 주 5일 일하는 직장인이라면 그의 삶은 주 중과 주말로 극명하게 달라질 것이다. 주 중의 삶은 철저하게 주말의 삶을 위한 물적 토대를 마련하는 일이다. 그 안에서 행복이나 만족과 같은 삶의 질을 발견하는 일은 쉽지 않다. 그러한 분리가 단지 직업의 문제만은 아니다. 거주형태에 따라서도 얼마든지 달라진다. 아파트 주민이 되는 순간 자신이 거주하는 단지의 입장에서 여러 활동이나 과정에 동참하게 된다. 단지에 속하지 않은 주민과 아이 들의 놀이터 출입을 배제하는 것은 하나의 사례다. 현대사회를 살아가는 이들은 자신이 살아가는 과정에서 다양한 형태로 경제적 비용을 지출한다. 그러한 과정은 개인이 자신의 권리를 중요하게 여기도록 만든다. 경제적 비용의 대가로 받은 권리이기 때문에 타인의 권리 침해를 절대로 용납하지 않는다.

　이처럼 개인의 삶을 비롯해서 사회 전반적으로 단절과 분리가 당연시

되고 있는 게 현실이다. 대통령의 화법뿐만 아니라 우리의 삶 역시 그러한 분리가 자연스럽게 받아들여지고 있다. 여기서 우리는 '일상이란 무엇인가'라는 물음을 던져야 한다. 노동과 여가를 분리하고, 직장과 가정을 분리하는 삶에서 일상은 어디에 존재하는 걸까. 눈여겨봐야 할 것은 그러한 분리는 우리가 선택한 것이 아니라 우리도 모르는 사이에 우리 안에 내면화되었다는 사실이다. 분리를 자명한 것으로 인식하는 순간, 우리는 타인의 삶과 나의 삶을 분리시킬 수밖에 없다. 정규직과 비정규직의 삶이 그렇고, 같은 비정규직이라 할지라도 직종에 따라 서로 다르다는 인식을 강요받고 있는 것이다.

2014년 4월 16일에 벌어진 세월호 참사는 한국사회에서 살아가는 이들의 삶을 많이 바꾸었다. 그 변화는 외형적으로 드러나는 물질적 조건을 넘어 충격과 공포, 분노 등 다양한 감정적 상처를 포함한다. 유가족과 조문객, 특별법 제정 서명자, 추모시위 참가자 등이 직접적인 변화를 보여주는 이들이라면, 비록 거리에 모습을 드러내지 않더라도 인터넷 공간이나 SNS, 그 외의 주변에서 사회적 고통과 타인의 고통을 함께 공감하는 사람들도 무수히 많다. 여전히 그들은 한국사회의 곳곳에서 그 슬픔을 다양한 방식으로 표출하고 있다. 우리가 살아가는 오늘의 풍경이다.

일부 정치인, 우익단체, 보수언론에서는 이제 '일상으로 돌아가자'고 공공연하게 말한다. 이렇게 말하는 이들은 세월호 참사와 일상을 구분하고 분리하는 것이다. 하지만 세월호는 일상과 구분되는 별개의 사건이 아니다. 그 사건이 바로 우리의 일상이며 한국사회의 현주소다. 세월호 참사가 더욱 중요한 이유는 인간의 힘으로 막을 수 없는 자연재해나 재난이 아니기 때문이다. 아직까지 사고 원인도 제대로 밝혀진 게 없으며 음모론이라고 하기에는 도저히 이해할 수 없는 정황들이 속속 포착되고 있다. 그런데도 이제 그만 이야기하고 다른 곳으로 눈을 돌리자고 하는 이들이 있다. 그들에게는 차가운 바다에서 목숨을 잃은 수백 명의 생명들이 그저 교통사고의 희생자 정도로 인식되고 있는 것이다. 지금까지 드러난 사실만으로 짐작할 수 있는 것은 세월호 참사가 일어났던 원인에 우리 사회의 다양한 비리와 문제점 들이 집약되어 있다는 사실이다. 그렇게 보면 어떤 집단이나 개인들은 세월호 참사의 진상이 제대로 규명되면 그 과정에서 자신들이 누리고 있던 이익을 잃게 될 수도 있기 때문에, 자꾸만 일상으로 돌아가자고 외치는 것인지도 모른다. 즉 세월호 참사의 원인이 되었던 것들이 누군가에는 부와 권력을 유지하는 '일상'이었던 것이다.

일상으로 돌아가자는 목소리가 커질수록 상황은 더욱 선명해지고 있다. 우리가 돌아가야 할 곳은 그런 식의 일상이 아니라 세월호 참사라는 현실이다. 그 현실은 우리의 일상과 반대편에 위치하는 것이 아니라 우리의 일상 그 자체다. 일상은 따로 존재하지 않는다. 우리의 여가가 노동 조건과 무관하지 않듯이 일상은 세월호와 동떨어져 있는 것이 아니다. 우리가 할 일은 세월호를 일상으로 만드는 일이다. 세월호야말로 우리의 일상인 것이다. 일상으로 돌아가자고 하는 목소리를 거부하자. 세월호가 일상이다.

|

세월호,
끝이 없는 이야기

|

다큐멘터리 영화 「블랙딜」^{이훈규 감독, 2014}은 가까운 일본의 철도뿐만 아니라, 영국의 철도, 프랑스의 물, 독일의 전력 등 유럽 각국과 칠레의 연금과 교육, 아르헨티나의 발전과 철도 등 남미의 다양한 민영화 문제를 매우 꼼꼼하게 담아낸 수작이다. 사회성이 짙은 다큐멘터리가 가장 저지르기 쉬운 실수 가운데 하나가 선명한 주제의식으로 인해 관객들에게 과도하게 말을 건다는 점이다. 모든 말 걸기는 대화가 아닌 독백이 되는 순간, 사실상 중단된다. 더 이상 이해와 설득, 합의, 계몽은 일어나지 않는다. 하지만 「블랙딜」은 관객에게 대화를 요청할 뿐 강요하지 않는다. 마치 자신이 경험했거나 알고 있는 사실을 하나하나 풀어놓는 느낌이다. 관객들은 감독의 메시지를 수용하는 것이 아니라 영화가 끝나고 나서 자신의 위치에서

민영화 문제를 생각하게 된다.

'블랙딜'Blackdeal은 검은 거래를 뜻한다. 영화는 가국의 민영화 과정에서 기업과 관료들이 사적 이익을 위해 공공성을 팔아먹는 뒷거래를 폭로한다. 문제는 폭로에 있지 않다. 오히려 '블랙딜'이 아주 공공연하게 이뤄지고 있으며, 언제부터인가는 마치 당연하고 합리적인 과정인 것처럼 받아들여지고 있다는 사실이다. 프랑스의 거대 물회사의 전 사장은 뒷거래로 인해 회사에서 물러나고 감옥까지 다녀왔으면서도 죄책감이나 뉘우침이 없다. 오히려 카메라 앞에서 자신의 생각을 당당하게 펼친다.

「블랙딜」의 강점은 동시대 민영화를 둘러싼 인간의 민낯을 그대로 보여준다는 점이다. 마지막 부분에서 민영화의 고통을 온몸으로 떠안고 살아가는 남미 시민들의 인터뷰가 나온다. 그들은 민영화의 원인이나 책임을 묻지 않는다. 자신의 고통이 어디에서 시작됐으며, 누구의 잘못 때문인지 따지지 않는다. 다만 현재의 불편하고 고통스러운 상태를 없애달라고 요구할 뿐이다.

이 장면은 우리에게 중요한 성찰을 준다. 민영화라는 문제에 있어서 그 과정의 '블랙딜', 그리고 민영화 이후의 결과 등에 대해서 고발하는 것이 생각보다 큰 효과를 거두지 못한다는 사실이다. 대중은 이제 사실 자체에 대해 충격을 받거나 생각을 바꾸지 않는다. 그들은 너무 많은 사실을, 이미 알고 있다. 사실이나 진실이라는 이름의 폭로는 더 이상 효과를 거두지 못한다.

지금 한국사회에서 벌어지고 있는 풍경을 보노라면 이 문제는 더 심각하다. 세월호 참사에 대해 어느 누구도 책임지는 사람이 없다. 수많은 사실과 진실이 우리 앞에 놓여 있지만 거들떠보지도 않고 생각하지 않는 사람들이 수두룩하다. 세월호 참사를 '교통사고'에 비유함으로써 마치 누구에게나 일어남직한 우연한 일로 비하하는 일도 있었고, 심지어 광화문 광장에서 단식농성을 하고 있던 유가족들을 공격하는 보수단체들도 등장했다. 그들 단체의 이름은 '어버이연합'과 '엄마봉사부대'였다. 그들은 우리와 함께 숨 쉬고 살아가는 동시대인들이다. 그들로 인해 언어의 가치는 죽어버렸지만, 그럼에도 우리는 그들을 설명해야 하는 책임으로부터 자유롭지 못하다. 세월호에 갇혀 물속으로 가라앉는 순간에 아이들이 그토록 부르고 싶었던 이름 '엄마'와 그 엄마들을 공격하는 '엄마'는 도대체 어떻게 다른 것일까. 이 물음 앞에 우리는 마주서야 한다.

비슷한 사례는 해외에서도 발견된다. 2014년 7월, 이스라엘의 팔레스타인 가자지구에 대한 무차별적인 공습이 있었다. 가자지구가 내려다보이는 이스라엘 도시 스데로트의 언덕에 올라 폭탄이 터지는 광경을 마치 불꽃놀이를 구경하듯이 휴대용 의자에 앉아 여유롭게 '즐기고' 있는 이스라엘 사람들의 모습이 공개되어 충격을 주었다. 이 공습으로 죽은 팔레스타인 사람들은 대략 1,900명에 달한다. 레바논 국경 인근 이스라엘 북부 키랴트 스모나의 아이들이 레바논을 공습하려고 준비 중인 포탄에 "사랑을 담아 이스라엘로부터(with love, from Israel)"라고 적은 사진이 한 블로그에 의해 회자되기도 했다.

세월호 참사 이후의 시대에 우리는 바로 이 지점에서 시작해야 하지 않을까. 문제의 원인을 명확히 진단하는 일, 복잡하게 얽힌 권력관계를 찬찬히 뜯어보는 일, 그리고 우리가 발 딛고 서 있는 지점에서 유사한 일이 발생하지 않도록 지켜보는 일 등이 필요하다. 분명한 사실은 세월호 참사의 문제 해결이나 종착짐은 없다는 점이다. 지금까지 그랬던 것처럼 누군가는 이 참사를 하루빨리 종결짓고 '비정상의 정상화'를 실현하고 싶어 할 것이다. 그럴수록 우리는 해결이 아닌 지속과 과정의 관점에서 문제를 안고 가야 한다. 그것이야말로 우리가 참사를 반복하지 않을 수 있는 유일한 길이다.

'세월호'는 우리가 일상이라는 이름으로, 시간이라는 이유로 멈춰서는 안 되는 '끝이 없는 이야기'이어야 한다. 이 시대를 살아가는 우리들은 '세월호'라는 배를 함께 타고 도착항 없는 항해를 떠나야 한다. 우리는 세월호를 통해 문제를 확장하고 사유를 창조해야 한다. 모든 철학이 그렇게 탄생했다. 그것은 새로운 가치, 새로운 이념, 새로운 사회, 새로운 국가, 그리고 새로운 인간이 될 것이다.

|

안전사회는
없다

|

세월호 참사 이후 '안전'은 우리 사회에서 가장 중요한 화두가 됐다. 박근혜 정부는 세월호 참사가 일어난 지 약 한 달 후 세월호에 대한 책임과 대책을 강구한다는 명목으로 안전을 강조하면서 정부조직 개편을 발표했다. 그중 안전행정부의 역할과 기능을 축소하고 소방방재청을 포괄하는 국가안전처를 신설한 것이 대표적이다. 겉으로는 재난안전의 전문성과 현장 대응성을 강화하는 차원에서 소방방재청을 흡수하는 것이라고 했지만, 현장의 목소리는 사뭇 다르다. 소방방재청의 독립성이 훼손당함으로써 오히려 재난 안전과 현장 대응에 제대로 된 역할을 할 수 없을 것이라는 우려가 지배적이다. 정부 발표 이후 소방대원들이 1인 시위에 나선 것도 비슷한 맥락이다.

분명 우리는 위험한 사회를 살고 있다. 단순한 '사고'의 문제가 아니라 '재난'이라는 단어가 일상화됐다. 또한 사회적 혹은 자연적 재난을 둘러싸고 온갖 수익사업들이 거대한 산업의 형태로 나타나고 있다. 이를 가리켜 '재난자본주의'라고 부른다. 세월호 참사에서도 '언딘'이라는 민간인양전문업체가 인명 구조를 전담한 것으로 알려지면서 논란이 일었다. 이러한 양상이 바로 일상적인 차원에서 일어나고 있는 민영화의 실체다. 재난자본주의는 이처럼 우리 사회가 필연적으로 양산할 수밖에 없는 비극의 부스러기들을 먹고 성장하는 시스템이다.

　이미 20세기 후반 자본주의는 '위험사회'로서의 특징을 드러낸 바 있다. 우리 사회만 하더라도 1994년 성수대교와 1995년 삼풍백화점 붕괴, 2003년 대구지하철 화재 참사 등은 사회의 물질적 조건에 대한 근본적인 물음을 제기했지만, 여전히 우리는 그러한 목소리에 귀 기울이지 않았다. 우리의 삶을 안락하고 편안하게 만들었던 기술과 공학의 발달은 오히려 위험사회의 조건들을 증가시켰고 강화시켰다. 실제로 위험사회에 대한 경고가 등장한 이후 위험은 줄어들었다기보다는 위험의 잠재성이 더욱 증폭하는 쪽으로 가고 있다. 이제 '위험'이라는 공격적인 상황은 '안전'이라는 수비 대책과 상호 대비를 이루고 있다. 대중은 일상에서 위험을 감지하고, 그 위험에 대한 불안과 공포는 이념의 차이나 경제적 이익을 넘어 또 다른 차원에서 가장 핵심적이고 강력한 사회적 기제가 되고 있다. 위험은 안전을 강화하고 안전은 위험에 대한 불안과 공포를 확산한다. 그렇게 위험과 안전은 대립적인 한 쌍으로 존재 확인을 하고 있다. 위험이 사라진 안전사회는 과거 착취가 사라진 평등사회처럼 일종의 유토피아를 구축하고 있다.

그러나 안전한 사회는 실현 불가능한 꿈이다. 과학과 기술의 발달과 더불어 형성된 '안전율'의 개념은 완전한 것은 없으며 안전하다는 것은 결국 일종의 근사치로 표현하는 평균값에 해당되는 것임을 보여준다. 의학에서의 질병 예방이나 식품 안전의 문제 역시 완벽한 것이라기보다는 점차 확률을 높이는 것에 불과하다. 절대나 완전이라는 표현은 적어도 '안전'의 영역에서는 존재할 수 없는 단어다. 그런 점에서 안전사회를 만들겠다는 정치적 욕망은, 그것이 설령 완벽한 것을 추구하는 것이 아니라 할지라도 결국 '안전하지 않다고 여겨지는 것들'에 대한 배타적 거부라는 전제 위에서 성립할 수밖에 없다. 안전한 곳에서 살고 싶다는 대중의 욕망이 그 자체의 소박한 욕망이 될 수 없는 이유도 여기에 있다. 안전을 강조할수록 위험의 공포는 커지고 우리의 자유는 사라진다. 그런 점에서 안전의 또 다른 얼굴은 감시와 검열이 되고 만다. 나아가 안전 이데올로기로 무장한 시민들은 상호간의 자율통제를 완성시킬 것이다. 안전은 말 잘 듣는 '착한 시민'을 무더기로 양산할 가능성이 적지 않다.

안전은 규칙을 지키는 것이고, 노란선을 벗어나지 않는 것이다. 안전은 세월호가 가라앉는 순간에도 '가만히 있는' 것이고, 시민의 권리를 지키는 시위와 집회에서 경찰의 해산방송을 잘 따르는 것이다. 안전은 지성과 교육이 실종된 대학에서 조용히 졸업장을 따서 나오는 것이고, 비이성적이고 몰상식한 목사의 설교에 '아멘'을 외치는 것이다. 또한 안전은 집이 없는 서민이 집값 폭락에 따른 부동산시장의 불안정을 걱정하는 것이다. 안전은 제주도 강정마을의 주민들과 경남 밀양의 할매들과 쌍용자동차와 콜트콜텍 해고노동자들의 눈물이 아니라 대통령의 눈물을 닦아주는 것이다.

더 이상 안전한 곳은 없다. 후쿠시마를 통해 직접 알게 된 원전의 위험은 이 사실을 증명한다. 인간의 조건에서 실제적으로 피할 수 있는 공간은 없다. 그래서 우리에게 필요한 것은 안전을 추구하는 것이 아니라 위험을 감지하고 감수하는 능력이다. 위험을 감지하는 것은 단순히 건물이나 다리의 붕괴를 진단하는 것만을 뜻하지 않는다. 그것은 가리왕산의 숲과 나무들이 어떤 가치가 있는지를 깨닫는 것을 포괄한다. 인간이 무슨 짓을 할 때 생태계 파괴가 일어나는지 아는 것이다. 위험을 감수하고 감당할 수 있는 사회야말로 건강한 사회다. 더 나아가 안전을 위반하고 벗어나는 것이다. 모든 삶은 안전지대를 넘어설 때에야 혁명과 조우한다.

|

진실은 훨씬
복잡하게 존재한다

|

늦은 점심을 먹기 위해 혼자 식당에 들어섰다. 점심시간이 훌쩍 지난 탓인지 넓은 홀에는 한 명의 손님도 없었다. 벽에 걸린 커다란 TV에서 아나운서의 격앙된 목소리가 흘러나오고 있었다. 그 소리가 거슬려 다른 뉴스 채널로 돌렸다. 마침 현장을 연결하는 생중계를 할 참이었는데, 영화배우 김부선 씨가 경찰서에 출두하는 장면이었다. 그곳에는 수십 명의 기자들이 대기하고 있다가 질문을 쏟아냈고 김부선 씨는 자신의 생각을 분명하게 말했다. 그는 지금까지 자신이 언론으로부터 이렇게까지 큰 관심을 받은 적이 없다고 했다.

당시 김부선 씨는 자신이 살고 있는 아파트의 관리비 문제를 파헤치다가 일부 주민들과 충돌해 폭행 혐의로 조사를 받았다. 언론에서는 연일 이 사건을 대서특필했으며 급기야 그가 폭행사건 피의자로 출두하는 것을 현장 생중계로 보여준 것이다. 전 국회의장의 캐디 성추행 사건을 비롯한 더 중요한 사안이 있었지만 개의치 않았다. 이 사건의 핵심은 폭행이 아니라 아파트 관리비 비리 문제였음에도 이미 언론의 프레임은 '김부선 씨 폭행'으로 귀결돼 있었다.

2014년 9월에 발생한 세월호 유가족의 대리기사 폭행 사건도 유사한 전개를 보여주었다. 일부 유가족이 야당 정치인과 함께 밥과 술을 마셨고 대리운전 기사와의 시비로 인한 폭행으로 경찰 조사와 함께 구속영장이 청구됐다. 피해자들을 찾아가 사과하고 언론 앞에서 공개적으로 사과의 메시지를 전했다. 일부 언론은 이 사건을 그 어떤 사건보다도 심각하고 비중 있게 다뤘다. 마치 중범죄를 저지른 피의자인가 싶을 정도였다. 당시 세월호 참사의 진상규명과 특별법 제정에 큰 관심을 보이지 않던 언론들이 유독 이 사건은 집중 보도하였다.

위의 두 사건은 오늘날 사회적 공론화 과정이 어떻게 이뤄지고 있는가를 잘 보여준다. 사건은 사회적·정치적 맥락에 따른 프레임에 따라 새롭게 구성된다. 문제는 그 과정에서 사회적 가치와 의미는 중요하지 않으며 얼마나 대중들의 호기심을 유발시킬 수 있는가의 문제만 남는다. 그러다 보니 정작 일상에서 잘못된 관행이나 왜곡된 사실을 바로잡으려는 노력은 환호를 받지 못한다. 언론은 세월호 참사에 대한 국가책임의 문제는 지나치면서 단순 폭행의 문제를 집요하게 파고들고, 오랜 세월에 걸친 조직적인 아파트 관리비 문제는 적당히 다루면서 김부선 씨의 폭행 사건을 주요 뉴스로 다룬다.

왜 이런 일이 가능한 것일까. 세월호 유가족은 자식이나 가족을 잃은 슬픔의 당사자이자 연민의 대상이며, 진상규명을 요구하는 주체다. 그 중심에는 희생자 혹은 피해자로서의 정체성이 자리 잡고 있다. 그런데 언론에서 폭행 사건을 부각시키면서 순식간에 유가족에게 '가해자'의 정체성을 덧씌웠다. 본래 그들이 유지하고 있던 정체성이 상실되면서 대중과 여론의 인식이 달라지게 된 것이다. 보수언론이 노린 지점이 바로 여기다. 일관된 모습처럼 보였던 정체성이 한순간의 실수로 무너지고 만 것이다. 하지만 그들의 정체성은 개인의 도덕성에 근거하고 있지 않다는 점에서 무너질 수 없는 것이다. 세월호 참사의 진실을 요구하는 목소리와 그들의 폭행 사건은 아무런 상관이 없다

김부선 씨 역시 마찬가지다. 과거 대마초 비범죄화 캠페인을 벌였고 종종 자신의 입장을 솔직하게 드러냄으로써 대중을 당황하게 만들었던 이력의 소유자로서 김부선 씨는 누군가에게 부담스러운 존재였다. 그는 누구보다 우리 안의 폭력과 억압을 혐오하는 배우였다. 신인 여배우의 자살 사건 당시에도 여자 연예인의 성상납의 실체를 폭로함으로써 자신의 소신을 밝힌 바 있다. 경제적 궁핍함 역시 자존심을 지킨 결과였다. 그는 자연인으로서의 모습과 배우로서의 삶이 일치하는 몇 안 되는 사람이었다. 아파트 관리비 문제도 마찬가지였을 것이다. 그는 주민의 권리를 지키기 위해 노력했을 뿐이다.

우리는 현실을 있는 그대로 바라볼 줄 모른다. 왜곡과 분열의 시선이 우리를 지배하고 있다. 인간에 대한 공감과 사랑은 사라졌다. 그 자리에는 조롱과 모욕만 남았다. 이제 선과 악, 옳고 그름의 이분법이 아니라 인간

과 사회에 대한 좀 더 복잡한 시선을 회복해야 한다. 그것은 냉소와 비난이 지배하는 사회에서 새로운 대안을 위해 반드시 필요한 과정이다.

언어가 죽어가는
사회

소설가이자 에세이스트 고종석은 2012년 9월 24일자 「한겨레신문」에 「절필」이라는 제목의 칼럼에서 글쓰기를 그만두겠다고 선언했다. 그는 "자신의 글이 독자들에게 끼친 영향은 매우 제한적이었으며, 책이 많이 팔렸다고 해서 그것이 세상을 바꿀 수 있을 것 같지 않다"고 했다. 그러면서 "분단체제 극복을 위해 그리도 많은 글을 쓴 백낙청이 통일부 중하급 관료나 외교통상통일위원회 소속 국회의원의 보좌관만큼이라도 대한민국의 통일정책에 영향을 끼칠 수 있을까"라고 물었다.

이렇게 무력할 수가! 글쓰기를 할 필요가 없다는 작가로서의 무력감을 고백한 것이다. 사실 오늘날 이러한 질문을 던지는 것 자체가 쉬운 일이 아니다. 대학교수를 포함한 연구자 및 지식인 들은 자신이 하는 연구의 의미에 대해 고민하지 않는다. 그저 '직업으로서 학문'에 충실할 뿐이다. 연구와 학문의 효과나 의미를 고민하기보다는, 처자식을 먹여 살리거나 노후 대책을 강구하는 것이 더 중요한 동기부여가 된다. 그래서 고종석처럼 근본적인 물음을 던지고 그에 대한 해답으로 업을 중단한다는 것은 대단히 희귀한 일이 아닐 수 없다.

흥미로운 점은 고종석이 글의 힘을 부정했으면서도 실제로 생산되는 문자텍스트로서의 글은 엄청나게 증가하고 있다는 사실이다. 수많은 인터넷 게시판과 댓글, 블로그, 트위터와 페이스북, 여러 형태의 문자메시지 등은 문자텍스트의 새로운 공간으로 작동한다. 책을 쓰는 사람들도 평범한 직장인에 이르기까지 점점 늘고 있다. 스마트폰은 혼자 있는 시간을 허락하지 않는다. 페이스북은 "지금 무슨 생각을 하고 계신가요?"라고 묻는다. 사람들은 여기에 자신의 상태를 쏟아낸다.

하지만 그것은 대화라기보다는 독백에 가깝다. 또한 정치인, 스포츠스타, 연예인 등 소위 '유명인'celebrities의 말은 실시간으로 전달된다. 그 과정에서 약속이 거짓말이 되고, 거짓말이 사실로 둔갑하기도 한다. 말은 힘도 없고 가치도 없다. 이렇게 본다면 지금 한국사회는 '언어의 위기' 혹은 '언어의 죽음'으로 규정될 수 있다. 우리는 말과 글의 힘과 가치가 사라진 시대에 살고 있다. 대표적으로 '일베'의 등장과 유행은 언어가 죽었다는 현실을 그대로 반영하고 있다. 일베 사이트에서 '민주화'나 '산업화' 등의 용어는 기표와 기의의 관계가 성립하지 않는다. 즉 언어를 통한 인간의 의사소통이 불가능해진 것이다. 그런 점에서 노무현 전 대통령이 '평검사와의 대화'를 시도했던 것은 어쩌면 언어의 기능에 대한 믿음과 확신을 가진 상징적인 장면이라고 할 수 있다.

　그러나 이명박 전 대통령은 달랐다. 그것은 단순히 공약 불이행의 문제가 아니다. 그는 말을 할 때 상대방의 말을 듣지 않을뿐더러 자신의 이야기가 어떻게 전달되는가에 대해 전혀 신경 쓰지 않는다. 임기 초반 미국산 소고기 수입 반대 촛불시위와 관련해서 대국민사과를 할 때, "청와대 뒷산에 올라 시위대의 「아침이슬」 노래를 들으면서 눈물을 흘렸다"고 말했다. 하지만 그것이 어떤 맥락과 의미를 갖는지 이해할 수 있는 사람은 아무도 없었다.

　2013년 감사원 발표에 따르면 '4대강 사업'이라는 명칭은 사실상 '대운하 사업'이었고, 강을 '살린다'고 했지만 강은 '죽었다'. 감사원에서 사업의 문제점을 지적하자, 그는 "200년을 내다보고 한 사업"이라고 말했다. 그에게 언어의 기표와 기의 관계는 아무런 의미를 갖지 못한다. '기의 없는 기표'만 떠다닐 뿐이다.

　언어를 둘러싼 비슷한 양상은 곳곳에서 발견된다. 인터넷에서 뉴스 제목을 보면 '경악' '공포' '충격' 등의 용어는 더 이상 충격이나 공포로 다가오지 않는다. 언어는 본래의 기능을 잃어버렸다. 이제 말과 글이 빠진 자리에 순간적인 느낌과 감정을 표현하는 이모티콘이 차지한다. 아픔과 고통, 슬픔까지도 마치 페이스북의 타임라인처럼 소비되고 있다.

　여기서 사람들은 절망한다. 혁명의 불가능성에 절망하는 것이 아니라, 동일한 언어를 사용하는 공동체의 불가능성에 절망하는 것이다. 말할 수 없는 세상, 말도 안 되는 세상에서, 그 말을 붙잡고 살아가는 이들이 있다. 이계삼은 학생들에게 언어의 힘과 가치를 가르쳤던 국어교사였지만, 언어의 힘을 잃어버린 현실에 절규하며 교직을 그만두고 밀양 송전탑 건설 반대 현장으로 뛰어들었다. 말로써 고통과 슬픔을 전달할 수 없는 시대에 국어교사로서 그가 할 수 있는 일이 별로 없었던 까닭이다. 그는 2012년 밀양의 이치우 어르신의 분신 사망으로 결성된 밀양송전탑반대대책위 사무국장으로 일하기 시작했다. 그리고 이제 그의 글은 다시 세상을 향한다. 사회학자 엄기호는 그를 "편을 들지 않고 약한 이의 곁에서 글을 쓴다"고 평했다.

말이 통하지 않는 사회는 결국 말을 못 하게 만든다. 인간과 동물의 가장 큰 차이는 언어의 사용이다. 그리고 언어는 민주주의의 토대이다. 토론과 합의는 말의 영역이고, 법치는 글의 영역이다. 이 모든 것이 무너져 내린다. '동물의 왕국'이 도래하고 있다.

CCTV

|

개인을 괴물로
만드는 사회

|

2015년 1월 인천의 한 어린이집에서 교사가 원생을 폭행한 사건이 발생했다. 관련 동영상을 비롯해 밝혀진 사실들은 그야말로 충격적이다. 특히 어린이집에 아이들을 보내고 있는 부모들 입장에서는 이에 대한 불안과 공포가 커질 수밖에 없다.

정부와 여당 측에서는 관련 대책을 쏟아냈지만, 이는 이미 수년 전에 약속했던 것들의 재탕에 불과하다. 예를 들면, 교사 폭행 사건이 발생한 어린이집은 무조건 폐쇄시킨다는 방침이 대표적이다. 결국 이 과정에서 알 수 있는 것은 상황과 대책이 모두 반복되고 있다는 사실이다.

다소 엉뚱한 대책도 등장했다. 어린이집에 할머니들을 배치해서 보육 과정을 참관하도록 해야 한다는 주장이 그것이다. 언뜻 보면 요즘 아이들을 돌보는 주체라고 할 수 있는 할머니들이 부모 대신 관리 및 감독을 하게 되면 문제가 해결될 것처럼 보인다. 하지만 현실은 전혀 다른 결과를 초래할 것 같다. 왜냐하면 어린이집에 할머니를 배치하는 것은 자신의 손자들을 교사들이 얼마나 잘 가르치고 있는지 감시하겠다는 것과 같기 때문이다. 만약 초등학교 교실에서 교사가 학생을 폭행했다고 해서 교실에 할머니를 배치하게 되면 어떻게 될까. 과연 수업이 제대로 이뤄질 수 있겠는가.

어린이집의 할머니 배치와 거의 비슷한 효과를 얻으면서도 가장 대중적으로 설득력을 얻고 있는 것은 CCTV의 전면적 설치다. 이를 통해 부모가 실시간으로 어린이집의 상황을 살펴볼 수 있도록 하는 것이다. 그렇게 되면 모든 어린이집과 교사들은 사생활 보호의 차원을 넘어 감시와 처벌의 대상으로 전락하고 만다. 그런 환경에서 어느 누가 박봉의 월급을 받으면서 자신의 인격을 훼손당하면서까지 보육교사로 남고 싶겠는가.

이것은 간단한 문제가 아니다. 아이의 양육을 둘러싼 갈등은 심지어 딸과 엄마 사이에서도 심한 것을 보게 된다. CCTV를 통한 감시와 감독이 일상화되면 교사의 작은 행동까지도 오해의 소지가 생길 수 있으며, 그로 인한 정신적 압박과 스트레스는 고스란히 교사의 몫이 된다. 부모가 사회적 압박과 스트레스가 심할 때 아이를 제대로 양육할 수 없는 것처럼 어린이집 교사 역시 아이들에 대한 기계적인 행동이 아니라 자율적이고 사랑스러운 관계가 필요하다.

분명한 사실은 오히려 지금처럼 강화되고 있는 양육 시스템이 아이들을 더 나쁜 상황으로 이끌고 있다는 것이다. 아이들에 대한 세분화된 보육

시스템보다 우선해야 할 것은 아이들과의 인격적 관계라 할 수 있다. 이에 대한 사회적 인식과 합의가 이뤄질 때 어린이집 교사와 부모, 사회적 시스템이 상호 긍정적인 효과를 거둘 수 있는 것이다. 하지만 가정에서 충분한 관계를 형성하지 못한 상황에서 어린이집에 모든 것을 위탁하는 방식으로는 건강한 관계가 형성될 수 없다.

어린이집 교사 폭행 문제는 단순히 어린이집만의 문제가 아니다. 한국 사회에서 벌어지고 있는 수많은 폭력들과 관련돼 있다. 그런 점에서 우리는 어린이집 교사에 대한 분노를 사회적 차원으로 확대할 수 있어야 할 것이다. 이미 우리는 구조적이고 일상적인 폭력에 항상 노출되어 있지 않은가. 갑질 논란 역시 마찬가지다. 그 개인의 문제가 아니라 사회적이고 구조적인 문제로 인식할 수 있어야 한다. 개인을 괴물로 만드는 것은 쉽다. 하지만 그러한 개인을 낳는 원인을 찾고 치유책을 마련하고 사회를 바꾸는 일은 너무나 요원하다.

거짓말

|

영혼 없는
사람들

|

사람들은 거짓말을 한다. 누구나 한다. 거짓말은 의식과 무의식의 경계를 넘나든다. 즉 알면서도 하고, 모르면서도 한다. 박근혜 정부의 전 청와대 대변인 윤창중의 기자회견은 그렇게 거짓말로 판명됐다. 그는 오랜 시간 '자칭' 언론인으로 살아왔고, 정치평론가라는 이름으로 칼럼 형태의 글을 써왔다. 그리고 그 정점을 찍은 것이 1급 공무원 '청와대 대변인'이라는 자리다. 자기 스스로 '대통령의 입'이라고 했는데, 그 입으로 대통령을 욕보이고, 나아가 대한민국과 국민을 욕보였다.

2013년 5월 5일, 그는 박근혜 대통령의 미국 방문길에 청와대 대변인으로 동행했다. 그러나 방미 일정이 마무리되지 않은 5월 8일 갑자기 귀국하였고, 다음 날 오전 11시 전격적으로 경질되었다. 당시 청와대는 "불미스러운 일에 연루됨으로써 고위 공직자로서 부적절한 행동을 보이고 국가의 품위를 손상했다"고 경질 사유를 밝혔다.

그는 귀국한 지 이틀 뒤 5월 11일 기자회견을 열어 '인턴 성추행 논란'에 대한 자신의 입장을 밝혔다. 그는 기자회견 과정에서 '인턴 직원'에 대해 시종 '가이드'라는 표현을 사용했다. '인턴'이라는 단어를 몰라서 그랬을까. 아닐 것이다. 그는 그냥 처음부터 끝까지 '가이드'라고 생각한 것이다. 인턴과 가이드는 분명 역할과 임무에 있어서 큰 차이를 가질 수밖에 없다. 윤창중의 생각은 정확히 그 수준에 머물러 있었던 것이다.

또한 당시 이남기 청와대 홍보수석은 이 사안에 대해 해명하면서 '대통령께' 사과를 했다. 분명 그럴 만한 자리가 아니었는데도 그렇게 했다. 국가 위신 추락에 대한 사과, 실망한 국민들에 대한 사과, 무엇보다 성폭력으로 인한 고통을 겪고 있을 당사자에 대한 사과를 먼저 해야 했다. 그는 어쩌면 그 자리에서 대통령에 대한 사과를 통해 자신의 충성심을 확인받고 싶었으리라. 평소 대통령을 어떻게 생각했는지, 자신의 정체성이 무엇인지가 잘 드러나는 대목이다. 대통령을 국민 위에 군림하는 존재, 어쩌면 청와대라는 조직의 '보스' 정도로 생각한 것은 아니었을까.

2013년 5월 2일 경기도 화성의 반도체공장에서는 불산 누출사고로 인해 협력업체 직원 3명이 부상을 당해 병원으로 후송되는 일이 있었다. 이후 8일 전동수 삼성전자 반도체사업부 사장은 기자들의 질문에 "몰라요. 나는 돈만 많이 벌면 되잖아"라고 말했다고 한다. 그해 1월에도 같은 장소에서 같은 사고가 발생해서 협력업체 직원 1명이 사망하고 4명이 다치는 일이 있었다. 그는 왜 그렇게 말했을까. 이후 삼성전자 관계자는 "유해물

질을 철저하게 관리하기 위해 사내 별도조직을 만든 만큼 사업에 전념하겠다는 취지로 말한 것"이라고 해명했다. 말과 글은 분명 생각이나 무의식을 드러내는 역할을 한다. 많은 사람들이 무심코 하는 말 속에서 자신의 욕망과 무의식을 들키고 만다.

앞서 언급한 윤창중, 이남기, 전동수 등의 발언은 그들이 어떤 생각을 하고 있는지 잘 보여준다. 동시에 이들이 공통적으로 드러내는 것은 한 인간의 '영혼 없음'이다. 페이스북의 '좋아요'처럼 '기계적으로' 칭찬이나 애정을 드러내는 사람들이 늘어나고 있다. 그들을 가리켜 '영혼 없는 사람들'이라고 부른다. 윤창중은 자신이 현재 무슨 일로 어디에 와 있는지, 어떤 위치에 서 있는지 아무 생각이 없었다. 일련의 행동은 그러한 사실을 뒷받침한다. 전동수 사장은 자신이 어떤 사람인지를 정확하게 정의했다. '나는 돈만 벌면 되는 사람'이다. 그는 그 이상도 그 이하도 아니다. 그는 인간에 대한 예의나 사랑, 사회 책임, 윤리 등에 대해서는 그 어떤 생각도 없다. 오직 돈만 생각하고 있다.

그런 점에서 그는 매우 솔직한 사람이지만, '영혼이 없다'. 어디 이들 뿐이겠는가. 지금 우리 사회 곳곳에서 '영혼 없는' 일들이 벌어지고 있다. 노조 파업이나 철거 현장에 투입됐던 용역 혹은 알바 들, 최근 회자되는 '일간베스트저장소'에 올라온 사진에 달린 제목과 댓글 들, 덩달아 "민주화시키지 않아요"라는 발언을 아무 생각 없이 하는 여자 아이돌 가수, 열심히만 일하면 되는 줄 아는 직장인 등….

그 가운데 2012년 12월 대선 정국에서 발생한 소위 '국정원 여직원 댓글 사건'은 '영혼 없는 사회'의 결정판이다. 누군가에게 고용돼 생계형 알

바로 댓글을 다는 사람들은 그렇다 치더라도, 모르긴 해도 엄청난 취업 경쟁률을 뚫은 최고 학력의 소유자로서 국가정보기관의 직원이 된 이들이 기껏 한다는 게 댓글 복사였다는 사실을 어떻게 받아들여야 할까. 그들을 손가락질 할 것도 없다. 지성의 집합체라고 할 수 있는 대학사회도 크게 다르지 않다. 오늘날 대학사회에서는 온갖 말도 안 되는 상황들이 등장하고 있지만 모두들 침묵하고 있을 뿐이다. 그들 역시 영혼 없기는 마찬가지다. 영혼 없는 이들의 '연구'가 '학문'이라는 이름으로 판치는 곳이 바로 오늘날 한국 대학의 현주소다. 자기 주변에서 일어나는 아픔과 고통, 슬픔을 애써 외면하는 '영혼 없는 한국사회'가 애처롭다.

에너지음료의
사회

'에너지음료'가 불티나게 팔리고 있다. 사람들은 항상 지쳐 있고, 그들에게 에너지음료는 힘과 위로를 제공한다. 한국인들에게 에너지음료라고 하면 '박카스'와 '비타500'이 떠오를 것이다. 지친 어깨를 다독이고 힘든 노동을 견디게 하는 이미지의 박카스와 수년 전부터 박카스와 맞서고 있는 비타500. 하지만 최근 국내의 에너지음료 부동의 1위 '핫식스'는 박카스의 아성을 넘어섰고, 심지어 마트나 편의점에서는 커피 판매량도 깼다고 한다.

이들 음료는 몸의 기운을 일시적으로 북돋아주는 자양강장제의 일종이다. 최근 유행하고 있는 에너지음료는 지금까지 국내에서 팔리던 것과는 근본적으로 다른 '강한 녀석들'이다. 2010년 3월 롯데칠성음료에서 최초로

핫식스를 출시하였고, 이듬해 에너지음료 분야 세계 1위인 레드불이 수입되면서 국내 에너지음료 시장은 2011년 200억 원대 규모에서 2012년 1000억 원대 규모로 급성장했다. 2015년 현재 전 세계 에너지음료 시장은 364억 달러에 이른다.

에너지음료의 주요 소비계층은 수험생, 직장인, 운전자, 골프·헬스·등산 등 스포츠를 즐기는 사람들이다. 그중에서도 청소년 및 대학생 등 젊은 층은 에너지음료 열풍을 주도하고 있다. 무엇보다 지옥과 같은 입시 경쟁을 경험하고 있는 청소년들에게 에너지음료는 아주 매혹적일 수밖에 없다. 대학생들 역시 마찬가지다. 학업과 알바, 취업 등 이중, 삼중의 고통을 비티는 것은 현실적으로 불기능히다. 그들에게는 끊임없이 깨어있도록 하는 '각성제'가 필요하다. 이들은 에너지음료만으로 부족해서인지 이온음료를 섞어서 '붕붕드링크'라는 것을 제조한다. 홍대나 이태원, 강남 등 클럽에서는 에너지음료와 술을 뒤섞은 신종 폭탄주가 유행하고 있다. 갈수록 강력한 것들에 길들여지고 있는 것이다.

그렇다면 사람들은 왜 이토록 에너지음료에 열광하고 있는 것일까. 에너지음료는 사람들에게 음식과 같은 자연스러운 방식으로 에너지원을 공급하는 것이 아니라 인위적이고 인공적인 방식으로 직접 에너지를 공급하는 것을 목표로 한다. 어쩌면 그것은 인간이 기계의 단계로 나아가는 것처럼 보이도록 한다. 휴대폰을 충전하거나 자동차에 주유하는 것과 크게 다르지 않다. 지치고 힘이 들 때 이것을 마시고 깨어나 일을 계속해 나가는 것이다. 그러한 것은 우리가 '과잉의 시대'를 살아가고 있기 때문이다. 결핍이 아니라 과잉. 음식이나 의상, 자동차 등 일상을 지배하는 모든 것들이 흘러넘친다. 대부분의 주거 공간 역시 필요를 넘어서는 경우가 많다. 문제는 이러한 과잉 상태를 유지하기 위해서는 더 많은 과잉을 필요로 한다는 사실이다. 즉 많은 소비를 하기 위해 더 많은 돈을 벌어야 하는 형국이다.

결국 그러한 과잉 상태는 '성과사회'라는 특징으로 드러난다. 재독 철학자 한병철은 『피로사회』김태환 옮김, 문학과지성사 펴냄, 2012에서 21세기 사회를 가리켜 '규율사회'에서 '성과사회'로 옮겨갔다고 말한다. 성과사회는 성과 주체, 즉 자기계발적 주체를 요구한다. 이 주체의 특징은 '과잉 긍정성'이다. '나는 할 수 있다'는 것은 어느 순간 '해야 한다'는 목표로 바뀐다. 그 과정에서 인간은 생산을 해야 하는, 즉 성과를 추구해야 하는 존재다. 성과를 내지 못하는 인간은 불필요한 존재로 전락하고 만다. 그들은 실패자나 낙오자, 즉 '루저'가 된다. 그렇다 보니 사람들은 남들보다 더 뛰어난 성과를 내기 위해 경쟁적으로 될 수밖에 없다.

'자기계발'의 형식은 개인들을 '성과사회'에 어울리는 주체로 변화시키는 기제이다. 이들 주체는 과도한 경쟁과 과잉 생산을 위한 과잉 행동이나 노력이 필요하다. 자신이 갖고 있는 힘과 능력을 넘어서는 것이다. 에너지음료는 바로 이 부분에서 필요를 채워주는 역할을 한다. 사람들이 아무것도 하지 않고 쉬는 무위의 즐거움을 갖도록 내버려두는 것이 아니라 끊임없이 깨어있도록 하는 것이다. 타인에 대한 경쟁심과 미래에 대한 불안으로 인해 사람들은 편안하게 잠들거나 쉬지 못한다. 정작 자신이 왜 깨어있는지조차 모르면서 말이다. 에너지음료는 그러한 성과주체, 자기계발 주체에게는 없어서는 안 된다.

에너지음료 판매가 급증하는 것과 마약 범죄가 늘어나는 것은 같은 사회적 맥락을 갖는다. 결국 21세기를 살아가는 현대인들은 자신의 주체적이고 자율적인 방식으로 삶을 꾸려가는 것이 아니라 외부의 힘, 즉 약물이나 음료의 힘을 빌어 살아간다. 건강한 식사와 운동, 규칙적인 생활이 자신의 삶을 지켜준다는 평범한 진리가 어느새 우리가 찾아 되새겨야 하는 소중한 가르침이 되었다. 에너지음료에 자신을 내맡기는 시대. 우리는 삶을 어떻게 배치할 것인지, 그리고 우리가 정말 추구해야 할 것은 무엇인지에 대한 진지한 물음이 필요하다.

속도와 과잉

|

떠돌이를 양산하는
스펙터클의 사회

|

2008년 2월 숭례문이 전소되었다. 6백 년 가까이 소실되지 않고 자리를 지켜 온 문화유산이 한 사람의 방화로 인해 하루아침에 사라진 것이다. 더욱이 많은 사람들이 숭례문에 불에 타서 결국 무너지는 모습을 한밤중에 TV 생방송으로 보고 있었다. 현대사회에서 전쟁이나 각종 재난 및 사고 등은 실시간 생방송으로 안방에 전달된다. 이때 화면은 단순히 사실을 전달하는 차원을 뛰어넘어 일종의 '스펙터클'로 기능한다. 시민들은 '국보 1호' 숭례문의 붕괴라는 상징적 차원을 넘어 현장을 자신의 눈으로 직접 확인하는 데서 오는 내부의 충격이 크게 작용한 것이다.

사건 직후부터 복원 공사가 시작되기 전까지 많은 사람들이 현장을 찾았다. 눈물과 분노, 원통함 등이 범벅이 된 사람들을 보며 슬며시 고개를 내미는 의문이 한 가지 있다. 언제부터 한국인들이 저렇게까지 문화유산을 소중하게 생각했던가. 청계천을 만들 당시 많은 문화유산이 발견되었지만 당시 서울시에서는 공사기간을 단축시키기 위해 전문가와 시민단체의 의견을 무시하고 공사를 강행했다. 당시 서울시장은 2년 뒤 대통령이 되었다. 동대문운동장을 근대문화유산으로 등록하자고 했지만 역시 개발 논리에 밀려 역사 속으로 사라졌다.

그뿐만이 아니다. 눈에 보이는 것만 문화유산에 속하는 것은 아닐 것이다. 그런데도 다양한 인간문화재들은 그 전수자가 없어서 사라지고 있는 실정이다. 한글은 영어 광풍에 밀려 앞으로 어떤 운명을 맞을지 모른다. 강남 영어학원에서 영어로 된 미국사는 배워도, 학교에서는 한국사도 제대로 가르치지 않는다. 지금까지 한국사회에서 문화유산을 대했던 방식은 한마디로 '무시' 그 자체였다. 하지만 숭례문이 무너졌다는 소식에 모든 국민이 애도하는 것처럼 행동하는 것은 무엇 때문일까. 갑자기 국민들이 지금부터 문화유산을 소중하게 생각하기로 작정한 것일까. 여기에는 뭔가 다른 복잡한 기제가 작용했다고 봐야 할 것이다.

분명한 사실은 한국사회는 뿌리가 없는 사회가 되고 있다는 점이다. 아파트를 둘러싼 한국사회의 풍경은 우리가 삶의 뿌리 혹은 터전을 어떻게 상실하고 있는가를 적나라하게 보여준다. 한국의 아파트 문화는 매우 기형적이라고밖에 설명할 수 없다. 세계 어느 나라에서도 이렇게 많은 아파트를 짓고 있는 나라는 없다. 오죽하면 도시 지역이 아닌데도 논두렁 한 가운데 아파트가 우뚝 서 있겠는가.

또한 한국의 아파트는 독특하다. 우선 완벽한 세트를 제공한다. 분양받아 새로 입주하는 사람은 기본적인 살림살이만 가져가면 된다. 모델하우스에 가보면, 최고급 벽지와 부엌 공간, 김치냉장고 등이 완벽하게 구현되어 있다. 왜 그럴까. 한국인들에게 아파트는 가족들과 함께 살아가는 따뜻한 가정으로서 공간이 아니다. 밤에 잠을 자기 위해 잠시 머무는 공간에 불과하다. 주말에도 아파트를 떠나 교외로 떠난다. 가정home의 기능은 없고 집house이라는 공간만 남은 것이다. 이렇게 된 데는 그럴 만한 이유가 있다. 현재 자신이 살고 있는 집에서 오래 살아갈 것이라고 생각하지 않는 것이다. 아파트는 부동산 재테크를 위한 임시 거주지일 뿐이다. 전세로 사는 사람은 24평짜리 아파트를 분양받기 위해 노력하고, 24평에 사는 사람은 32평을, 32평은 45평을, 45평은 60평을 꿈꾼다.

자신이 수십 년 동안 살았던 지역이 사라지는데도 '축 환영' 플래카드를 거는 나라가 바로 대한민국이다. 세계 어디를 찾아봐도 이처럼 온 국토가 개발 광풍에 휩싸인 나라는 보기 힘들 것이다. 이런 현실에서 사람들은 뿌리 뽑힌 부유하는 개인에 불과하다. '동네'라는 말은 더 이상 의미를 갖지 못하고 내가 사는 '○○동'은 그저 추상적 기호로 작동할 뿐이다. 그 기호는 또한 '3.3제곱미터당 얼마'라는 숫자로 표시된다.

이처럼 현대사회의 속도와 대도시의 과잉성은 개인을 가만두지 않는다. 그들은 무언가로부터 계속 쫓긴다. 자신이 무엇을 하고 있는지도 모르고, 어디로 가는지도 모른다. 숭례문의 비극은 '국보1호', 즉 소중한 문화유산이 사라졌다는 데 있다. 하지만 정말 두려운 것은 수많은 애도의 물결이 현대사회에서 흔히 보이는 '스펙터클'의 한 단면으로 그치지 않을까 하는 점이다. 스펙터클의 사회는 모든 것이 가득 차 넘치는 시대다. 정보와 지식만 넘쳐흐르는 것이 아니다. 우리의 감성과 감각까지도 온갖 것으로 넘쳐흐른다. 이것은 충만함과 풍요로움을 뜻하지 않는다. 오히려 내 삶의 많은 영역이 강탈당했다는 것을 말한다. 여기서 벗어나 내가 주인이 되어 살아가는 일상을 위해서는 새로운 삶의 윤리를 만들어야 할 것이다. 바로 지금, 내 주변의 작은 것부터.

친구

|

고독한 개인들의
사회

|

최근 일본에서는 친구를 빌려주는 서비스가 성업한다고 한다. 2009년 '클라이언트 파트너스'라는 이름의 회사를 설립한 아베 마키 사장은 물질적 풍요와 대비되는 정신적 공허감을 느끼는 일본인들의 '외로움'을 아이템으로 했다고 밝히고 있다. 이 서비스의 주요 고객은 아내를 잃은 60대 남성, 연인과 이별한 30대 직장인, 애인이 있으면서도 속마음을 털어놓을 수 없는 20대 여성 등 다양한 사람들이다. 서비스 요금은 시간당 3~5천 엔정도다. 회사에 소속된 직원은 10대부터 70대까지 다양하며 대부분이 여성이다. 물론 이성과의 만남일 경우 직원들은 음주나 신체 접촉 등을 금지하는 교육을 철저하게 받는다. 여기서 고객이 원하는 서비스는 대단한 것이 아니다. 자신의 일상으로 초대해 함께 쇼핑을 하거나 관광지를 찾아 여

행을 가는 것이다. 다시 말해 일상을 함께할 친구나 가족이 없는 사람들이 점점 늘어나고 있다는 것을 의미한다.

2015년 현재, 우리나라의 1인 가구 수는 506만으로 전체 가구의 26.5퍼센트다. 앞으로 1인 가구의 비중은 점점 늘어날 것이며, 앞으로 도래하는 사회에서 개인의 일상과 관계 맺는 방식은 큰 변화를 겪게 될 것이다. 그것은 어쩌면 우리가 아무리 부정하려고 해도 어쩔 수 없는 인간의 원초적인 그리움의 문제일 수 있으며, 고독이나 외로움 등으로 표현되는 상태일 것이다. 스마트폰을 비롯한 다양한 테크놀로지의 발달은 우리 사회의 한계를 여러 가지 측면에서 넘어설 수 있는 가능성을 제공하며, 앞으로도 많은 영역에서 문제의 해결 내지는 도움을 제공할 것이라고 믿는다. 하지만 아무리 기술이 발달하더라도 결코 변하지 않는 영역이 남아 있게 된다. 그것이 바로 마음과 정서, 감정의 영역이다. 이때 간과해서는 안 되는 것은 마음의 영역이 결코 사회 현실이나 경제적 상황과 동떨어진 별개의 문제가 아니라는 사실이다.

지금 많은 사람들이 경험하는 외로움의 문제는 개인의 문제라기보다는 철저하게 사회적이고 정치적이고 경제적인 이유로 발생한다. 경제적 문제로 인해 청년세대가 연애와 결혼, 취업을 포기하는 '3포세대'가 되고 있다. 이것은 그들이 원하는 삶이 아니라 결과로 주어지는 삶이다. 그렇다면 그 원인에 해당하는 취업난과 같은 청년세대의 문제점들을 해결하는 것은, 그로 인해 생겨나는 수많은 문제점들의 해결로 이어지는 것이다. 감정의 영역이 독자적 이해를 필요로 한다는 점을 인정하면서도 동시에 사회 현실과 아무런 관계가 없는 것이 아니라는 사실을 인식하는 것이 필요하다.

지금도 그렇지만 앞으로 우리가 살아가는 사회는 감정 노동이나 서비스 노동의 자본화가 더욱 강화될 것은 분명하다. 점점 다양한 형태로 변질되고 있는 성산업의 문제 역시 비슷한 맥락에 놓여 있다. 그렇지 않을 수 있다 할지라도 대체로 성적 관계는 감정 교환의 극대화를 통해 일어난다. 따라서 성산업의 확산은 결국 오늘날 자본주의 사회에서 감정 교환의 문제가 자연스러운 관계를 통해 생기는 것이 아니라 철저하게 자본을 통한 시장에서 이뤄지고 있음을 보여주는 것이다. 인간은 홀로 살아갈 수 없다. 이 말은 먹고살아가는 생활을 홀로 할 수 없다는 말이라기보다는 정서적 관계의 필요성을 뜻한다.

　우리가 친구라고 부르는 존재는 타자일 수밖에 없다. 우리의 삶은 타자와 만남의 연속이다. 부부, 부모와 자식, 형제 사이에서도 타자와의 만남이 시작된다. 절친이거나 직장 동료이거나 타자와의 만남을 이어간다. 그렇게 다양한 타자와 만나고, 이야기하고, 나누고, 공감하고, 연대하는 것이다. 하지만 현실은 그것을 허락하지 않는다. 타자를 있는 그대로 받아들이거나 만날 수 있도록 내버려두지 않는 것이다. 타자는 항상 판단과 배제의 대상이며, 나아가 내가 이용해야 할 일종의 도구에 지나지 않는다. 우리는 더 이상 인간을 인간으로 대하지 않는 '포스트 휴먼'의 시대에 살고 있는 건지도 모른다.

　'친구 대여 서비스'의 문제는 친구가 일회적이라는 사실이다. 그 일회성은 직원이 아무리 성심껏 대한다 할지라도 결국 서비스 요금에 따라 결정된다. 그 정도에 따라 단순한 감정 서비스인가, 아니면 성적 서비스라고 부를 수 있는 영역까지 이르는가의 문제가 된다. 물론 그 둘의 경계는 모호하다. 우리는 이미 그 모호한 경계에서 살아가고 있다. 이 문제를 어떻게 극복할 수 있을까. 경계를 해체하거나 아니면 경계를 더 분명하게 하는 것은 적절한 방법이 아니다. 결국 우리에게 필요한 일은, 그리고 우리가 지향해야 할 방향은 개인과 개인의 관계를 맺는 과정에서 서비스 개념이 자리 잡지 않도록 하는 것이다. 그럼으로써 개인과 개인이 자율적이고 자연스러운 연대와 환대, 환영이 꽃피울 수 있기를 노력하는 일이다. 물론 쉽지 않은 일이다. 그럼에도 돈의 가치로 사람을 평가하거나 규정하는 것이 아니라 사람이 가진 다양한 능력과 잠재성, 가치를 발견하고, 드러내고, 상호 인정하는 것이 이뤄진다면 조금씩이라도 나아지지 않을까.

SNS

|

자기존재증명의
욕망에 대하여

|

불과 얼마 되지 않았다. 그런데도 우리들은 그것 없이 살 수 없게 되었다. 일상의 필수 요소가 된 것이다. 바로 '카카오톡' 이야기다. 이제 대부분의 사람들은 '카톡' 없는 삶을 상상할 수 없다. 아침부터 밤까지 깨어있는 시간 내내 카톡과 함께 지낸다. 그룹 채팅방에 외국에 있는 친구라도 있게 되면 카톡은 시차를 무시하고 밤새 활성화될 것이다. 내가 잠시 확인하지 않더라도 그것은 사라지지 않으며, 나의 몸 어딘가에서 끊임없이 살아 움직이는 세포와 같다.

간혹 이것을 견디지 못하고 카톡을 탈퇴하는 이들이 있지만 대부분 다시 복귀하는 것을 보게 된다. 무엇이 그들을 돌아오게 하는 것일까. 어쩌면 이 공간을 떠나는 순간 그들은 디지털 시대의 외로움을 절실히 느끼게 된다. 일종의 '디지털 소외'라고 할 수 있는데, 이것은 온라인 공간에서 느끼는 소외감과는 질적 차이가 있다.

카톡의 특성상 한국인들은 카톡이라는 공간을 완전히 가상공간으로 여기는 것이 아니라 오프라인의 물적 토대 위에서 카톡을 인식하고 있다고 할 수 있다. 2012년 8월 서울 강남에서 한 여고생이 자살을 했다. 자살의 원인은 카톡의 그룹채팅방에서 비롯된 남학생들의 욕설과 왕따 문제였다. 만약 물리적 공간에서 서로 알지 못하는 사람으로부터 욕설을 들었다면 상황은 조금 달랐겠지만, 오프라인의 관계가 디지털 공간으로 이어진 것이라고 볼 수 있다.

카톡은 문자메시지와 달리 비용이 거의 들지 않는다. 실시간 채팅이 가능하며 텍스트뿐만 아니라 이미지와 동영상 등 다양한 콘텐츠를 상호 전달할 수 있다. 메시지를 전송 후에 상대방의 수신 여부를 실시간으로 확인할 수 있다는 점은 빠른 속도에 익숙해진 사람들에게 '기다림'의 시간을 없애버렸다. 이러한 기능은 수신자에게는 암묵적으로 답장을 강요하는 측면이 있으며, 송신자의 입장에서는 조바심을 내게 된다. 주변에서 많은 사람들이 그러한 불편함을 호소하는 것을 보면, 이 과정에서 발생하는 감정적 소비를 무시할 수는 없다. 아울러 미니홈피 기능을 하는 카카오스토리, 무료 통화 기능을 제공하는 카카오보이스톡, 안전과 편리함을 내세운 콜택시 서비스 카카오택시, 온라인 스토어인 카카오게임샵과 카카오프렌즈 등에 이르기까지 일상의 많은 영역을 아우르고 있다.

이에 반해 페이스북은 철저하게 자기중심적 특징을 갖는다. 페이스북이라는 공간은 자신의 이야기를 풀어놓는 사적인 공간이다. 타인과의 소통을 전제로 하고 있지만 그 선택은 온전하게 나의 권리다. 자신이 공감하지 않는 이들의 이야기를 굳이 들을 필요가 없다. 페이스북의 관계는 모두 '친구'다. 선생과 제자, 상사와 부하직원 등 모든 관계는 일단 표면적으로는 평등하고 수평적인 관계를 지향한다. 하지만 이것은 수평적 관계의 형태를 띠고 있을 뿐 그 과정에서 관계의 다양한 층위나 깊은 관계로는 이어지지 않는다. 왜냐하면 자신이 원하는 관계만을 허용하기 때문이다. 물론 이 점은 페이스북의 장점이자 단점이라 할 수 있다.

우리는 페이스북이 미국적이라는 사실에 주목할 필요가 있다. 미국인들은 겉으로는 비판에 관대한 것처럼 보인다. 정치적으로 심각한 소재까지도 유머로 사용하면서 함께 웃는다. 하지만 그 이면에는 너무 진지하거나 심각한 비판을 좋아하지 않기 때문이기도 하다. 즉 사회적·정치적 내용의 무거움을 견디고 싶어 하지 않는다. 페이스북에서도 외부의 조건이나 상태, 상황이 중요한 것이 아니라 항상 중심은 '나의 상태'에 있다.

페이스북의 긍정 이데올로기는 공간의 구조에서 잘 드러난다. '좋아요' 기능은 있지만 '싫어요' 기능이 없는 것은 페이스북을 매우 깔끔한 공간으로 창조한다. 최근 '최고예요' '웃겨요' '멋져요' '슬퍼요' 등의 기능이 추가 됐지만, 역시 '싫어요' 기능은 없다. 인터넷 공간에서 논란이 되는 '댓글', 즉 '악플'과 같은 것들이 없다 보니 지저분하거나 혼탁한 느낌이 들지 않는다. 혹시라도 거슬리는 '친구'가 있다면 언제든지 바로 관계를 끊거나 '차단'할 수 있다. 이제 더럽고 추한 공간은 걱정하지 않아도 된다. 아름답고 깨끗하게 창조된 공간을 누리기만 하면 된다.

'좋아요' 기능은 상대방의 생각이나 활동에 대해 동참과 공감, 지지를 표현하는 것이다. 그것은 일종의 의무와 참여를 드러내는데, 오늘날 현대사회에서 점점 증가하고 있는 다양한 형태의 기부문화의 성격과 맞닿아 있다. 포털사이트에서 자신의 활동을 '도토리'나 '콩'의 형태로 기부하거나 카드 포인트를 기부하는 것 등은 바쁜 현대인이 힘든 과정을 거치지 않고서도 기부를 실천할 수 있도록 도와주는 것이다. 이것은 선한 이웃, 즉 사마리아인으로서 거듭나는 과정을 통해 마음의 부채를 갚는 방식이다. 페이스북에서 '좋아요'를 누르는 행위는 물리적으로 자신의 몸과 시간을 제공할 수 없음을 다른 형태로 드러내는 방식이다. 그것은 보상심리, 즉 품앗이로 나타나면서 내가 눌러주는 만큼 상대방도 '좋아요'를 눌러주기를 바라게 된다.

　문제는 '좋아요'라는 기능이 갈등과 논란 등의 부정적 상황을 차단하고 긍정적 상황만을 남겨둔다는 것이다. 현실은 갈등과 모순투성이인데, 페이스북 공간에서는 그것이 드러나지 않는다. 복잡하고 뒤엉킨 현실을 벗어날 수 있는 일종의 도피처가 된다. 일상의 피로감을 벗어날 수 있는 것이다. 하지만 이렇게 되면 갈등은 해소되는 것이 아니라 철저하게 은폐된다. 그저 따뜻한 말과 위로, 칭찬이 넘쳐날 뿐 현실의 고통과 슬픔, 아픔은 상대적으로 멀어져간다.

　카톡이나 페이스북에서 나의 존재 증명은 모두 타자에 의해 이뤄진다. 페이스북에 머무르지만 아무도 내게 '좋아요'를 하지 않거나 공유하지 않는다면 내가 그 공간에 존재할 근거는 상실된다. 다른 사람들이 '좋아요'를 눌러줄 때만 나는 비로소 존재하는 것이다. 따라서 디지털문화에 익숙한 세대일수록 잠시도 홀로 있지 못하는 특징을 드러낸다. 물리적 공간에서는 홀로 있다 하더라도 카톡이건 페이스북, 트위터 등을 통해 끊임없이 소통해야 하는 것이다.

스마트폰은 그러한 현실을 가능하게 하는 물적 조건이 되었다. 24시간 타자와의 접속 상태를 유지함으로써 자신의 존재를 증명하지만, 문제는 그 과정에서 자기 자신을 잃어간다는 사실이다. 지그문트 바우만은 이를 가리켜 '고독을 잃어버린' 것이라고 비판한다. 카톡이나 페이스북, 트위터 등을 통해 타자와의 관계를 중단하지 못하는 것을 일컫는 것이다. 즉 '고독'이 필요하다는 것이다. 고독은 외로움이 아니라 충만함으로 나타난다.

> 결국 외로움으로부터 멀리 도망쳐나가는 바로 그 길 위에서 당신은 고독을 누릴 수 있는 기회를 놓쳐버린다. 놓친 그 고독은 바로 사람들로 하여금 '생각을 집중하게 해서' 신중하게 하고 반성하게 하며 창조할 수 있게 하고 더 나아가 최종적으로는 인간끼리의 의사소통에 의미와 기반을 마련할 수 있는 숭고한 조건이기도 하다.●

SNS 혁명은 우리에게 엄청난 가능성을 제공했다. 도저히 소통할 수 없는 상황에서 소통과 연대의 모습을 보기도 했다. 하지만 이제 새로운 인식과 비약의 순간을 준비할 때가 된 것은 아닐까. 단지 손가락을 움직이는 것만으로는 한계가 뚜렷하다. 지금은 우리가 쉬지 않고 움직이고 있는 손

● 지그문트 바우만 지음, 조은평·강지은 옮김, 『고독을 잃어버린 시간』(동녘 펴냄, 2012), 31쪽.

가락이 무엇을 위해, 누구를 향해, 어떤 흐름과 조건 위에서 작동하고 있
는지 살펴봐야 할 때다.

집단지성

|

우리는 나보다
똑똑하다

|

2010년 말부터 이듬해 1월까지 발생한 구제역으로 인해 전국에 매몰된 가축은 모두 300만 마리를 넘어섰다. 하지만 당시 정부는 현실을 감추기에 급급했으며, 구체적인 정보를 제공하지 않았다. 땅속에 가축을 파묻는 것도 어쩌면 그러한 은폐의 수단인 것처럼 보였다. 문제는 한반도, 그것도 남한 땅은 무척 비좁다는 사실이다. 농업 용지뿐만 아니라 근거리에 상수원이 존재하고, 심지어 생수업체들은 전국 곳곳에서 지하수를 퍼 올리고 있다. 이 과정에서 가축 매몰지에서 나올 수밖에 없는 침출수에 의한 오염을 충분히 예상할 수 있었다. 그럼에도 정부는 눈 가리고 아웅하는 식으로 매몰지 정보를 공개하지 않은 것이다.

이에 2011년 2월 27일 서울과학기술대 백욱인 교수는 자신의 블로그에 "정부는 최첨단 IT기술로 실시간 오염 감시체제를 만든다고 했으면서 매몰지에 대한 기초자료 공개는 미루고 있다. … 기초실태 파악 자료를 데이터베이스로 만드는 일이 오래 걸릴 리도 없는데 질질 끄는 것을 보면 이들에게 매몰지 관리를 맡기는 게 얼마나 위험한 일인지 짐작할 수 있다"고 비판했다. 그는 '구제역 매몰지 협업지도' 제작 계획을 밝히며 자신이 혼자 일을 하는 것이 아니라 네티즌이라는 불특정 다수와의 협업을 제안했다. 정부가 공개하지 않은 정보를 네티즌들이 힘을 합쳐 구글지도를 통해 '구제역 매몰지 협업지도'를 완성한 것이다. 이 지도에는 전국적으로 구제역 가축 매몰지 정보가 빼곡하게 표시되어 있다(http://blt.ly/gDgGIj). 이 사이트는 지도에 매몰지가 표시되어 있고, 각각의 장소마다 구제역 신고 날짜와 가축의 종류, 매몰 숫자 등이 근거자료로 표시되어 있다.

우리는 21세기 디지털 시대의 집단지성을 목격하고 있는 셈이다. 만약 백욱인 교수가 혼자서 그 작업을 하려고 했다면 사실상 불가능했을 것이며, 가능했더라도 엄청난 시간이 걸릴 수밖에 없을 것이다. 개인의 능력이 아니라 집단 혹은 대중의 능력이 어떤 결과를 낳을 수 있는지 잘 보여주는 사례다.

'집단지성'Collective Intelligence이란 뛰어난 개인 한 사람이 아니라 다수의 사람들이 서로 협업을 통해 얻게 된 집단적인 지적 능력을 의미한다. 처음 이 개념이 등장한 것은 1910년 출간한 미국의 곤충학자 윌리엄 모턴 휠러가 『개미: 그들의 구조·발달·행동』Ants: Their Structure, Development, and Behavior를 통해 개미의 사회적 행동을 관찰하면서부터였다. 휠러는 개미들이 함께 모여 일함으로써 거대하고 복잡한 개미집을 만들어내는 것을 보고 집단지성의 개념을 발견하였다. 즉 개체로서는 미미하지만 군집을 통한 협업이 큰 능력을 발휘한다는 것이다. "우리는 나보다 똑똑하다(We are smarter than me)."

그로부터 100여 년이 흐른 지금, 집단지성은 인간사회에서 보편화되고 있는 개념이 되었다. 인터넷을 통한 디지털문화의 확산은 집단지성이 추상적인 개념으로 존재하는 것이 아니라 구체적이고 실질적으로 작동하고 있는 핵심 개념이 되었다. 근대사회 이후 20세기까지는 개인의 탄생과 진화의 단계였다. 뛰어난 개인이 자신의 능력으로 세상을 변화시킬 수 있다는 믿음이 지배적이었다. 그것은 모든 일을 개인이 알아서 하도록 만들었고, 인간이 갖는 다양성과 차이를 인정하기보다는 특정한 몇몇 개인의 능력을 기준으로 줄 세우기를 함으로써 인간사회의 불평등을 심화시키기도 했다. 하지만 이제 21세기에 와서 인간은 새로운 관점을 탑재하기 시작했다. 그것은 내가 모든 것을 해야 한다는 강박관념으로부터의 탈출이며, 나아가 타인과 공유하고 협업하는 일이 얼마나 좋은 성과를 거둘 수 있는지에 대한 직접적인 경험들이다.

2001년 1월 15일 처음 도메인으로 등장한 '위키디피아'(https://www.wikipedia.org)는 집단지성의 대표적인 형태다. 지미 웨일즈라는 미국인이 하와이의 원주민 말로 '빨리'라는 뜻을 가진 '위키'를 결합시킨 용어다. 많은 사람의 능력을 빌려 '빨리' 백과사전을 만들겠다는 의미를 내포하고 있다. 누구나 지식과 정보를 게재하고 편집할 수 있는 백과사전을 상상한 것이다. 이러한 생각은 대성공이었다. 위키디피아 백과사전의 항목은 보름 만에 31개, 1년 뒤에는 1만7307개, 2006년에는 100만 개, 2007년에는

150만 개로 늘어났다. 영어뿐만 아니라 전 세계 언어로 번역되면서 모든 언어 항목의 성장률로 볼 때 자그마치, 1900만 퍼센트를 기록했다. 2010년 현재 위키디피아는 30억 달러의 자산 가치로 평가되며, 영국의 세계적인 백과사전 브리태니커를 앞섰다는 평가를 받고 있다. 정보를 생산하고 구성하고 유지하는 방식은 위키디피아를 집단지성의 혁명으로 만들었다. 영리 목적이 아니라 비영리 방식으로 유지된다는 사실은 집단지성의 가능성을 잘 보여준다.

특히 새롭게 등장한 웹 2.0, 혹은 3.0 기반의 블로그와 트위터, 페이스북 등은 그동안 사람들이 맺고 있던 관계를 바꾸고, 그 관계를 통해 새로운 프로젝트와 실험, 가능성 등으로 나디있다. 기업을 비롯한 내부분의 소식은 위계적인 구조를 넘어서 새로운 수평적 관계와 더불어 직접적인 참여를 통해 조직을 변화시킨다. 이러한 SNS 기반은 대중의 '공유'와 '참여'와 '개방'이라는 특징을 극대화시키고 있다. 또한 그것은 지역과 세대, 성별, 인종, 국가를 뛰어넘는 새로운 위상학적 개념을 도입하고 있다.

공유와 참여와 개방이라는 가치는 지금까지 근대 이후 인류가 품었던 경쟁과 독점, 지배와 소유 등의 개념을 근본적으로 전환시키고 있다는 점에서 가히 혁명적이라 할 수 있다. 새로운 가치로 무장하는 대중, 즉 다중이 등장한 것이다. 이러한 다중의 출현은 지식과 정보의 생산과 유통, 소비라는 전 과정을 과거와는 다른 방식으로 전개시킨다. 지식을 공유한다는 것은 내가 생산한 콘텐츠를 타인과 나눈다는 말이다. 동시에 타인의 콘텐츠를 누군가에게 전달하는 것이다. 따라서 공유의 심리적 배경에는 이타적인 심리가 포함될 수밖에 없다. 지금까지 지식 생산이 자본의 재생산

과정과 밀접한 관련을 맺고 있었다면, 이제 지식은 '비영리'를 통한 무한 증식이라는 새로운 공간을 펼치고 있는 셈이다.

참여의 가치는 개입을 의미한다. 지식 공유를 통해 단절이나 회피가 아니라 대중이 참여함으로써 지식의 내용을 바꾸거나 지식의 힘과 영향력을 새롭게 구성할 수 있게 된다. 개방은 접근성을 제한함으로써 얻게 되는 다양한 이익과 권리를 무너뜨리는 것이다. '저작권'이라는 이름으로 행해지는 수많은 독점과 지배를 넘어서는 것이다. 나의 것을 내놓음으로써 그것을 바탕으로 타인이 새로운 것을 생산할 수 있고, 그것은 또한 내가 새로운 것을 생산할 수 있는 기반이 되는 것이다.

집단지성은 고립을 넘어 연대로, 소수의 독점이 아닌 개별성의 총합을 지향한다. 그것을 통해 지배와 독점, 불평등, 폭력에 대한 저항의 형태도 달라질 것이다. 한 사람의 영웅이 아니라 평범한 개인, 사소한 사건이 새로운 저항의 출발점으로 작동하는 것이다. 인간에 대한 패러다임도 근본적으로 수정될 것이다. 그것은 인간이 추구하던 가치의 변화를 의미한다. 경제적 부의 축적을 지상 최대의 목표로 삼고 있던 사람들은 이제 서서히 나눔과 공유, 공개와 개방, 참여와 자치 등의 가치를 새롭게 규정하고 수용함으로써 과거와는 전혀 다른 개인과 공동체를 형성하는 데 자율적으로 움직이고 있는 것이다. 집단지성의 가능성은 항상 열려 있다. 무엇보다도 집단지성의 파괴력은 그러한 지성의 크기와 힘에 대한 예측불가능성에 있다.

|

정치와 문화의
콜라보레이션

|

우리의 삶은 정치를 통해 구성된다. 정치는 삶의 다양한 조건을 결정하는 과정을 갖는다. 우리가 오늘날 민주주의라고 부르는 근대 이후의 삶에서 정치는 가장 중요한 영역으로 자리 잡게 되었다. 그것은 정치가 대중의 일상을 형성하는 중요한 요소들을 '결정한다'고 믿기 때문이다. 이처럼 정치가 일상의 영역에 큰 영향을 끼친다는 점에서 매우 중요하게 작동하지만, 정작 일상에서 정치는 전혀 다른 별개의 영역으로 취급당하기 일쑤다. 이는 대중을 이해하고 일상의 사소한 현상을 설명하는 데 있어 어려운 지점으로 나타난다. 실제로 일상의 문화는 대중이 가장 친근하게 만나게 되는 지점이면서도 동시에 정치로는 설명할 수 없고 설명되지도 않는 부분이라 할 수 있다.

그러한 사례는 이명박 정부 이후 소위 '민주시민'들의 당혹스러움에서 발견할 수 있다. 인간의 상식으로는 이해할 수 없는 일이 빈번하게 발생하고, 그 과정에서 많은 사람들은 자신들의 이익을 위해 최소한의 양심이나 가치를 가차 없이 던져버렸기 때문이다. 일반적으로 상식은 인간의 사고를 통한 이해를 바탕으로 하고, 최소한의 대중적 합의를 토대로 하는 토론 과정을 거치면서 사회를 유지시키는 것을 뜻한다. 하지만 최근 우리 사회에선 그러한 과정을 거의 찾아볼 수 없고 상식을 지키려던 사람들은 분노와 체념의 모드로 돌아갈 수밖에 없다.

물론 그렇다고 해서 그 이전의 민주정부라고 했던 '국민의 정부'나 '참여정부'가 훨씬 더 좋았는가라고 묻는다면, 꼭 그렇지도 않았다고 말할 수 있다. 보수정권에 비해서는 상식이 통용되는 사례가 더 많았고 민주적 절차와 토론을 위해 애쓴 부분이 있었다. 그렇지만 기본적으로 대중과 정치의 관계, 즉 대중이 정치를 바라보고 대통령에게 기대하는 방식의 측면에서 보자면 동일한 방식이 작동하고 있었다. 어쩌면 그것은 결국 정권의 문제만은 아닐지도 모른다. 지금도 마찬가지인데, 그 부분은 우리가 일상을 지속하면서 동시에 전망을 고민할 때 계속 부딪치게 되는 난감한 문제가 아닐 수 없다.

이명박 정부에서 많은 사람들이 '멘붕'에 빠져 있을 때 등장한 팟캐스트 「나는 꼼수다」(이하 「나꼼수」) 열풍은 그러한 시대적 맥락과 맞닿아 있다. 「나꼼수」는 정부의 언론 탄압과 그로 인한 대중의 알권리를, 진지한 방식이 아니라 대중의 감성에 걸맞은 방식으로 접근함으로써 큰 성공을 거뒀다. 「나꼼수」는 '가카 헌정방송'이라는 소개에서도 나타나듯이 철저하게 '이명박'이라는 단 한 사람으로 수렴되고, 동시에 한 사람을 공격하는 방식을 취했다. 당시 그는 심각한 결격 사유가 있었음에도 '경제 활성화' 담론으로 대중의 지지를 받아 대통령이 되었다. 그의 등장은 단순히 보수정권의 대통령이 탄생했다는 사실을 넘어서는 것이다. 그럼에도 이명박 정부의 실체는 거짓과 기만과 통제와 검열과 불통이었다. 절차와 상식이 전혀 통하지 않는 현실에서 「나꼼수」는 일종의 전략적 선택이었던 셈이다.

그렇다고 해서 「나꼼수」가 대단히 급진적인 주장을 한 것은 아니었다. 만약 그랬다면 그처럼 폭넓은 대중적 지지는 얻지 못했을 것이다. 「나꼼수」는 팟캐스트라는 새로운 매체형식, 새롭고 발랄한 캐릭터, 기성언론과는 다른 일상어의 구사 등을 중요하게 내세웠다. 내용만 놓고 본다면 지극히 상식적이고 합리적인 상태를 원하는 것이었다. 상식이 사라진 상태를 만든 개인과 집단에 대해 문제제기를 한 것이다. 바로 그 지점에서 교양이나 상식을 가진 사람들이라면 어느 정도 합의할 수 있는 수준에서 이야기를 풀어나갔다는 점은 매우 중요한 특징이다. 내용과 표현의 관계에서 상호 일치하지 않는 것은 흥미로운 지점이다. 「나꼼수」에 대해 실망하는 이들은 바로 이 스타일이 마음에 들지 않거나 혹은 내용의 평범성 때문이었다.

「나꼼수」는 정치의 예능화를 촉발시키는 계기가 되었다. 이후 「썰전」^{JTBC}과 같은 프로그램이 등장하는가 하면, 종편의 시사프로그램들은 예능적 요소를 적극적으로 가미하기 시작했다(물론 출연자들의 수준이 떨어져서 의도하지 않게 예능프로그램처럼 보이는 경우도 있다). 「나꼼수」처럼 정치의 예능화가 대중성의 측면에서 큰 효과를 거둔 것은 사실이지만, 그것이 추구하는 방향이나 목표는 결국 '민주시민'과 같은 정도에 머무는 것이다. 「썰전」 역시 마찬가지라고 할 수 있다. 사회자가 있고 진보와 보수를 대표하는 두 사람이 각각의 주장을 주고받는 형태라는 점에서 결국 합리적 판단을 도출하는 쪽으로 나아간다. 정치의 예능화는 결국 인문학의 대중화만큼이나 그 한계가 명확하다. 그것을 통해 얻을 수 있는 최대치는 '민주시민'이다.

그런 점에서 영화 「변호인」_{양우석 감독, 2013}의 흥행 성공은 「나꼼수」 열풍의 연장선상에 있다. 천만 명이 넘는 관객이 영화를 보았지만, 많은 사람들이 영화를 본다는 것이 곧 세상의 변화를 의미하는 것이 아니기 때문이다. 「변호인」을 관람하고 추천하는 지점이 바로 '민주시민'의 경계라 할수 있다. 상식과 양심, 정의가 살아 있는 사회에 대한 갈망을 담아낸 것이다. 그렇다면 영화 「또 하나의 약속」_{김태윤 감독, 2013}은 어떨까. 「나꼼수」「변호인」이 정치권력의 문제라면, 「또 하나의 약속」은 자본의 문제를 정면으로 다루고 있다. 우리 시대 약자들이 처한 또 하나의 현실, 즉 정치권력과는 다른 형태인 자본권력의 희생을 다루고 있다는 점에서 매우 중요한 텍스트다. 단일하거나 투명한 텍스트는 없다. 모두 복수적이고 맥락적이다. 그런 점에서 「또 하나의 약속」은 내용과는 별개로 제작과 배급, 개봉 과정에서 나타난 다양한 사회적 권력관계, 특히 삼성이라는 대기업의 문제점과 삼성이 우리의 일상에 얼마나 깊이 침투해 있는가를 잘 드러냈다는 점에서 유의미하다고 하겠다. 그래서 영화 개봉 초기에는 그토록 스크린 확보를 위해 애를 썼고, 개봉 후에는 더 많은 사람들이 영화를 보도록 추천과 독려를 거듭했던 것이다. 이 영화는 50만 명에 가까운 관객을 동원했다.

그럼에도 우리는 냉정하게 물음을 던질 필요가 있다. 이 영화의 의미와 중요성, 완성도 등의 문제는 차치하고, 정말 이 영화를 더 많은 사람들이 본다면 우리 사회는 달라질 것인가? 자본이라는 '거대한 신'이 우리의 일상을 지배하고 있는 오늘의 시대에 과연 어떤 효과가 있을 것인가 물어야 한다. 이미 삼성이라는 기업의 문제는 오래 전부터 다양한 방식으로 제기되어 왔다. 하지만 사회적으로 삼성은 풀리지 않는 문제이고, 법적으로는 대부분 삼성의 승리로 끝나고 말았다. 그렇다고 문제제기를 하지 말자는 것은 아니다. 문제는 '사회적'인 것의 맥락과 공간이다. 여기에는 단순히 정치적 이해관계나 지배집단의 권력관계만 있는 것이 아니라 소위 '국민 정서', 즉 대중의 정서가 포함되어 있는 것으로 보인다. 그것이 광고 때문이건 아니면 민족주의나 애국심의 문제이긴 간에 삼성은 세계적 기업이라는 일종의 믿음은 만만치 않는 상대다. 영화 「또 하나의 약속」은 그러한 '사회적 공간'에 위치하고 있는 것이다.

여기서 우리는 '이 영화를 봐야 한다'는 당위를 넘어선 질문이 필요하다. 하지만 정작 영화를 둘러싼 다양한 현실적 논란으로 인해 그러한 논의는 생략된 것은 아닐까? 이 영화를 왜 봐야 하는지, 이 영화를 본다는 것은 어떤 의미인지를 좀 더 치열하게 물어야 하지 않을까? 그렇게 묻는 것이야말로 어쩌면 오늘날 우리가 처한 '정치적 곤란'을 생각하는 계기가 될지 모른다. 여전히 많은 사람들이 믿고 있는 것처럼 시민이나 교양인의 탄생으로 합리적이고 건강한 사회를 이룰 수 있을 것이라는 일종의 기대감이 남아 있다. 하지만 우리가 역사를 통해 배운 것은 그렇게 탄생한 '근대인'은 언제든지 퇴행적 주체가 될 수 있다는 사실이다. 근대인이 장점으로 내세우는 이성과 합리성은 어느 지점에서 그 힘을 잃어버리게 되며, 동시에 우리 사회에는 이성과 합리성으로 해결할 수 없는 문제들이 너무 많기 때문이다. 그런 점에서 문화 영역은 대중의 감각과 감수성을 잘 드러내는 부분이다.

「또 하나의 약속」은 특정 대기업의 문제점을 다룬 영화다. 삼성이라는 거대 자본의 횡포를 다루고 있다는 사실은 영화 전반에 깔려 있는 전제다. 영화는 사실 혹은 진실을 담아냈다. 우리가 이 영화를 추천하는 것은 그 진실에 대한 응답을 기대하기 때문이다. 공적 매체로서 언론이 제대로 된 기능을 하지 못하는 현실에서 사실을 정확히 전달하고 진실을 파헤치는 작업은 매우 중요하다. 하지만 안타깝게도 오늘날 대중은 사실을 원하지 않는다. 사실을 소비할 뿐이다. 사실이나 진실은 이제 대중을 감동시키지 못한다. 대중의 감각은 노련할 정도로 발달되어 있다. 자신의 삶이나 일상을 건드리는 '불편한 진실'은 회피한다. 「변호인」과 「또 하나의 약속」이 흥행 면에서 큰 차이가 나는 이유도 여기에 있다. 그리고 그것은 우리가 아무리 「레미제라블」^{톰 후퍼 감독, 2012}이나 「변호인」을 보더라도 세상이 쉽게 바뀌지 않는 이유다. 우리는 거듭 물어야 한다. 진실이 힘을 갖지 못하는 시대에 우리는 무엇을 할 수 있을까?

오늘날 정치와 문화는 친근하다 못해 근친의 관계를 유지하고 있을 정도다. 과거 문화를 정치의 도구로 삼거나 정치의 미학화를 시도하는 일은 지금도 반복되고 있다. 각각의 수준에 맞는 싸움은 필요하다. 「나꼼수」 「또 하나의 약속」이 필요하고 중요한 이유다. 지금은 사실과 확신이 떠도는 시대다. 사실은 확신을 낳고, 확신은 독선과 배제를 잉태한다. 확신은 자신의 신념에 국한시켜야 하고 타인에게 강요하지 말아야 한다. 타인에게 필요한 것은 자신의 삶을 둘러싼 수많은 모순을 인정하고 제거하는 일이다. 모든 것이 정치적이라는 명제는 바로 그 지점부터 시작해야 한다.

돈

|

보험과 대출 광고,
자본의 이중주

|

우리 사회에서 가장 강력한 유행어 중 하나는 아마도 '재테크'일 것이다. 재테크는 말 그대로 돈을 잘 굴려서 불리는 전략을 뜻한다. 불과 몇 년 전까지만 하더라도 일반인들은 전혀 관심이 없던 주식과 부동산, 펀드 등이 이제 일상 대화의 소재로 등장하고 있다.

전문가들은 여러 가지 진단과 처방을 내놓는다. 저금리 시대에 은행 이자만으로는 좀처럼 돈을 벌 수 없기 때문에 새로운 자본시장을 공략해야 한다든지, 혹은 다가오는 고령화 사회에 대비해서 소위 '세컨드 라이프'를 위한 목돈 마련이 필요하다는 식이다.

이러한 현상은 IMF 사태를 겪고 난 후 일반인들의 경제에 대한 관심 증가와 더불어 돈의 위력(?)을 깨달은 탓도 있을 것이다. 그래서 등장한 말이 '부자되세요!'라는 유행어였다. 이제 우리는 누구나 한 번쯤 부자를 삶의 목표로 생각해보는 시대에 살고 있는 것이다. 그런데 조금만 더 생각을 해보면, 언론이나 TV에서 떠들어대는 소리들이 그다지 현실적이지 않다는 걸 금방 눈치 챌 수 있다. 여전히 대부분의 사람들은 미처 미래를 설계할 엄두조차 내지 못하고 그저 하루하루를 살아갈 뿐이다. 이런 상황에서 돈을 어떻게 투자할까를 논한다는 것은 얼마나 우스운 일인가.

그럼에도 현실은 '돈 놓고 돈 먹기' 놀이가 한창이다. 이런 현실을 잘 반영하고 있는 매체가 바로 광고다. 보험이나 대출 광고의 급격한 증가는 우리 사회가 자본 중심으로 움직이고 있음을 보여준다. 자본이 지배하는 세상을 당연시 여기게 만들고, 너 어려워지거나 힘들게 지내지 않으려면 그 논리를 받아들이라는 암묵적인 강요다. 주식과 아파트, 보험, 저축, 대출 등 최근 일반 대중들의 관심은 온통 돈과 관련되어 있다. 그리고 그런 광고의 밑바탕에는 '공포'와 '비교'라는 두 가지 중요한 심리적 기제가 작동하고 있는 것으로 보인다.

보험은 현대를 살아가는 사람들의 필수품이 된 지 오래다. 보험은 이미 수십 년 전부터 우리의 생활 속에 깊숙하게 자리 잡고 있었지만, 최근 등장하는 보험 광고는 저렴한 가격과 폭넓은 보장을 무기로 한다. 심지어 홈쇼핑에서도 보험 상품을 판매한다. 앞으로 암보험이 사라질 것이라면서 빨리 암보험에 가입하라고 재촉한다. 이처럼 보험 상품이 판매되고 있는 중요한 배경에는 현대사회의 위험 증가가 놓여 있다. 현대사회는 '위험사회'다. 문명과 기술의 발달은 현대인들을 극도의 사고 위험에 노출시켰고, 각종 인스턴트식품과 패스트푸드는 새로운 질병으로 내몰았다.

TV 뉴스에서는 하루도 빠지지 않고 화재와 교통사고 소식을 전한다. 현대인들은 누구나 잠재적인 사고 피해자들이다. 이 공포 속에서 사람들은 당장 아프지 않더라도, 언제 사고가 날지 모른다는 두려움에 보험을 든다. 위험의 증가와 비례해서 보험의 비중은 커지고 가입자는 늘어난다. 많은 사람들이 '혹시나' 하는 생각으로 보험에 가입한다. 보험 회사는 갈수록 '위험'을 강조한다. 그 종착점은 바로 '죽음'이다. '사망'은 보험이 제시하는 위험의 마지막 형태다. 오늘도 보험 광고는 은밀하게 속삭인다. '당신이 나이가 들어 병들고 힘이 없을 때 돈이 없으면 누가 지켜줄 것인가?'

한 생명보험 회사의 TV 광고는 현대인의 공포를 있는 그대로 적나라하게 보여주었다. 남편의 죽음에 대한 보상으로 받은 보험금 10억 원으로 남은 가족, 즉 부인과 아이들이 행복하게 살아가는 모습을 아름다운 영상으로 보여준다. 그 장면을 지켜보는 사람은 다름 아닌 멋진 보험설계사다. 남성들은 이 광고를 보면서 굉장히 기분이 나빴다고 한다. 화면에 깔리는 배경음악은 「A Beautiful Day」였다. 참으로 역설적이지 않은가. 이 광고는 두 가지 점에서 우리를 놀라게 한다. 우선 가족, 즉 남편의 죽음을 직설적으로 표현했다는 점에 놀랐고, 다음으로는 죽음, 슬픔, 아픔과는 가장 먼 거리에 있는 아름다운 풍경과 음악을 보여준다는 점에서 놀랐다.

현대 자본주의 사회에서 보험 회사야말로 가장 합법적인 '돈놀이' 장사꾼이다. 보험이나 대출은 어쩌면 둘 다 현대사회를 살아가는 이들에게는 어쩔 수 없는 필요악일지 모른다. 가구당 평균 부채가 4천만 원에 이를 정도로 빚지지 않고 사는 사람이 드물다. 과거에는 빚은 좋지 않은 것이거나 아는 사람에게 빌리는 정도였다. '계'나 '사채'는 개인이 비상시에 필요한 돈을 마련하는 중요한 해결책이었다.

하지만 이제 '사채'를 빌려 쓰는 것은 위험을 감수하는 일이 되었는데, 그 공백을 노려 '합법적인'(!) 사채업자들이 버젓이 광고를 하고 있는 것이다. 흥미로운 점은 대출을 유혹하는 광고의 변화다. 그들은 많은 돈을 빌리라고 하지 않는다. 가족이나 가까운 친인척에게 선물을 해야 할 때 혹은 갖고 싶은 물건이 있을 때, 대출을 이용해서 그것을 사라고 한다. 이런 점은 대출이 경제적 실패를 경험한 몇몇 소수의 문제가 아니라 일반 대중에게도 일상이 되고 있음을 보여준다.

대출 광고가 더욱 위험하게 느껴지는 것은 친근한 이미지로 이를 종용하고 있는 이들이 다름 아닌 유명 연예인들이기 때문이다. 대출업체들은 일반 대중에게 친숙한 이미지를 갖고 있는 연예인을 광고 모델로 기용한다. 시청자는 뻔히 알면서도 점차 반복적으로 광고에 노출됨으로써 광고를 신뢰하고 만다. 물론 비교적 진보적이라고 평가받던 일간신문사 역시 광고만큼은 어찌할 수 없는 것처럼, 연예인들이 아무리 공인이라 하더라도 부정한 방법이 아닌 이상 광고 섭외를 거절하는 일은 쉽지 않을 것이다. 하지만 대출 광고가 어떤 사회적 맥락을 가지며 향후 어떤 결과를 낳을지를 염두에 둔다면 그리 간단한 문제만은 아님을 알 수 있다.

보험 광고와 대출 광고가 이처럼 한국사회를 지배하는 현상은 우리의 현실이다. 하나의 현실은 또 다른 현실과 동전의 양면으로 맞닿아 있다. 그것은 한국사회에서 점차 늘어나고 있는 '공공성의 상실 혹은 소멸'이다. 특히 개인의 삶을 위협하는 다양한 공공영역의 축소는 급속하게 변하고 있는 자본시장에 노출된 한국사회를 어떻게 바꿔놓을지에 대한 두려움을 갖게 한다. 보험은 개인이 질병에 걸렸을 때 정상적인 수입으로는 도저히 감당하기 힘든 돈을 제공한다. 그런 점에서 좋은 제도일 수 있지만 다른 사기업의 보험 상품이 아니라 공공의료보험만으로 혜택을 받을 수 있다면 얼마나 좋겠는가.

대출을 받은 이들의 가장 큰 이유는 대부분 집을 사는 데 있다. 집을 여러 채 보유하고 있는 이들도 있지만 대부분은 자신들이 살 집을 구입하기 위해 어마어마한 돈을 대출받는다. 이런 일이 일상적으로 일어나는 이유는 주택과 토지의 공공성이 소멸되었기 때문이다. 많은 이들이 자신의 집을 소유하고 있다면, 적어도 상대적 박탈감을 줄일 수만 있다면 지금처럼 미친 듯이 집을 사려고 하진 않을 것이다.

우리가 아무리 발버둥 치더라도 사회는 변할 것이다. '어떻게 변할 것인가'라는 문제는 개인들이 쉽게 판단할 수 없지만, '어떻게 살 것인가'의 문제는 각자 판단에 따라 달라질 수 있다. 분명 돈의 문제는 과거와 달라져 있다. 객관적 현실까지 부정하지 않더라도 그 현실에 대한 대응 방식으로 새로운 원칙과 전략을 마련하는 것은 전혀 불가능하지만은 않을 것이다. 이는 돈을 버는 방식과 소비를 통제하는 방식 등이 어우러진 총체적 문제다. 자본의 공격은 무차별적이고 가혹하다.

그런데 개인들은 저항하는 법을 잊어가고 있다. 자본은 저항에 직면하는 순간 얼굴을 바꾼다. 대출이 멋진 삶을 보장한다거나 보험이 노후나 건강을 보장해주리란 것은 앞으로도 계속될 달콤한 유혹이다. 이제 '어떻게 살 것인가'의 문제는 추상적인 수준에서 일상으로 내려왔다. 그렇다면 자본에 대한 저항은 자본과 삶의 관계를 새롭게 바라보는 일에서 출발해야 하지 않을까. 그것이 비자본주의적인 방식이든 반자본주의적인 방식이든 그건 각자의 선택이다.

죽음

|

스타의 죽음과
노동자의 죽음

|

2013년 1월 6일, 전 프로야구선수 조성민 씨가 자살로 생을 마감했다. 아무리 자살에 익숙해져 있는 한국 사람들이라 할지라도 그의 죽음은 충격으로 다가올 수밖에 없었다. 전 부인 최진실 씨와 남동생 최진영 씨 역시 자살로 생을 마감했으며, 조성민 씨의 죽음도 먼저 세상을 떠난 그들의 죽음과 무관하다고 할 수 없기 때문이다. 담당 경찰서에서는 이례적으로 언론사에 자세한 취재를 자제해달라는 요청을 하기도 했다.

하지만 경찰의 요청에도 언론사들은 자신들만의 방식으로 스타의 죽음을 보도했다. 죽음 이후 남겨진 가족과 어린 자녀들, 지인들에게 아무리 부정적인 영향을 끼친다 하더라도, 자신들이 먹고살기 위해 그의 죽음을 끊임없이 말할 수밖에 없었다. 우리가 잘 알고 있듯이 오늘날 언론 환경은

'언론학 개론'을 다시 써야 할 정도로 심각한 상황에 처해 있는 게 사실이다. 공영방송이라고 하는 언론은 '공영'의 역할을 하지 않으며, 수많은 인터넷 매체는 연예인 가십거리만으로 생계를 이어가고 있기 때문이다. 그 과정에서 언론사들은 포털사이트에 얼마나 많이 노출되는가 하는 경쟁에 빠져 더 자극적이고 선정적인 기사와 제목을 쏟아내는 데 혈안이 되어 있다. 그들에게 유명인의 죽음은 기사의 클릭 수를 올릴 수 있는 절호의 기회인 셈이다.

조성민 씨의 죽음을 대하는 언론들을 보면 오늘날 신자유주의 사회에서는 죽음도 소비되고 있는 것이 아닌가 싶다. 특히 2012년 연말 대선 이후 노동자들의 잇따른 죽음이 겹쳐지면서 '유명인의 죽음'과 '노동자의 죽음' 사이에 커다란 간극이 존재한다는 것을 보게 된다. 대부분의 언론은 유명인의 죽음을 때로는 생중계까지 할 정도이지만 노동자의 죽음에 대해서는 큰 관심을 보이지 않는다. 왜 노동자들이 죽음을 선택할 수밖에 없었는지에 대한 상세한 보도는 더욱 찾아보기 힘들다.

이러한 사실은 쌍용자동차 해고 노동자들의 죽음에 대한 정치적·사회적 반응을 통해 이미 잘 알려져 있다. 더욱 안타까운 사실은 그들의 죽음이 나와 아무런 상관이 없는 일이라고 생각하거나 나 역시 비슷한 처지가될 수 있음을 알고 있지만 애써 외면하는 사람들의 수는 점점 늘어가고있다는 점이다. 이쯤 되면 철저하게 사회적인 노동자의 죽음들이 오히려사회로부터 고립되거나 개별화되고 있음을 보게 된다.

2012년 12월 대선 다음 날 스스로 목숨을 끊은 한진중공업 노동자 최강서 씨의 경우에는 오늘날 자본주의 사회에서 노동자로서 살아간다는 것이 어떤 것인지를 삶과 죽음을 통해 그대로 보여주었다. 그는 유서에 "나는 회사를 증오한다. 자본, 아니 가진 자들의 횡포에 졌다. 어떻게 해야 할지 모르겠다. 심장이 터지는 것 같다. 내가 못 가진 것이 한이 된다"고 적었다. 그의 죽음만 그런 것이 아니다. 연이어 생을 마감한 이운남, 최경남, 이호열, 이기연의 죽음 역시 개인적 불운이나 비관에서 비롯된 것이 아니라, 근본적으로 사회적이고, 경제적이고, 정치적인 죽음들이다.

오늘날 노동자의 죽음은 개인적인 사적 과정으로 진행되는 것이 아니라 지극히 사회적인 것, 즉 우리들이 함께 고민하고 해결해야 할 공적 문제인 것이다. 지금 이 순간도 생을 마감하는 수많은 사람들에게 사회는 '나약하고 무능력하다'고 손가락질을 하고 있다. 이제 이러한 죽음의 계급화에 대해 근본적으로 고민해야 할 때가 된 것은 아닐까.

한국의 현대사에는 사회적 죽음이 유독 많았다. 우리는 전태일의 죽음을 기억한다. 그의 죽음 이후 1980년대와 1990년대를 거쳐 독재와 싸우면서 민주주의를 위한 수많은 죽음들이 있었다. 우리는 그들의 죽음을 '열사'로 호명하며 가치를 부여해왔다. 죽음 자체의 정당성보다는 사회적 가치를 통해 죽음의 의미를 되살리는 작업이었다.

하지만 언제부터인가 노동자의 죽음은 더 이상 가치를 갖지 못하고, 죽어가는 당사자 역시 죽음의 정당성을 얻지 못한 채 생을 마감한다. 자살이라는 지극히 개인적 과정의 죽음이라고 할지라도 그 죽음이 사회적 맥락속에 위치한다면, 그 사회는 그러한 죽음에 대한 진지한 고민과 성찰을 해야 할 것이다. 하지만 죽음에 대한 최소한의 정당성마저 사라져버린 시점에서, 그렇다고 죽음을 멈출 만한 그 어떤 최소한의 조건도 갖추지 못한 사회에서, 앞으로 이어질 죽음에 대해 우리는 어떤 입장과 행동을 취할 것인가 생각해봐야 한다.

오늘날 노동자 개인의 죽음은 '열사'는커녕 '개죽음'에 가깝다. 그들의 죽음은 언론의 관심을 얻지 못하고, 유명인의 죽음과는 비교할 수도 없다. 이제 죽음도 경쟁을 통해 전해지는 시대가 되었다. 좀 더 자극적인 방식으로 죽어야 하고, 죽은 자의 사연이 처절하고 고통스러워야 한다. 그것도 아니라면 집단 혹은 동반 자살이어야 그나마 언론에 한 줄이라도 보도가 나온다.

이제 인간의 죽음에 대한 사회적 입장은 완전히 달라졌다. 모든 인간의 생명은 소중하다는 기본적 인권의 가치는 무너진 것만 같다. 노동자의 죽음과 유명인의 죽음이 결코 같지 않은 것은, 죽음 역시 철저하게 자본주의적 방식으로 계산되고 값이 매겨지기 때문이다. 이것은 죽음과 대비되는 출생의 문제와도 결부된다. 재벌가에서 태어나는 것과 극빈층 가정에서 태어나는 것이 같지 않은 것도 마찬가지다.

자본주의 사회는 태생적으로 불평등을 전제로 성립한다. 하지만 21세기 이후 신자유주의적 논리는 과거의 불평등과는 비교할 수 없을 정도로 강력한 기제들을 동원함으로써 이제 인간 존재에 대한 근본적인 부정까지도 자연스럽게 받아들이도록 만들고 있는 것이다. 2012년 11월 SBS에서 방영한 「최후의 제국」The Last Capitalism이라는 다큐멘터리를 보면, 미국의 한 토론 프로그램에서 사회자가 보수 정치인에게 "돈이 없는 가난한 사람들은 의료 혜택을 받지 못해서 죽어도 된다는 말인가?"라는 질문을 던진다. 그 정치인이 머뭇거리는 사이에 오히려 방청객들이 주저 없이

"YES!"를 외친다.

21세기 자본주의 사회에서 인간의 목숨이 소중하다는 생각은 이제 보편적 진리가 아니다. 인간에 대한 근본적인 생각이 흔들리고 있는 현실은 우리에게 인간에 대한 새로운 사유, 공동체에 대한 새로운 대안을 고민할 것을 요구하고 있다.

커뮤니티 디자인

|

삶의 배치를
바꾸는 일

|

우리가 살고 있는 사회는 불안과 절망으로 가득 차 있다. 동시대인들은 기댈 곳도 없고 미래에 대한 희망도 갖지 못한 상태에서 하루하루를 살아간다. 그것은 국가나 자본주의, 혹은 도시의 문제에서 비롯된 것일 수 있다. 아니 어쩌면 그러한 '문제들'의 연쇄고리들이 만들어낸 문제일 수도 있다. 그런데 가장 큰 문제는 이러한 '문제들'을 해결할 수 있는 대안의 부재다. 문제의 해결책으로 제시되고 있는 것은 개별적인 문제 해결에만 집중하는 단기처방으로 이어질 뿐이다. 결국 문제는 반복되거나 악화된다.

그렇다면 대안은 무엇일까. 근대 이후 사회적 문제 해결은 국가 행정의 몫이었다. 하지만 더 이상 그 역할과 기능이 작동하지 않는 시대에 '시민'으로 호명되는 주체들은 스스로 자신의 문제를 해결하고자 노력했다.

주민 커뮤니티와 같은 형태는 개별적 주체들이 사회적 맥락에서 문제를 직면하는 과정에서 내응한 결과다. 국가와 국민의 관계가 정상적으로 작동하지 않게 되면서, 국가와 같은 행정의 그물망에 걸리지 않는 자율적 주체들이 새롭게 등장하기 시작했다. 그들은 기성 권력과 제도로부터 자유로울 뿐만 아니라 개인의 일상에서 출발한다는 점에서 나름의 힘을 보여준다.

이러한 주민 커뮤니티 활동은 지역이라는 구체적인 장소를 근거로 한다. 그 과정에서 전문가나 예술가는 일반 주민들을 만날 수밖에 없으며, 둘 사이의 화학적 만남은 새로운 활동과정과 결과물로 이어지게 된다. 무엇보다 주민들은 개별적 주체로 머물러 있지 않는다. 오히려 공통의 고민과 문제의식을 드러내고 이를 집단적 활동의 형태로 확장한다. 바로 이 집단성이야말로 지역사회를 바꾸는 결정적인 힘이 된다. 전문가나 예술가들이 독자적으로 기획하는 과정에서 실패하는 것도 바로 이 지점이다. 새로운 사건을 만들어내는 것은 가능하다. 하지만 사건의 연속과 반복을 통해 새로운 흐름을 창조하는 것은 결국 다양한 주체들이 만들어내는 축적된 시간의 결과물이다.

이때 등장하는 것이 바로 '커뮤니티 디자인' 개념이다. 이 개념은 일본의 건축가이자 조경전문가인 야마자키 료의 책 『커뮤니티 디자인』^{민경욱} ^{옮김, 안그라픽스 펴냄, 2012}에서 비롯된 것으로, 디자인 개념을 삶의 전반으로 확대함으로써 사람과 공간, 활동 등의 관계를 주목하고 있다. 따라서 특정한 지역에서 다양한 주체들이 함께 새로운 흐름을 만들어가는 것으로서 '장소'와 '주체', '연대'라는 요소들이 작동하게 된다.

'장소'는 지역을 뜻한다. 지역은 단순한 물리적 공간 개념을 넘어선다. 그것은 역사와 주체를 동시에 품는 것으로서 유무형의 다양한 요소들이 종합된 것으로 나타난다.

'주체'는 지역에 살고 있는 주민을 뜻하지만, 동시에 새롭게 형성되는 주체라고 할 수 있다. 이러한 주체는 만들어지거나 훈련되거나 이주하는 등 다양한 방식으로 새롭게 등장하는 주민들이다. 새로운 주체의 생각은 일정 기간 동안 반복된 고정된 형태의 삶을 지키는 것이 아니라 새로운 맥락에 걸맞은 삶을 고민하고 실천하는 것이다. 그것은 동시대의 정치와 사회, 경제를 읽는 것이며, 미래사회에 대한 비전과 고민을 담아내는 것이다.

'연대'는 일종의 네트워크다. 오늘날 자원은 분산되어 있고, 활동은 개별적이다. 연대는 분산되고 파편화된 자원을 연결하고 묶어내는 작업이다. 그것은 특정한 의도와 함께 집중을 필요로 한다. 다양한 세대와 영역, 활동 방식 등에 대한 포괄적이고 입체적인 조망을 통해 새로운 그림을 그리는 것이다. 연대는 이러한 바탕 위에서 가능하다.

커뮤니티 디자인의 특징은 양적 개념과 대비된다는 사실이다. 커뮤니티 디자인은 질적 전환을 추구하는 것이라는 점에서 양의 개념에 비례하지 않는다. 그런 까닭에 커뮤니티 디자인 개념은 기존 행정구역 구분에 따른 역할과 기능을 넘어선다. 행정구역의 분할은 철저하게 편리성과 효율성에 기반을 두고, 대부분 양적 개념으로 문제를 해결한다. 실제로 행정구역의 분할과 통치는 그 자체로 엄청난 힘을 발휘한다. 하지만 그것은 제도가 중심이 됨으로써 실제로 마을에서 살아가는 주체로서 주민들과 일상의 역동성을 배제하거나 무시한다. 결국 남는 것은 그러한 제도를 뒷받침하는 단체이거나 주체들이다. 그들은 제도에 의해 만들어지는 부산물의 성격이나 크기와도 관련된다.

　반면 커뮤니티 디자인은 그러한 과정 자체를 인정하지 않는다. 아울러 그러한 인위적 분할을 가로지르거나 찢는다. 커뮤니티 디자인의 힘은 바로 여기에서 출발한다. 유형화된 주체와 고정화된 방식이 아니라 새로운 주체와 연대가 나타나는 것이다. 사실 커뮤니티 디자인의 결과물이 별다른 것이 없거나 대단한 것이 아닐 수 있다. 그럼에도 커뮤니티 디자인에 주목하는 것은 그 효과 때문이다. 커뮤니티 디자인의 효과는 배치를 바꾸는 일이다. 배치는 삶을 디자인하는 문제와 관련되어 있다. 새로운 삶은 단순히 의식의 전환이나 정책의 변화만으로 이뤄지지 않는다. 그것은 기존에 배열된 것들의 순서와 층위를 다르게 하는 일이다. 그렇게 할 때에야 비로소 권력의 중심이 흔들린다. 유동성은 권력을 새롭게 배치할 때 가장 중요한 전제가 된다. 결국 커뮤니티 디자인은 새로운 삶을 창조하는, 일종의 혁명의 과정이다. 그 출발점은 '커뮤니티가 곧 디자인'이라는 생각이고, 종착점은 삶이 된다.

2

나는
대한민국이
아니다

사랑하는 사람들 사이에서도 서로의 노력과 감동이 소통될 때 진정한 사랑이 가능하다. 하물며 국가와
개인의 관계는 오죽하겠는가. 우리는 물음을 멈추지 말아야 한다. 국가란 무엇인가.

강신주와
철학자의 자리

우리 사회에서 지금처럼 철학이 대중과 가까이 호흡한 적이 있었던가. 인문학 위기라는 현실을 비웃기라도 하듯이 '인문학'이라는 제목을 내건 기괴한 책들이 출판되고 있고, 심지어 인문학의 가치를 가장 폄훼하던 이들이 인문학을 융성하겠다고 나서고 있는 것도 하나의 사례다. 그렇다 하더라도 철학자의 강연에 수백 명이 몰려들고 공중파 예능 프로그램에 철학자가 등장한 것은 분명 이 시대의 낯선 풍경이라 할 수 있다.

철학자 강신주는 동시대 인문학자 중에서 가장 뜨거운 관심과 비판을 동시에 받고 있는 사람이다. 대중들이 가장 좋아하는 철학자이자 인문학계의 '아이돌'이다. 대부분의 스타가 그렇듯이 그는 이제 책만 내면 베스트셀러가 되고 강연장에는 수백 명의 팬들이 몰려든다. 저술과 강연만으로도 1인 기업이라 할 정도다. 그는 단순히 미디어가 만들어낸 스타가 아니다. SNS 상에서 논란이 됐던 몇몇 칼럼들은 비판의 소지가 충분하지만, 그를 주목해야 하는 이유도 많이 있다. 어쩌면 강신주에 대한 사랑과 미움의 양가감정이야말로 한국의 지식사회가 극복해야 할 모순 지점일지도 모른다.

강신주는 오프라인 강의에서 대학과 정부와 자본주의에 대한 비판을 거침없이 쏟아낸다. 이런 점만 본다면 자본의 눈치를 보느라 대학 혹은 그 언저리에서 어쩔 수 없이 살아가는 대다수 '지식인'에 비하면 대단한 용기가 아닐 수 없다. 결국 강신주에 대한 대중의 환호는 이와 같은 대학의 붕괴, 즉 '지식인의 몰락'과 맞닿아 있다. 하지만 그의 용기는 그다지 지지를 얻지 못할뿐더러, 오히려 그를 마뜩잖게 하기도 한다. 이는 그의 글이나 입장을 비판하는 것과는 결이 다르다. 그 바탕에는 대중이 좋아하는 것에 대한 비하와 혐오가 깔려 있다.

강신주는 철학과 인문학의 이름으로 반제도, 반권력, 반자본주의를 지향한다. 하지만 그의 비판 논리는 어느 순간 개인으로 치환된다. 그것은 전형적인 자수성가형 기업가를 닮아 있다. 자신이 대학원을 옮겨가면서 지도교수와 싸워가면서 박사학위를 받았기 때문에, 그리고 지금 자본이나 권력 등 누구의 눈치도 보지 않고 원하는 삶을 살아가고 있기 때문에, 남들은 평생 한 권도 힘든 베스트셀러를 몇 권이나 냈기 때문에, 그는 사람들에게 왜 그렇게밖에 못 사느냐고 윽박지른다. 그 앞에서 상처 입은 사람들은 자신의 죄를 뉘우치고 눈물을 흘린다.

그 순간, 그는 자신이 그토록 비판하고 혐오하는 자기계발이나 힐링 담론의 멘토들을 닮았다. 무엇보다 강신주는 대중을 직접 만나지만 그들을 알지 못한다. 상대가 누구라도 즉석에서 해답을 제시하지만, 그것은 그/그녀에게 필요한 것이 아니라 자신의 이야기를 되풀이할 뿐이다. 개인들의 역사, 즉 그들의 삶은 외면당하고 만다. 그의 철학은 권력이 됐다.

'철학자 강신주'에 대한 안타까움은 '철학자 고병권'을 떠올리게 한다. 강신주가 '대중의 철학자'라면 고병권은 '거리의 철학자'다. 두 사람 모두 디오게네스를 중요히 언급하지만 정작 '철학을 한다는 것'의 구체적인 과정에서는 상반되는 모습을 보여준다. 고병권의 책 『살아가겠다』삶창 펴냄. 2014는 장애인들, 쌍용차 해고노동자, 밀양송전탑 현장 활동가 등을 만난 결과물이다. 물론 투쟁 현장을 찾았다고 해서 정당화되는 것은 아니다. 철학한다는 것은 한 사람을 만나고 삶에 개입하는 것이다. 그것은 자신이 알고 있는 지식이나 깨달음을 전달하는 것이 아니다. 오히려 자신이 만나는 개별적 주체들이 그 안에 들어 있는 능력을 발견함으로써 스스로 변화할 수 있는 계기를 마련하는 일이다.

강신주는 소설보다는 시를 좋아한다고 말한다. 이유는 단박에 진리를 만날 수 있기 때문이다. 하나의 진리를 얻기 위해 수백 쪽에 이르는 소설을 읽는 것을 견디지 못하겠다고 말한다. 그는 개별적 주체의 구체성을 견디지 못한다. 모든 것을 상담하지만 해답은 사실 하나다. 개별적 삶은 모두 자신의 진리를 말하기 위한 일종의 사례에 불과하다. 고병권은 삶이 하나가 아니라 여럿이라고 말한다. 책의 서문에서 "희망은 지금 사막을 뚜벅뚜벅 걷는 내 다리에 있다"라고 말한 것은 다름 아닌 각각의 삶을 만나는 철학자의 모습을 묘사한 것이다. 대한문 농성촌에서 봤다는 이 문장이 곧 철학이 만나야 하는 삶인 것이다. "우리는 꾸준히 살아갈 것이다."

인문학
르네상스는 없다

1.

인문학 열풍이 한창이다. 2000년대 초중반 무렵 인문학의 위기 담론이 지배했던 것을 감안하면, 지금처럼 인문학이 따뜻한 환대를 받는 것은 놀랍고 아이러니하다. 물론 그 내막을 살펴보면 인문학의 위기와 인문학의 열기라는 두 가지 흐름이 전혀 다른 사회적 조건과 맥락에 놓여 있음을 알수 있다.

인문학 위기 담론은 대학에서 주로 취업 위주의 문화가 생겨나면서 실용적이지 않은 학과와 교과목 들이 홀대를 받으면서 시작되었다. 주로 대학 내부로부터의 문제제기였던 것이다. 대학의 학과들은 근대 학문의 분과체제를 따라 형성되었기 때문에 인문학 관련 학과들이 나름의 분과학문으로 되어 있었다. 하지만 2000년대에 들어서면서 실용과 효율, 경쟁 위주의 특정한 사회적 흐름 속에서 그 필요성을 상실하면서 스스로 위기감을 인식한 것이다. 국가의 학문정책이나 대학정책 또한 효율과 평가 위주의 정책을 펼침으로써 인문학을 고사하는 방향으로 흘러가고 있다. 결국 대학 당국 역시 구조조정 등의 과정을 통해 취업과 평가에 도움이 되지 않는 학과를 축소하거나 폐지하는 일이 벌어지고 있다. 그 결과 내학 내부의 인문학은 사실상 쇠락을 넘어 절망적인 수준에 놓여 있다.

그와 반대로 최근의 인문학 열기는 대학의 외부, 즉 사회적으로 형성된 결핍과 필요에 따른 대중의 요구에 부응한 결과다. IMF 이후 가속화된 신자유주의라는 자본주의의 새로운 체계는 사회 영역의 대부분을 기업화 혹은 상업화하는 방향으로 이끌었다. 그 과정에서 한 개인으로 살아가는 인간 주체는 자신의 정체성을 온전하게 유지할 수 있는 토대와 연대를 상실했다. 아울러 부자와 성공이라는 이데올로기가 확산되면서 근대사회에서 유지했던 인간 개념과 가치, 정체성은 이제 존속될 수 없는 지경에 이르렀다. 인간은 그 존재 자체를 부정당하는 지경에까지 이르고 만 것이다. 이제 인간은 스스로 자신의 존재를 증명해야 하고, 삶의 이유를 자신이 직접 발견하고 찾아내야 한다. 그 과정에서 인문학은 일종의 해답을 제공할 수 있는 가능성으로 호명당한 것이다. 그것은 사실 현재에 대한 적극적인 대응이라기보다는 과거로의 퇴행에 가깝다. 지금 유행하는 인문학이 주로 고전만 들추고 해석하는 것에 머물고 있는 것은 바로 그러한 점을 방증하는 것이라 할 수 있다.

2.

우리가 살아가는 사회를 흔히 신자유주의로 규정한다. 신자유주의의 중요한 특징은 자본주의와 민주주의와 같은 이름으로 경제와 정치의 시스템을 분리시키던 것을 통합적으로 인식하고 작동하기 시작한 점이다. 이제 경제와 사회, 정치, 문화는 하나의 원리에 의해 유지되고 변화한다. 그것은 경쟁과 효율성, 시장원리, 성과 등의 원리라고 할 수 있다. 이들은 분리된 개념이 아니라 상호 보완 과정을 통해 동시에 작동하며 하나의 효과를 낳는다. 신자유주의는 실용적이고 기능적인 능력을 찬양한다. 그것은 무용한 것과 무능한 것에 대한 비판과 거부로 이어진다. 하지만 인간의 삶은 실용과 무용의 어느 한 측면만을 지향하지 않는다. 오히려 두 가지 영역이 상호 충돌하거나 보완의 과정에서 삶은 지속된다. 신자유주의는 후자를 철저하게 배격함으로써 전체 사회의 흐름을 철저하게 하나의 원리로 이끌어가는 특징을 보여준다.

이때 인류가 지켜온 추상적 가치들은 위기에 처한다. 도덕과 윤리, 종교, 철학, 문학 등은 실용과 기능의 영역에서 별다른 도움이 되지 않는다. 그러한 것들은 사유와 관념의 영역에서 작동하며 인간의 복합적 판단과 행동을 이끌어낸다. 그렇지만 가치와 판단의 추상적 기준들이 사라지는 곳에 자리를 잡은 것은 오직 실용과 기능이라는 원리다. 이때 인간은 기계화와 자동화, 디지털화 등의 과정에서 넘쳐나는 노동력과 더불어 그 실용성을 상실하고 말았다. 오늘날 인간은 최소한의 부품 역할도 하지 못함으로써 '쓰레기가 되는 삶'으로 전락하고 말았다. 생명의 소중함이나 인간의 고유성 따위는 어디에도 남아 있지 않다.

근대 이후 형성된 공공 영역과 사적 영역의 구분을 해체하기 시작했다. 공공 영역은 경쟁과 시장 논리에 따라 민영화의 수순을 밟기 시작했다. 그 중심에 대학과 인문학이 자리 잡고 있다. 대학의 정체성은 인문학의 가치와 방향에 있어서 공통적인 요소가 많았다. 하지만 2000년대를 전후로 대학의 정체성은 붕괴되기 시작했는데, 그러한 현상을 한마디로 설명할 수 있는 표현이 바로 '대학의 기업화'다. 대학의 기업화는 대기업이 일부 대학을 인수함으로써 대학의 인사와 운영에 개입하는 차원에 국한되는 것이 아니다. 오히려 한국사회에서 대학사회가 기업의 형태로 바뀌고 있음을 의미한다. 이를 뒷받침할 수 있는 간단한 사례로는 가장 자유로운 공간의 상징이었던 캠퍼스가 주차장으로 변신한 사실이다. 대학 공간의 공공성과 민주화의 상징성은 온데간데없고, 남은 것은 유료주차장 영업을 통한 이윤 창출이다. 또한 대학 간 경쟁이 강화되면서 주요 대학은 질적 변화보다는 홍보 마케팅이나 건물 신축과 같은 외형적 변화에 중점을 두었다. 문제는 새롭게 들어선 공간이 재학생들을 위한 교육공간의 확충보다는 복합건물 형태로 상당 부분 외부 임대사업에 치중했다는 사실이다. 아울러 기숙사는 지방 학생들을 위한 배려의 차원이 아니라 민자사업을 통해 1인실과 같은 서비스 제공에 따른 고 비용을 지불하도록 했다.

이와 같은 대학의 기업화는 단순히 대학 캠퍼스의 변화, 즉 물리적 환경의 변화만을 뜻하지 않는다. 그 과정에서 대학공간의 주체라고 할 수 있는 대학생들의 의식의 변화와 맞물려 있다. 즉 대학의 기업화는 정확하게 대학에서 인문학이 추방당하는 시기와 맞닿아 있는 것이다. 인문학 관련 학과가 폐지되고 다양한 학내 연구소들이 제대로 대접을 받지 못하는 상황에서 대학의 기업화는 더욱 가속화되었다.

하지만 대학에서 인문학이 홀대를 받는 정도가 아니라 추방을 당하고 있던 차에 사회적으로는 인문학이 새로운 트렌드이자 대안으로까지 환영을 받고 있는 것은 흥미롭다. 기업에서 인문학의 중요성을 강조하고 입사시험이나 면접시험에서 인문학적 지식을 포함시키고 있다. 아울러 국가에서는 정책적으로 인문학을 중요한 국정방향으로까지 전제하고 있는 실정이다. 교육부는 대학평가를 통해 재정지원을 통제하고 있다. 대학평가의 기준은 철저하게 경쟁과 효율성이라는 신자유주의적 원리를 따르고 있다.

이제 대학과 인문학의 관계는 새로운 단계에 접어들고 있다. 대학에서 죽음을 당한 인문학이 기업과 국가에서 살리고 있는 형국이다. 결국 대학은 정규 교과과정에서는 인문학을 축소하면서 특강이나 대중강좌 등의 사업 형태로 인문학을 다시 캠퍼스로 불러들이고 있다. 실제로 교육부와 한국연구재단의 인문학 대중화 사업의 90퍼센트는 대학에서 수행한다. 그렇게 본다면 인문학은 부활하고 있는 것이 아니라 '새로운 인문학'이 탄생하고 있는 것이다. 흔히 인문학의 중요한 가치를 '비판'이라고 여긴다. 하지만 이제 비판 정신은 더 이상 남아 있지 않다. 그것은 인문학 자체의 문제라기보다는 사회적 물적 토대가 비판적 인문학이 살아남을 수 있도록 내버려두지 않기 때문이다.

주요 사립대 가운데 구조조정과 경쟁원리 등 신자유주의적 변화를 가장 재빠르게 하고 있는 곳으로 중앙대를 들 수 있다. 2008년 두산그룹이 재단을 인수한 직후 당시 박용성 이사장은 학생들의 취업을 위해 회계 과목을 교양필수로 도입하거나 취업률이 낮은 인문학 관련 학과를 폐과시키기도 했다. 교수 평가 역시 경쟁체제를 도입함으로써 경쟁과 효율성이라는 신자유주의적 원리를 아주 구체적이고 실제적으로 적용시켰다. 물론 이 과정에서 학교 구성원들은 다양한 의견을 제시했으며, 일부 학생들은 학교로부터 징계를 당하고 법정 싸움까지 불사했다. 2014년 봄에는 철학과 학부생이 자퇴를 선언함으로써 사회적으로 파장을 불러 일으켰다. 박전 이사장은 2014년 6월 30일자 「조선일보」의 「인문학이 바로 서야 대학이 산다」라는 칼럼에서 "공학이 만들고, 경영학이 팔고, 인문학이 비판한다"라는 흥미로운 논지의 주장을 펼쳤다. 그의 주장은 각 학문 영역의 특징을 인정하는 것처럼 보이지만 실제로는 학문간 융합이나 통섭과는 거리가 먼 의미 없는 주장일 뿐이다.

3.

대학의 인문학 홀대와는 달리 기업은 인문학을 적극적으로 끌어안고 있다. 2014년 봄 신세계그룹의 정용진 부회장이 직접 나서 그룹 차원의 인문학 중흥 계획을 발표한 것은 대표적인 예다. 신세계 측에서는 총 20억 원이라는 구체적인 지원 금액을 밝히면서, 연세대를 시작으로 전국 11개 대학에서 인문학 콘서트 개념의 '지식향연'을 개최했다. 정 부회장은 연세대 강연에 직접 연사로 나서 자신과 신세계그룹이 인문학을 얼마나 중요하게 인식하고 있는지를 강조했다. 주최 측에서는 "올해를 인문학 전파의 원년으로 삼고, 우선 취업난 속에 스펙 쌓기에 매몰되어 있는 대학생들에게 인문학의 가치를 알리겠다"는 취지를 내세웠고, '인문, 예술, 패션을 통해 고객의 행복한 라이프스타일을 디자인하다'는 신세계의 경영이념을 새삼 강조했다. 신세계의 인문학 전파는 인문학 청년 영웅 선발과 같은 '인문학 소양을 갖춘 미래의 에버리더 양성' '전 국민 대상 인문학 지식 나눔' '우수 인문학 콘텐츠 발굴 및 전파' 등의 3단계로 전개될 것이라고 했다. 신세계 관계자는 "인문학의 가치와 본질에 충실함으로써 어떤 시련과 도전에 흔들리지 않고 행복을 느낄 수 있도록, 즉 대한민국의 핵심^{core}을 단단하게 함으로써 '뿌리가 튼튼한' 나라를 만들자는 취지"라고 말하였다.

가장 주목받은 프로그램은 '인문학 청년 영웅' 선발이었다. '지식향연'에 참가한 대학생 중에서 2단계 선발과정을 통해 20여 명을 '인문학 청년 영웅'으로 뽑아 르네상스의 중심지였던 이탈리아로 그랜드 투어를 보내주는 것이다. 선발 과정을 살펴보면, 1단계 지식과 지혜 경연을 통해 150명을 선발하고, 2단계에서는 인문학 경연을 벌였다. 이때 기준은 '신언서판' 身言書判이다. 일단 '인문학 영웅'이라는 표현 자체가 인문학적 가치 지향에 있어서 모순적으로 느껴질 뿐만 아니라 인문학을 오디션 프로그램처럼 경쟁을 통해 선발한다는 것도 쉽게 이해되지 않는다. 아울러 '신언서판'은 중국 당나라 때 관리를 뽑을 때의 기준이다. 과연 그 기준이 21세기에 어떤 의미를 갖는지, 그리고 왜 그러한 기준을 제시하고 있는가에 대한 설명은 없었다.

신세계 측에서는 이처럼 '인문학 청년 인재 양성'에 공을 들이는 이유에 대해 "대학생들이 스펙 쌓기에 매몰돼 인간과 삶에 대한 통찰력을 키우지 못하고 있다는 판단" 때문이라고 했다. 이것만 놓고 본다면 정말 이상한 일이 아닐 수 없다. 왜냐하면 대학생들이 지금처럼 학점과 연수, 인턴, 토익, 봉사 등 스펙에 목을 매는 이유가 사실은 신세계와 같은 대기업에 취직하기 위해서이기 때문이다. 그런데 대학 당국이나 대학생 당사자가 아니라 그 책임 주체라고 할 수 있는 기업이 이 문제를 해결하겠다고 나선 꼴이다. 이는 단순히 기업이 인문학의 중요성을 깨닫고 지원하는 차원을 넘어 일종의 국가의 이념과 이미지를 규정하고 있음을 보여준다.

이 부분에서 박근혜 대통령의 '인문학 중흥'을 떠올리지 않을 수 없다. 박근혜 정부는 '문화융성'이라는 기치 아래 인문학을 중요한 가치의 수단으로 이용하고 있다. 2013년 7월 '문화융성위원회'라는 대통령 자문위원회를 설치했으며, 그해 11월 '인문정신문화특별위원회'를 구성했다. 또한 2014년 2월에는 문화체육관광부의 조직 개편을 통해 '인문정신문화과'를 신설했다. 2014년 8월 문화융성위원회는 「인문정신문화 고양을 위한 중장기 정책방향 보고서」를 통해 교육부와 문화체육관광부가 마련한 7대 중점 과제를 제시했다. 내용을 살펴보면 다음과 같다. (1) 초·중등 인성교육 실현을 위한 인문정신 함양 교육 강화, (2) 인문정신 기반 대학 교양교육 개선, (3) 인문 분야 학문 육성, (4) 전국 문화 인프라를 활용한 문화체험 확대, (5) 인문자산과 디지털 연계 프로젝트 지원, (6) 은퇴자의 청소년 교육 참여 등 문화 향유 프로그램 다양화, (7) 국제교류 활성화 등이다.

이 과정에서 교육부는 이과 전공 학생이라도 일정한 인문 교양과목 이수를 의무화하도록 하고, 학부교육 선도대학 육성사업을 통해 인문교육 강화를 유도하겠다고 했으며, 그 외에도 인문한국 사업을 통해 소규모 인문랩lab에 1억~1억5천만 원을 지원하기로 했다. 또한 초·중등 분야에서는 문과와 이과 구분 없이 인문학과 과학기술 등 기초 소양을 함양할 수 있게 교육과정을 문·이과 통합형으로 개정하기로 했다. 문체부는 '길 위의 인문학' 실현을 모토로 각 지역 도서관과 박물관, 미술관 등과 연계해 문화 체험활동을 강화하고, 특히 도서관이니 박물관이 지역 내에서 문화향유의 중심 공간으로 탈바꿈할 수 있도록 그 기능의 전면 혁신을 위한 제도 정비를 구상하고 있다. 아울러 은퇴자들에게 재능기부를 통해 청소년 교육에 참여하는 기회를 제공하는 '인생 나눔교실'을 운영하고, 청소년이나 가족 모두가 참여하는 인문 교육 행사도 확대해 나가기로 했다.

만약 이대로만 된다면 한국사회에서는 그야말로 '인문학 르네상스'가 새롭게 도래할지도 모른다. 이러한 흐름은 단순히 '인문학'이라는 제목이 포함된 책들이 많이 출간되고 도서관뿐만 아니라 공공기관, 기업 등에서 인문학을 일종의 유행이나 상품으로 만들어가는 것과는 다른 차원이라 할 수 있다. 국가에서 문화적 정책의 차원에서 인문학을 호명하고 있다는 점에서 한편으로는 인문학이 단순히 학문이나 사상의 차원을 넘어 새로운 방식의 통치 수단이 될 가능성이 대두된다. 그것은 정치적 억압이나 경제적 분배의 차원을 넘어 문화적이고 이데올로기적 방식에서 일종의 '부드러운 권력'을 지향하는 것이다.

4.

박근혜 정부의 인문학 중흥 정책과 신세계의 인문학 지원 사업은 사실 별개의 일이 아니다. 신세계그룹이 인문학 지원 사업의 목표로 '한국의 메디치가문'으로 삼은 것은 단순한 지원이 아니라 새로운 형태의 기업, 즉 기업 운영 방식의 변화를 꾀하겠다는 것이다. 메디치가문은 14세기 이후 약 350년간 문화예술의 융성기를 이끌었으며, 당시 '인문 부흥'으로 일컬

어졌던 르네상스 시대의 실세였다. 메디치가는 금융업으로 시작해서 부를 축적했고, 축적된 부를 이용해서 당시 대부분의 유명 예술가를 포함해서 대표적인 인문주의자들을 후원했다. 그 결과 실제로 메디치가문이 획득한 것은 정치 영역에 이르기까지 영향력을 행사하는 실질적인 권력이었다.

신세계그룹의 인문학 지원과는 별개로 한국의 경영자 문화에서 인문학은 이미 중요한 영역이 되어 왔다. 대학(원)에서는 경영자 최고위과정 등을 통해 인문학 프로그램이 운영되고 있으며, 기업의 특강이나 조찬모임 등 다양한 영역에서 인문학 강연은 단골손님이다. 다만 신세계의 인문학 지원 사업은 지금까지의 기업경영 차원에서 인문학을 소비하던 방식과는 전혀 다르다. 즉 20억 원이라는 예산까지 편성된 구체적인 프로그램일 뿐만 아니라 국가 정책과 맞물려 있다는 사실이다. 특히 신세계 그룹이 '21세기 메디치가문'을 선언함으로써 '메디치가문'이라는 상징적 호칭을 통해 기업이 직접 자신들을 승인하는 방식을 취하고 있는 점은 주목할 만하다. 그것은 인문학이나 문화예술이 스스로 존재하는 것이 아니라 기업(자본)을 통해 인정받을 수밖에 없음을 은연중에 내포하고 있는 것이다.

이제 인문학은 대학이라는 울타리를 넘어 정부(국가권력)와 대기업(자본)의 공통 관심사가 되었다. 인문학이라는 이름으로 고전을 소비하는 방식은 그 자체로 하나의 시장이 되었을 뿐이다. 인문학을 통해 자신을 돌아보고 성찰하거나 힐링을 추구하는 것은 인문학이 갖는 내재적이고 비판적인 힘을 긍정하지 않는 결과다. 인문학은 버티는 것이고 저항하는 것이다. 그러한 자세와 태도야말로 인문학이 존재하는 이유일 것이다. 하지만 지금은 인문학을 통해 무언가를 배우는 것은 큰 의미가 없다. 국가에서, 그리고 기업에서 인문학이라는 신상품을 쏟아내는 마당에 인문학은 어느새 자신의 고유의 역할을 잃어버렸기 때문이다. 그렇다면 어떻게 할 것인가. 어쩌면 인문학이라는 이름으로 규정되는 것은 중요하지 않을 수도 있다. 필요한 것은 인문학이 의미하는 것이 아니라 우리가 처한 상황을 분석하고 그 현실을 제대로 살아낼 수 있는 방법론을 찾는 것이다. 그것은 새로운 삶의 방식과 기술이다. 인문학이 가리키는 것이 본래 삶의 무늬와 방식이 아니었던가.

살림의 인문학을
위하여

2013년 3월 25일 경북 지역 자율형사립고 2학년 학생이 스스로 목숨을 끊었다. 그는 전교 1등을 할 정도로 상위권 성적을 유지했지만, 정작 자신의 삶을 유지하는 것은 포기했다. 그가 마지막으로 어머니에게 보낸 카톡 내용은 다음과 같다. "제 머리가 심장을 갉아먹는데 이제 더 이상 못 버티겠어요. 안녕히 계세요. 죄송해요."

그는 왜 죽음을 선택할 수밖에 없었을까. 그것은 자신이 살고 싶은 삶과 강요되는 삶 사이의 간극 때문이었을 것이다. 그는 '머리가 심장을 갉아먹는다'고 절규했다. '머리'는 부모의 기대와 사회의 요구다. 우리는 어렸을 때부터 좋은 대학과 성공, 부자로 살 수 있는 길에 대한 우리 사회가 정해놓은 정답을 듣고 배운다. '심장'은 자신이 정말로 원하고 하고 싶은 것, 즉 자신이 살고 싶은 삶, 자신이 욕망하는 삶이다. 현실은 그 둘 사이의 다협이니 회해가 아니라 선택을 강요한다. 그가 죽을 수밖에 없었던 이유다.

현재 한국사회에서 19세 이하의 청소년 사망 원인 1위는 자살이다. 통계청에 따르면 2003년 10대 자살자 수는 82명이었지만, 2014년에는 276명이나 된다(20대까지의 자살자 수는 2014년 기준 1,450명에 달한다). 자살 원인은 주로 성적이나 진로 등 학업스트레스가 가장 많다. 10대라는 시기가 신체적·정서적으로 복잡하고 불안한 것은 맞지만, 동시에 자신의 삶에 대한 꿈과 이상을 키워나가는 때라고 할 수 있다. 그런데 한국의 청소년들은 좌절과 절망 속에서 자신의 목숨을 버리는 안타까운 일이 벌어지고 있는 것이다.

물론 이 문제가 최근 불거진 것은 아니다. 지난 20세기 말에도 '행복은 성적순이 아니잖아요'라는 말이 유행했을 정도로 학업성적과 청소년의 삶의 관계는 깊은 관련을 맺어 왔다. 그럼에도 21세기 들어 한국사회의 변화는 매우 가파르게 진행되고 있다. 문제는 이러한 상황이 전반적인 사회의 변화와 깊이 관련되어 있다는 사실이다. 실제로 1997년 IMF 구제금융 사태 이후 우리 사회에는 부자와 성공이라는 키워드가 지배하기 시작했고, 경쟁과 효율 등의 가치가 윤리와 공동체, 타인에 대한 배려와 사랑 등의 가치를 대체하고 말았다.

과연 이러한 문제를 해결할 수 있을까. 최근 사회 곳곳에서 불고 있는 인문학 열풍은 어느 정도 해결책을 제시하는 것처럼 보인다. 기업 CEO를 위한 인문학에서 거리의 노숙자를 위한 인문학에 이르기까지 인문학이라는 이름으로 똑같은 내용이 통용되고 있는 사실이 놀랍지 않은가. 인문학이 만병통치약처럼 사용되고 있다. 누군가는 인문학을 경쟁력의 관점에서 바라본다. 스티브 잡스의 사례처럼 부분적으로는 가능할지 모르지만, 오늘날 자본주의와 테크놀로지의 결합으로 구현하는 인문학적 가치와 담론은 허구다. 수많은 광고에 등장하는 '휴머니즘'을 생각해보라. 그리고 우리 주변의 현실을 보라. 휴머니즘은 점점 밀종되고 있는 가치에 불과하다. 이때 인문학은 자본 증식 과정에 동원되고 있는 추상적 담론일 뿐이다.

우리가 인문학에 그쳐서는 안 되는 이유가 여기에 있다. 특히 우리 사회의 인문학 열풍은 힐링 문화의 자장 안에 놓여 있다. 힐링 담론에 인문학적 지식을 결합시켜서 세련되게 포장만 일굴을 하고 있는 것이다. 그 결과 모든 문제와 원인을 개인의 차원으로 귀결시킴으로써 개인 내면의 탐구나 현실과의 거리 혹은 외면에 이르는 효과를 낳기도 한다. 따라서 인문학적 성찰과 비판적 인식이 중요하지만 이를 위해서는 동시에 현재 우리가 살아가고 있는 시대를 제대로 이해하고 파악할 수 있는 사회과학적 분석과 지식도 매우 중요하다.

청소년들에게 필요한 것은 '살림의 인문학'이다. 자신을 살리고 삶을 살리는 것이어야 한다. 지금 우리가 살아가는 시대는 20세기와는 비교할 수 없을 정도로 빠른 속도와 복잡성을 특징으로 하고 있다. 정치와 경제, 문화 등은 별개의 영역으로 존재하는 것이 아니라 상호 긴밀하게 연결되어 있다. 지구화 혹은 세계화라는 이름으로 국가와 국가의 경계는 무너지고, 통합의 흐름과 동시에 곳곳에서 갈등과 저항이 나타나고 있다. 개인들은 이러한 시대를 제대로 이해할 수 있는 통찰력을 가져야 한다. 그런 점에서 인문학은 세상의 변화를 이해할 수 있는 능력이고, 그 변화에 맞서 싸울 수 있는 힘이다.

이때 필요한 것은 인문학이 개인과 국가, 사회, 공동체가 서로 어떤 관계를 맺고 살아갈 것인가 하는 문제를 바라볼 수 있게 해준다는 사실이다. 인문학은 우리가 동물이 아니라 '인간일 수 있는 조건'을 성찰하도록 돕는다. 생물학적 차원을 넘어 생각하고 판단하는 능력, 나아가 아름다움을 느낄 수 있는 능력의 소유자라는 사실을 잊지 않도록 해준다. 그것은 머리로 지식을 배우는 것이 아니라 구체적인 일상을 근거로 생각하는 능력을 기를 때 가능하다. 결국 우리에게 필요한 것은 머리가 아니라 가슴이 하는 소리를 듣고 따라갈 수 있는 힘을 기르는 일이다. 우리는 그 힘을 통해 살아남을 것이다. 인문학이란 바로 그런 것이다.

|

자기계발의 테크놀러지와
자기에의 배려

|

자신을 계발하라! 2000년대 이후 한국사회에서 가장 강력한 담론이다. '자기계발' 담론은 IMF 구제금융 사태 이후 본격적인 기폭제가 되었다고 할 수 있다. 갑작스럽게 닥친 경제위기는 별다른 고민 없이 전진하던 한국 사회에 커다란 충격을 주었으며, 삶을 다시 생각하고 새롭게 구성하는 것까지 고민하게 만들었다. 그 이전까지만 하더라도 직업의 측면에서 어느정도 '평생직장' 개념이 남아 있었지만 1997년 이후에는 더 이상 안정된 직장은 존재하지 않으며 이제 모든 개인은 '평생고용' 상태로 진입하고 있음을 증명하고 있다. '평생직장'에서 '평생고용' 형태로의 질적 전환은 개인의 고민이 '삶'의 문제에서 '생존'의 문제로 옮겨가야 함을 의미한다. 삶과 생존의 구분은 개인이 사회 혹은 공동체에서 어떻게 생각하고 행동하

는가와 밀접하게 관련되어 있다. 결국 개인이 선택하는 것은 '자기계발 이데올로기'다.

물론 '자기계발'이라는 용어는 IMF 구제금융 사태 이전에도 있었다. 하지만 과거에는 자본주의 사회라는 근본적인 경쟁 구도에서 살아간다는 차원에서 개인의 성공 욕망 등과 맞물려 자신의 가치를 높여가야 한다는 순진한 생각이 강했다면, 최근 10여 년 사이에 등장한 자기계발 담론은 추상적인 차원이 아니라 매우 구체적이고 실질적인 삶의 재구성을 뜻한다. 자기계발 담론은 단순한 유행 차원을 넘어 이제는 현대사회를 살아가는 대부분의 사람들에게 강박관념이 되고 있다. 현대인들에게 자기계발 담론은 처절한 생존경쟁을 견뎌야 하고 자신과 가족의 안위가 위협받는 상황에서 더 이상 선택이 아닌 필수가 되고 있는 셈이다. 서점에 넘쳐나는 수많은 자기계발서들은 말할 것도 없거니와, 심지어 봉사의 이름으로 살아가는 이들의 삶까지도 자기계발과 성공 담론으로 포장되어 팔리고 있는 상황이다.

결국 경쟁과 약육강식의 법칙이 철저하게 적용되고 있는 정글자본주의에서 개인은 스스로 살아남아야 하고 그러기 위해서는 자신의 능력을 배양하는 것이 중요하다는 것이다. 이때 개인의 능력은 '전쟁의 기술'이나 '승자의 기술', '성공의 법칙' 등으로 표현되는 일종의 싸움과 전투에서 사용되는 기술을 습득하는 것을 뜻한다. 개인은 자신의 삶과 타자의 삶이 만나는 지점에서 소통하고 조화를 이루는 것을 꿈꾸기보다는 내 삶을 유지하기 위해 어떻게 하면 타자의 삶을 짓밟을 수 있을지를 고민한다. 이러한 생존 우위의 원리는 다양한 자기계발서뿐만 아니라 언론과 학교, 가정 등 다양한 이데올로기적 국가장치에서 전방위적으로 나타나고 있다. 사회적 책임이나 공동체, 상호부조, 배려 등의 개념은 점차 낯선 것들이 되어 과거의 꿈으로 머물고 있다. 이제 우리 시대의 진리는 하나로 귀결된다. '아무도 당신을 돌보지 않는다. 고로 스스로 자신을 돌볼 수 있어야 한다. 그러기 위해서는 자기계발을 통해 살아남을 수 있는 존재가 되어라.' 자기계발 담론은 그 어떤 종교보다도 강력한 21세기 신자유주의 시대의 믿음이다.

자기계발 담론이 일상적으로 구현되는 과정은 시간 관리와 스펙 쌓기 등으로 나타난다. 시간 관리는 자기경영의 핵심이다. 시테크라는 말이 나올 정도로 출퇴근 시간과 퇴근 후 시간을 활용하라고 강조한다. 자기경영하는 인간은 시간에 대해 스스로 규율한다. 그렇게 되면 마치 자신이 시간에 얽매여 있기보다는 시간을 통제하는 것처럼 느껴진다. 그것을 가능하게 해주는 도구가 바로 '다이어리' 혹은 '플래너'가 된다.

그렇다면 이처럼 한국사회의 모든 영역에서 '자기계발' 혹은 '자기경영' 담론이 대세를 이루는 까닭은 무엇일까. 가장 근본적인 이유는 정치적·사회적·경제적 변화에서 비롯된다. 특히 2000년대 이후 대학을 다닌 이들은 취업 전쟁의 한복판에 서 있으며, 미취업과 백수, 실업 등의 공포와 불안에서 자유롭지 못하다. 그 결과 그들은 대학에 입학하는 순간부터 취업을 위한 '스펙 쌓기'에 여념이 없다. 20대 청년들은 누구나 '스펙'에 대한 강박증에 사로잡혀 있다. 그들은 사회에 진출하는 과정에서 미리 걸러지거나 거부당할 수 있다는 공포에 휩싸여 있는 것이다.

이제 스펙은 선택이 아닌 필수이며, 졸업을 미루는 한이 있더라도 획득

해야 하는 자격증과 같은 것이 되었다. 문제는 그러한 스펙 쌓기의 과정이 대학생이나 취업준비생에만 국한되는 것이 아니라 취업 이후 직장인들도 자신의 스펙을 업그레이드해야 하는 일련의 시스템이 작동하고 있다는 사실이다. 이러한 스펙 신드롬은 단지 변화하는 사회를 반영한다는 차원을 넘어 인간에 대한 새로운 사유와 입장을 드러내는 일종의 표지다. 신자유주의는 인간의 존재 그 자체의 소중한 권리를 중요시하기보다는 인간의 도구성에 더 큰 무게를 두고 있다. 그 결과 인간은 곧 '노동하는 인간'이라는 근대적 정의를 넘어 이제 '쓸모 있는 인간'으로 진화하고 있다. 그 과정에서 '잉여인간'은 잊히거나 버림받는다. 자기계발 담론은 그러한 잉여인간으로 전락하지 않으려는 현대인의 처절한 몸부림이라 할 수 있다.

최근 자기계발 전문가나 성공학 강사, 코칭 전문가 등이 새로운 직업군으로 떠오르고 있다. 이 영역은 단순한 유행을 넘어 엄청난 상품 시장이 되고 있다. '경영연구소' 혹은 '컨설팅'이라는 이름을 내건 수많은 자기계발 관련 업체들은 강연과 컨설팅, 다양한 코칭 프로그램 등으로 높은 수익을 창출하고 있다. 자기계발 이데올로기에 사로잡힌 수많은 직장인들은 기꺼이 높은 수업료를 지불하면서 평일 저녁이나 주말을 반납하면서까지 프로그램에 참석하는 열정을 보인다. 물론 그들은 자신의 열정이 곧 자신의 성공을 향한 발걸음이라고 생각한다. 그리고 적어도 성공은 못하더라도 결승선 없는 경주에서 뒤처지지 않는 듯한 마음의 위안을 찾는 것이다. 자기계발의 완성은 '자기경영'에서 이루어진다. 자기계발 담론이 갖는 한계, 즉 기술 습득에 국한되는 수동적 주체라는 이미지를 넘어 개인의 삶에 대한 총체적 접근을 통해 새로운 삶의 경영을 목표로 하는 것이 곧 자기경영이다.

자기계발과 자기경영이라는 두 용어는 결국 자신의 삶에 대해 스스로 책임진다는 점에서 동일한 맥락에 위치한다. 언론에서는 '힘든 역경을 이겨낸 개인의 삶'이 자주 등장한다. 이명박 전 대통령은 자기계발과 성공담론이 결합한 최고의 상품이었다. 그는 재임시절 "나도 해봐서 아는데…"라는 어법을 자주 구사했다. 하지만 현실을 벗어날 수 있는 기회와 방법을 갖지 못한 이들에게는 그의 말이 한없이 동떨어진 이야기에 불과하다. 그럼에도 사회의 모든 영역에서 이 담론은 반복되고 재생산된다. '열심히 하세요. 당신도 성공할 수 있습니다.'

이처럼 자기계발 이데올로기는 근대적 주체, 즉 자기 자신을 이성적으로 인식하고 통제할 수 있다는 믿음에 기초하고 있다. 그러한 믿음은 자신이 능동적으로 자본시장에 투신하는 인간을 탄생시킨다. 『자유의 의지 자기계발의 의지』_{돌베개 펴냄, 2009}의 저자 서동진 교수는 바로 그러한 자기계발하는 주체의 탄생이 신자유주의 시대의 자본이 원하는 인간형이라고 말한다. 즉 기업이 요구하는 인간형이 되기 위해서 자진해서 쉬지 않고 공부하는 사람들이야말로 우리 시대를 대변하는 것이다. 스마트폰의 등장이 자기계발 담론과 신자유주의를 더욱 강고하게 만들어줄 것은 분명한 사실이다. 하지만 우리가 기억할 것이 있다. 그것은 우리가 자기계발에만 관심을 갖고 노력을 했을 뿐 정작 '자기의 테크놀로지'에는 무관심했다는 사실이다. 나를 어떻게 다루고 배려할 것인지, 즉 '자기에의 배려'가 가장 중요하다는 사실을 잊어서는 안 된다. 자기계발과 자기에의 배려 사이에 차이점이 있다. 그것은 타자와의 연결성 혹은 타자에 대한 배려다. 자기계발과 지기경영에는 타자가 존재하지 않는다. 자기에의 배려는 타자의 자리가 있다. 현대사회에서 개인의 삶의 방향을 고민할 때 등장하는 중요한 갈림길이다. 다음은 푸코의 말이다.

> 나의 영혼을 보살피고, 나의 육체의 건강을 위해 노력하며, 항상 진실로서 말하고, 사랑하는 것. 이것은 모두 자기배려의 또 다른 이름입니다. 내 인생의 주제는 바로 나 자신입니다. 나를 변형하고, 극복하며, 실천하고, 형성해 나가는 것. 늘 새롭게 변신하고 창조적인 삶을 사는 것은 바로 '나'를 위한 주제의 변주들입니다. … 나를 잘 배려한다는 것은 타인의 기쁨과 행복을 그만큼 배려할 수 있다는 것을 의미하는 것일 겁니다.*

● 미셸 푸코 지음, 이영목 옮김, 『성의 역사 3 — 자기에의 배려』(나남출판 펴냄, 2004), 87쪽.

힐링이
시작되는 곳

힐링^{healing}은 상처를 치료하거나 회복시키는 것을 뜻한다. 언제부터인가 우리 사회에서 힐링이 유행처럼 확산되고 있다는 것은 그 정도로 대중들이 많은 상처를 안고 살아간다는 것을 보여준다. 상처는 고통을 수반한다. 힐링은 고통스러운 상처를 싸매거나 치료하는 것이다. 그런데 너 나 할 것 없이 힐링을 갈구하는 것은 개인적으로 아픔과 상처를 안고 살아가는 사람이 많다는 차원을 넘어, 사람들이 적극적이고 생산적인 대안보다는 수동적 자세로 현실을 직면하고 있음을 드러내는 것이기도 하다.

　힐링 열풍은 2012년을 지나면서 정점에 이르는 것처럼 보였지만, 그 열풍은 지금까지도 좀처럼 가라앉을 기미가 보이지 않는다. 2012년 「힐링캠프」^{SBS}라는 프로그램에는 당시 대통령 후보로 거론되던 인사들이 모두 출연함으로써 해당 프로그램의 영향력을 실감할 수 있었다.

힐링 열풍이 대중문회와 같은 특정한 영역에서만 나타나는 것은 아니다. 오히려 대중의 일상 가운데 힐링을 소재로 하는 유사한 활동이 많이 등장하고 있음을 알 수 있다. 여름 휴가철에 등장하는 '템플 스테이'는 가장 대표적인 치유 프로그램이다. '템플 스테이'는 불교의 종교적 방식을 통해 복잡한 현대사회를 살아가는 개인들에게 쉼의 시간과 공간을 제공하는 것으로서, 본격적으로 유행한 것은 10여 년 전부터다. 대부분의 마음이나 심리를 강조하는 프로그램들은 힐링을 통한 일상의 복귀를 목표로하고 있다.

이처럼 최근의 대중적 흐름은 치열한 경쟁과 생존의 자본주의 사회에서 살아가는 인간 개인들이 실패와 좌절, 절망을 경험하면서 지친 영혼을 위로 받고 싶어 한다는 것을 보여준다. 분명한 사실은 힐링 프로그램이 새로운 대안적 방식을 제시한다기보다는 일시적 회복을 통한 일상의 복귀를 목표로 한다는 점이다. 이를 통해 힐링은 마취제의 역할을 함으로써 자신의 삶을 바꾸는 것이 아니라 지금과 같은 상태에서 단지 지연시키는 것이다. 이 과정에서 대중은 자신의 삶을 살아가는 것이 아니다. 다른 무엇인가에 의지해서 근근이 삶을 이어가고 있을 뿐이다.

2000년대 이후 한국사회를 살펴보면 자살률의 급격한 증가를 주목할 필요가 있다. 왜냐하면 이러한 죽음은 곧 사회 전반의 위기를 보여주는 지표에 해당되기 때문이다. 자살률의 증가뿐만 아니라 가족 동반의 죽음과 존속살해와 같은 새로운 양상은 변화하는 사회적 징후를 나타내기에 충분한 것이다. 자살은 단지 삶의 불행이나 고통에서 비롯하는 것이 아니다.

오히려 삶의 이유를 잃어버리는 일종의 부재가 원인이다. 다시 말해 절대적 고통이나 불행이 자살을 증가시키는 것이 아니라 그러한 상황에 처한 사람들이 삶을 위한 동기를 잃어버릴 때 자살이 늘어나는 것이다. 자신의 목숨을 스스로 끊는 것은 일종의 해법이라기보다는 종결이다. 문제의 원인을 찾아서 해결하는 방식이 아니라 더 이상 물음이 필요 없는 상황으로 자신을 내던지는 것이다.

사람들이 이러한 상황에 내몰린 것은 철저하게 사회적이다. 성공과 경쟁, 다양한 위험과 재난에 노출되어 생존 자체를 위협받고 있는 현실에서, 개인들은 불안과 우울, 분노 등 다양한 신경증을 앓을 수밖에 없다. 그리고 그러한 극단적인 감정의 표출은 몇몇 특수한 개인의 문제가 아니라 보편적인 양상이 되었다. 최근 사회 곳곳에서 발생하는 '절망범죄'(또는 '묻지마 범죄')는 그러한 현상과 흐름을 증거로 확인시켜주고 있다. 그 반대편에 자리 잡고 있는 치유 담론 및 프로그램은 유행을 넘어 일종의 기획상품이 되었다. 여기에는 공통의 목소리가 있다. 힐링을 강조하는 치유자들은 한결같이 개인의 문제로 환원함으로써 문제의 당사자가 스스로 자신의 마음을 다스림으로써 해결하라고 강조한다는 것이다. 이와 같은 '자기 수양'의 서사는 힐링 담론의 전파자가 주로 승려들이 많다는 사실과 관련된다. 불교라는 종교적 특성이 '자기 수양'의 서사와 유사성을 갖고 있기 때문이다.

대표적으로 국내에서는 혜민과 법륜, 일본의 코이케 류노스케 등을 들 수 있다. 혜민은 미국에서 대학교수로 재직하면서 주로 트위터를 통해 대중들과 만난다. 비교적 젊은 나이와 수려한(?) 외모로 많은 팬들을 형성하고 있다. 법륜은 '즉문즉설'로 유명하다. 현장에서 삶의 다양한 문제들에 대해 어떠한 질문이라 할지라도 그 자리에서 바로 '정답'을 제시함으로써 대중의 열광을 얻었다. 이후 전국 순회강연으로 세대와 성별을 뛰어넘어 폭넓은 지지 기반을 얻었다. 류노스케는 도시에서 포교활동을 하는 일본의 신세대 승려다. 주로 복잡하고 시끄러운 도시에서 살아가는 현대인의 마음을 평안하게 하는 이야기를 펼치고 있다. 그가 침묵을 강조하는 것도 침묵하지 않는 현대사회의 모습과 대비와 역설을 이루는 것이다. 도시문명과 자본주의를 대면하고 살아가는 이들에게는 이들의 메시지가 크게 와 닿을 수밖에 없다. 그럼에도 책을 읽거나 강연을 들어보면 그들의 말이 특별하거나 대단한 것이 아니다. 그들이 출간한 책들은 엄청난 베스트셀러가 된다. 그들은 아주 구체적인 일상에서 일어날 수 있는 사례들을 통해 꼼꼼하고 친절하게 안내한다.

그렇지만 문제는 그러한 힐링의 목소리가 대안이나 해결책과는 분명 거리가 있다는 점이다. 가장 근본적인 한계는 고통과 문제의 원인이나 구조를 언급하지 않고 현실과는 동떨어진 맥락에서 변질되어 나타난다는 사실이다. 그래서 책을 읽거나 강연을 듣는 순간에는 엄청난 에너지를 공급받는 듯하고 나아가 문제가 해결될 것만 같은 느낌을 받는다. 하지만 현실은 반복될 수밖에 없다. 그래서 수많은 사람들이 트위터를 통해 매일 메시지를 듣거나 지속적으로 책을 구입해서 읽어나가는 것이다. 상황이 악화되지 않는 한, 적어도 마음의 상태가 초월적 상태에서 유지되는 효과는 있기 때문이다.

이러한 현상은 2000년대 이후 빠르게 유행했던 성공학 담론과 긍정심

리학 열풍 등의 맥락과 맞닿아 있다. 이것이 공허할 수밖에 없는 이유는 두 가지다. 하나는 모든 문제의 원인을 철저하게 개인적인 것으로 만들어버리기 때문이다. 갈수록 개인들이 겪는 고통은 지극히 구조적인 측면에서 비롯된 것이 많은데도 그 부분을 건드리지 않는다. 다른 하나는 모든 문제를 마음이나 정신의 문제로 국한시킴으로써 현실과 동떨어진 추상의 단계로 치부해버리기 때문이다. 오히려 현실과 정신의 관계는 그 반대의 경우가 많다. 현실의 문제와 고통으로 인해 절망을 경험하는 것이다.

힐링 담론은 이렇게 요약될 수 있다. '어떠한 상황이라도 마음먹기에 따라 완전히 달라질 수 있다.' 하지만 인간의 마음은 홀로 존재한다기보다는 철저하게 관계적이고 사회적이고 구조적이다. 마음을 둘러싼 환경과 관계, 구조, 체계 등을 눈여겨봐야 한다. 지금 우리에게 필요한 것은 힐링이 아니라 상처 받은 마음을 만들어내는 과정을 이해하고 알아가는 작업이다. 힐링은 그다음의 일이다. 힐링 담론은 이상적인 상태를 상정하고 그 상태로의 복원 혹은 회귀를 꿈꾼다. 그러한 상태는 주로 과거의 상태이며 정상적인 상태라고 칭해진다. 지금 현재는 불완전하고 비정상적인 상태로서, 불안과 좌절, 절망, 결핍이 지배하고 있는 것이다. 즉 힐링이 필요한 상태다.

힐링 담론과 문화는 지금 우리 사회를 휩쓸고 있는 거대한 물결이다. 어떤 점에서, 그리고 어떤 사람들에게는 어느 정도 치유 효과로 나타나기도 할 것이다. 그렇지만 힐링 담론은 사회적·구조적 문제를 개인의 문제로 환원하거나 멘토라는 한 사람에게 전적으로 의지하게 만드는 부작용을 낳게 된다. 개인이 문제를 해결하는 과정에서 자신이 홀로 견디고 근육과 힘을 길러가는 것이 아니라, 특별한 권위를 가진 멘토에게 의지하고 다시 문제가 드러나면 또 나른 멘토를 찾아나서는 등의 과정을 반복하게 되는 것이다. 이제 우리 앞에 놓인 다양한 물리적 조건들을 활용할 필요가 있다. 예를 들어 트위터나 페이스북의 부작용이 있다고 해서 SNS 문화로부터 무작정 벗어난다거나 아니면 SNS 환경에서 연결되는 네트워크에 전적으로 의존하는 것은 좋은 방법이 아니다. 오프라인의 다양한 공동체적 연결망과 SNS 환경에서 가능한 접속을 무시해서는 안 된다. 무엇보다 수없이 쏟아지는 지식과 정보, 소식으로부터 자신을 지키는 일이 필요하다. 그러기 위해서 무엇을 할 수 있을 것인지 스스로 점검하는 것이 무엇보다 중요한 일이 되었다. 힐링은 누군가 외부에서 주어지는 것이 아니라 어쩌면 내가 스스로 자신과의 대화를 함으로써 가능할지도 모른다.

복고

응답하라
2016

최근 대중문화의 가장 중요한 키워드 가운데 하나는 '복고 열풍'이라 할 수 있다. 2012년 봄에 개봉했던 영화 「건축학개론」 이용주 감독은 1990년대를 건너온 세대에게 첫사랑의 향수를 불러 일으켰으며, 2012년 여름부터 시작된 tvN의 「응답하라」 시리즈는 그 시대에 청춘의 시기를 보낸 시청자들에게 아릿한 추억을 선사하고 있다. 갑자기 동창회 모임이 활발해지고 그 시절 첫사랑을 떠올리며 묘한 감정들을 이어간다. 하지만 정확히 말하자면 이들이 찾아다니고 떠올리는 것은 구체적인 사람이 아니다. 오히려 그것을 기억하고 추억하는 것, 그 자체다. 동창생이나 첫사랑은 과거를 추억하는 개인적 스토리라는 일련의 과정에서 하나의 장치에 불과하다. 그래서 최근 갑자기 모인 동창회는 오래 지속되지 못한다. 조만간 그들은 또 언제 그랬냐는 듯이 자신들의 일상으로 돌아갈 것이다.

복고 열풍에 대한 한 가지 오해가 있다. 그것은 90년대 혹은 80년대를 세대론적으로 접근하는 것이다. 297세대 혹은 386세대를 호명하는 것은 복고문화의 배경이 되는 시대적 환경과 조건으로 주체들을 귀속시키는 것이다. 최근의 복고문화가 80~90년대라는 특정 시기를 바라보고 있다는 점에서 세대론적 접근이 가능할 것처럼 보이지만, 실상은 세대의 문제를 넘어선다. 복고의 문제가 특정 세대의 것이 아니라 모든 세대의 문화라는 사실이다. 그렇다면 복고復古, 즉 과거를 돌아본다는 것은 무엇을 의미하는 것일까.

복고문화에는 두 가지 유형이 있다. 하나는 우리를 과거로 부르는 방식이고, 다른 하나는 과거를 현재로 불러오는 방식이다. 전자는 그야말로 퇴행적 형식을 취할 수밖에 없는데, 그것은 우리로 하여금 현재를 망각하도록 이끌어가기 때문이다. 결론적으로 말하자면, 지금 유행하고 있는 복고 열풍은 현재의 부재, 미래의 상실을 뜻한다. 현재가 부재하다는 것은 집중할 대상이 없음을 의미하는 것이고, 미래의 상실은 희망을 잃어 버렸다는 것이다.

또 하나의 질문. 그렇다면 왜 굳이 90년대, 혹은 80년대일까? 우리는 그 시절에 무엇을 한 것일까? 지금 그 시기를 말하는 것은 그 당시가 아주 특별해서가 아니다. 물론 전혀 이유가 없는 건 아니다. 약간의 친근성은 존재한다. 그것은 동시대를 살아가는 이들에게 가까운 기억으로 남아 있으며, 어떤 면에서는 지금까지 이어지는 현재진행형이기도 하다. 최근 대중문화계에서 80년대를 거쳐 90년대 활동했던 중견 가수 및 연예인 들의 활약이 두드러진 것도 주요한 배경이라 할 수 있다. 그럼에도 분명한 것은 그 어떤 것도 선택된 것일 뿐, 필연성을 갖는 것은 아니라는 사실이다.

영화나 드라마에서 80~90년대를 묘사하는 방식은 개별성의 이름으로 포장되어 있지만 실상은 '일반화의 오류'를 범하고 있다. 물론 그러한 일반화는 존재하지 않는 사실을 조작하거나 꾸며대는 것은 아니다. 그렇다고 해서 그 시대를 살았던 이들이 모두 함께 같은 내용을 경험할 수는 없다. 사람들은 각자 개별적인 특이성으로서의 경험을 만나게 된다. 하지만 영화나 드라마에서 재현되는 방식은 그러한 개인 경험의 특이성을 인정하는 것이 아니라 일반화된 방식으로 그려진 내용을 오히려 개인들이 수용하도록 강요한다. 결국 개인들은 자신의 실제 경험을 망각하기도 한다.

복고문화는 이렇게 개인들의 차이를 삭제하는 효과를 갖는다. 그러한 차이는 대중문화라는 재현적 과정을 통해 어느덧 새롭게 구성된다. 새롭게 구성된 복고문화는 존재하지 않았던 과거를 창조했다기보다는 이미 있던 재료들을 재구성한 결과물이다. 개인들은 자신의 경험이나 기억의 조각들을 그 틀에 꿰맞춘다. 그 기억은 온전히 자신의 것이 아니라 대중문화의 텍스트가 새롭게 상기시켜준 것들이다. 과거 재현의 문화적 과정은 개인에게는 억압적 형태로 나타나고 있다. 바로 이 지점에서 복고문화의 폭력성을 만나게 된다.

2014년 기준 자살자 수는 1만3천여 명에 이른다. 하루에 38명이 스스로 목숨을 끊고 있다고 한다. 20대 사망자 수의 절반은 자살로 죽는다. 10대와 30대의 사망 원인 중 30퍼센트 내외가 자살이다. 이것은 절망의 끝자락을 보여주는 것이다. 이것은 한국사회의 현재를 보여주는 지표이지만, 더욱 중요한 것은 더 이상 미래를 꿈꿀 수 없다는 사실을 사회 구성원들이 직접 온몸으로 보여주고 있는 증거라는 점이다.

여기서 문화는 정치와 만나게 된다. 정치는 삶의 문제다. 삶을 바꾸거나 지속시키는 과정의 중요한 틀을 결정한다. 정치의 부재는 삶에 대한 포기 혹은 삶에 대한 가장 적극적인 자세 중의 하나다. 전자는 정치에 대한 판단 중지의 상태에서 비롯되는 것이며, 후자는 정치와 자신의 삶을 자율적이고 의지적으로 끊어버린 상태다.

지금 우리 주변을 맴돌고 있는 복고 열풍은 삶에 대한 포기의 과정으로 나아가는 징후다. 그것은 좌절의 끝에서 나타나는 절망의 또 다른 이름이다. 죽음을 앞둔 이들이 생각할 수 있는 것은 죽음 그 순간이나 죽음 이후의 삶이 아니다. 그들은 대부분 자신의 삶을 돌아보고, 추억하고, 후회한다. 현재와 미래를 꿈꿀 수 있는 희망이 없기 때문이다.

복고 열풍은 대중의 정서가 어디에 머물러 있는지 정확히 보여준다. 「응답하라 1988」의 '진주'는 1983년생이다. 진주에게 2016년의 대한민국은 '헬조선'으로 호명된다. 더 이상 변화를 추구하지도 혁명을 꿈꾸지도 않는 퇴행적 삶은, 도대체 누구를 위한, 무엇을 위한 삶이란 말인가.

복고

|

'토토가' 열풍의
심리

|

2014년 연말부터 2015년 새해까지 「무한도전」MBC의 '토토가'(토요일 토요
일은 가수다) 열풍이 거세게 휘몰아쳤다. 라디오에서는 연일 출연 가수들
의 노래들이 흘러나오고, 노래방에서도 90년대 가요들이 상위권을 휩쓸
었다. 새해를 맞이해서 새로운 느낌으로 다가오는 미래를 계획하는 마당
에 과거를 추억하고 회상한다는 점에서 묘한 대비를 느끼게 하는 것도 사
실이다. 물론 복고 열풍이 새로운 것은 아니다. 이미 「응답하라」 시리즈를
통해 직접적으로 90년대와 80년대를 호명한 적이 있고, 그 외에도 다양한
방식으로 과거를 불러냄으로써 유행을 만들어내기도 했다.

그렇다면 왜 90년대일까? 90년대는 대중이 본격적으로 대중문화를 즐
기고 향유하던 시절이었다. 물론 60~70년대에도 대중이 소비하던 대중문

화가 없었던 것은 아니다. 하지만 당시 대중문화는 정치적·사회적 의미망에 걸려 있었다는 점에서 90년대 이후의 대중문화와는 근본적으로 다른 속성을 가질 수밖에 없다.

정치적 민주화 이후, 그리고 경제적 호황기 이후에 찾아온 90년대 대중문화의 열기는 대중의 욕망이 폭발적으로 드러난 시기라는 점에서 독특한 위치를 갖는다. 정치적 맥락에서 상대적으로 자유로워진 대중은 개인의 욕망을 들여다보기 시작했고, 상업성에 기초한 대중문화는 그러한 개인들을 자신들의 영역으로 끌어들인 것이다. 그 외에도 세계화라는 지리적 여건의 확장이라는 새로운 현실과 조건도 중요한 기능을 했을 것이다. 2000년대 이후 한류 열풍의 토대도 사실상 그러한 바탕 위에서 가능한 일이었다.

또 70년대의 가수들은 대부분 활동을 중단했거나 TV에서 볼 수 없는 반면, 90년대 전후로 활동했던 가수들은 지금도 다양한 영역에서 만날 수 있다는 사실도 중요하다. 그것은 영상매체와 인터넷 등이 본격적으로 등장하던 시기에 가수로 데뷔한 것이 큰 영향을 끼친 것이다. 대중가수들에 대한 기억이 단순히 머릿속에만 머무는 것이 아니라 구체적인 이미지나 영상, 기록으로 끊임없이 재생되고 환기되고 있는 것이다.

또한 90년대 대중문화는 상업적 특징을 강하게 드러냈다. 상업성은 상품화와 마케팅의 과정을 거친다는 점에서 대중의 호기심과 욕망을 가장 잘 표현하는 특징을 갖는다. 20여 년이라는 시간이 흘렀지만 새로운 세대에게도 익숙하게 다가오는 것은 바로 대중의 보편적 욕망의 코드를 담아냈기 때문일 것이다.

그렇게 볼 때 90년대라는 과거에 대한 향수와 열풍은 단순히 과거를 호명하는 것이 아니다. 과거라는 이름을 빌고 있지만 실제로는 현실을 반영하는 것에 불과하다. 현실은 생존을 위한 몸부림으로 점철되어 있기 때문이다. 이때 과거를 추억하는 일은 값싼 위로와 힐링이 된다.

과거를 돌아보는 것은 현실에 대한 회의나 절망에서 비롯된다. 우리가 과거를 회고할 때 그것은 사실이나 진실과는 거리가 멀다. 자신의 옛날을 말할 때 있는 그대로 말하는 사람은 없다. 심지어 가장 힘들었을 군대시절마저도 아름답게 포장되지 않던가. 과거는 기억의 편집에 불과하다. 특히 대중의 집단적 기억으로서 과거는 고통이나 비참보다는 현재와의 비교에서 비롯된 상대적 우위의 감정이 투사된다. 지금 행복한 연인이나 부부는 옛 애인을 떠올리지 않는다. 현재의 불화가 첫사랑의 추억을 불러온다.

국가

|

「국제시장」과
애국심

|

「국제시장」_{윤제균 감독, 2014}은 현재까지 두 번째로 많은 관객을 동원한 흥행작이다. 특히 중장년층 사이에 입소문을 타고 퍼지면서 주요 관객층이 40대 이상으로 형성되는 특이한 현상을 동반했다. 개봉 당시부터 어느 정도 인기를 끌 것이라는 예상은 있었지만, 개봉 이후 영화에 대한 진보와 보수의 입장차가 드러나면서 영화 자체보다는 영화의 성격에 더 많은 관심이 쏠리고 있다. 그것은 단순한 인기가 아니라 문제로써 작동한다.

　「국제시장」은 한국 현대사를 관통하는 영화다. 주인공이 보여주는 삶은 한 개인의 삶을 넘어 한국사회의 보편성을 담아내는 듯하다. 개인의 삶이지만 역사가 탈각된 것은 아니다. 오히려 정치와 사회, 경제는 개인을 둘러싼 맥락을 형성하고 있다.

영화를 본 관객들은 '눈물'을 말한다. 지금까지 자신이 봤던 영화 중에서 가장 많은 눈물을 흘렸다는 고백이 있을 정도로 「국제시장」의 관객 흡입력은 대단한 힘이었다. 문제는 이것을 어떻게 볼 것인가 하는 점이다. 영화의 작품성이나 보편성으로 해석하게 된다면 텍스트로서만 아니라 주제적인 측면에서도 높은 평점을 받을 것이다. 하지만 중장년층의 개인적이고 보수적인 내면을 드러나게 하는 것에 불과히다고 평가한다면 좋은 영화라기보다는 그저 '대중이 선택한 영화'로 그치고 말 것이다.

「국제시장」 논란은 대통령의 발언에서도 나타났다. 문제의 장면은 부부 싸움을 하던 이들이 싸움을 멈추고 국기하강식 의식에 참여하는 것이다. 사실 1970년대를 살았던 이들에게는 아주 익숙한 장면이다. 해질 무렵 국기하강식이 있을 때는 운동장에서 축구를 하다가도 동시에 동작을 멈추고 가슴에 손을 얹고 국기를 향해 서는 일은 묘한 감정을 동반하는 것이었다. 영화의 장면은 보기에 따라서 일종의 유머 코드로 삽입된 것이었지만, 대통령은 '지금 우리에게 필요한 애국심'이라는 식으로 진지하게 해석했다. 이러한 인식의 차이야말로 지금 대통령과 국민 사이의 괴리감을 그대로 보여주는 것이 아닐까 싶다.

2014년 4월 16일 이후 많은 국민들이 물었다. "국가란 무엇인가"라고. 국가의 일은 무엇이고 그 책임은 누구에게 있는지 궁금해 했다. 생물학적인 개인이 아니라 사회적이고 정치적 주체로서 개인이 살아가는 데 있어서 중요한 본질적인 물음이기도 했다.

많은 시간이 흘렀지만 물음에 대한 답은 주어지지 않았다. 이러한 현실에서 대통령이 '애국심'을 강조하는 일은 무게나 긴장감보다는 오히려 헛

웃음을 자아낸다. 우리가 근현대의 역사를 경험하면서 얻은 결론은 애국심이 강요와 어압에 의해 만들어지지 않는다는 사실이다. 그러한 애국심은 긍정적이지 않은 파괴적이고 공격적인 성향을 드러낸다. 도리어 국민 개개인으로부터 자연스럽게 형성된 애국심이 훨씬 더 강력한 힘을 발휘한다.

「국제시장」 직전에 개봉하여 큰 인기를 누렸던 영화가 있다. 노년층뿐만 아니라 젊은 세대까지 눈물 흘리게 만들었던 다큐멘터리 영화 「님아, 그 강을 건너지 마오」진모영 감독, 2014다. 이 영화에서 노년의 부부는 말할 수 없는 아름다운 삶과 사랑을 보여주고 있다. 여기서 알 수 있는 것은 두 사람의 사랑이 그냥 부부라서 이루어지는 것이 아니라는 점이다. 사랑하는 사람들 사이에서도 서로의 노력과 감동이 소통될 때 진정한 사랑이 가능하다. 하물며 국가와 개인의 관계는 오죽하겠는가. 우리는 물음을 멈추지 말아야 한다. 국가란 무엇인가.

|

「26년」과
「남영동과 1985년」

|

1.

2012 대선 직후 현실을 바꾸기 위한 몸짓들은 허공으로 흩어지고 무의미를 넘어 절망의 몸짓으로 바뀌고 마는 듯했다. 한국사회의 곳곳에 스며든 낙담과 절망의 한가운데에서 정답 없는 물음은 계속 떠올랐다. 오늘날 우리가 저항하고 반역하는 대상은 무엇인가? 그 구체적인 실천과 행위는 어떤 의미를 갖는 것일까? 그 과정에서 예술은 어떤 의미를 남길 수 있을까?

2012년은 과거와 미래, 희망과 절망이라는 상반되거나 대비되는 공간이 두드러진 해였다. 상반기에는 영화 「건축학개론」이 인기를 끌면서 일기 시작한 복고 열풍은 대중문화뿐만 아니라 대중의 일상, 대선과 같은 정치적 영역에 이르기까지 광범위하게 퍼져 나갔다. 보통 과거를 바라보면서 추억을 회상하던 모습은 나이가 든 중년 이후의 모습이었다면, 2012년의 복고 열풍은 30대 젊은 세대를 과거로 데려갔다. 그들이 추억을 통해 불러낸 시기는 10대와 20대다. 한참 자신의 삶의 토대를 쌓아가는 30대의 젊은이들이 자신의 10대와 20대를 추억하면서 회상에 젖는 것은 지금 자신이 발 딛고 살아가는 현실에 대한 불안감이 작동하는 것이라 할 수 있다. 또한 대선에서도 복고는 강력한 위력을 발휘했다. 박근혜 후보는 박정희라는 유령을 소환함으로써 20년 이상 지난 역사와 사건을 다시 현재화시켰다. 박정희 시대를 경험한 이들의 상당수는 다시 '애도'의 과정을 경험하고 있었다. 20년도 더 지난 일이 현재진행형으로 되살아나는 경험은 단지 어렴풋한 기억의 문제가 아니라 철저하게 내면화되고 육화된 경험의 부활이었다. 박정희 세대는 과거가 아니라 박근혜의 모습에서 박정희를 보고 있었던 것이다. 따라서 박근혜에게 투표권을 행사한 이들 중 상당수는 미래가 아니라 과거에 투표를 했다고 봐야 할 것이다.

바로 그러한 시기에 영화 「26년」^{조근현 감독, 2012}과 「남영동 1985」^{정지영 감독,} ²⁰¹²라는 두 편의 영화는 과거를 되살리는 작업으로 진행되었다는 점에서 유의미하다고 볼 수 있다. 현재적 관점에서 역사를 새롭게 기억하는 것이 필요하다는 측면에서 과거를 기억하고 사실을 재현하는 영화텍스트의 등장은 매우 고무적인 일이 아닐 수 없다. 그럼에도 두 영화는 과거를 기억하고 재현하는 방식의 차이, 영화라는 매체가 현실과 어떻게 관계 맺을 것인가의 문제, 대안적 미래는 어떻게 발견되는가 하는 점에서는 차이를 드러낸다.

2.

「26년」과 「남영동 1985」는 공통적으로 1980년대라는 시대적 배경을 갖고 있다. 물론 「26년」은 1980년 5월 광주라는 특정한 공간을 배경으로 하고 있으며, 「남영동 1985」는 1980년대의 특정 인물과 사건을 배경으로 하고 있으면서도 제5공화국 군사독재정권의 일반적 특징에 접근하려고 한다. 두 영화의 스토리 전개나 영화적 재현 방식은 전혀 다르다. 일단 강풀의 만화를 원작으로 하는 「26년」은 학살의 주범에게 복수를 한다는 설정 자체가 매우 황당하면서도 그럴 듯해서, 어떤 측면에서는 만화적 상상력이 엿보이는 설정이라 할 수 있다. 하지만 「남영동 1985」는 영화가 상영되는 동안 고집스럽게 '고문'이라는 행위에 집중함으로써 그 자체가 당시 군사독재정권의 본질로서 폭력이 어떠한 것이었는지를 들여다볼 수 있도록 했다.

「26년」의 개봉은 일종의 기획이자 프로젝트였다. 기획의 목표는 비교적 명확해 보였다. 그것은 대선이라는 빅 매치가 치러지기 전에 최대한 영향력을 행사하려는 것이었다. 영화 제작이 수년간 여러 차례 무산되면서 영화 개봉을 더 이상 미룰 수 없었던 상황도 있었겠지만, 그중 대통령 선거는 가장 중요한 동력이자 이유였다. 하지만 결과적으로 주연배우의 교체, 짧은 제작기간, 신인 감독이라는 현실적 조건은 내러티브의 한계, 영화적 재현의 문제점 등 완성도라는 측면에서 안타까움을 자아내기에 충분했다. 차라리 개봉을 늦추더라도 좀 더 치밀하고 신중하게 제작과 연출을 진행했으면 어떠했을까 하는 아쉬움이 남는다. 비록 '2012년 관객이 뽑은 최고의 영화'에 뽑혔고 3백만 명이 넘는 사람이 영화를 관람했다고 하더라도, 그것이 영화 자체의 완성도나 작품성을 보장해주는 것은 아니기 때문이다. 다만 영화텍스트와는 별개로 제작 과정에서 두레 형태로 15,000명이 참여하여 7억 원이라는 제작비를 모금한 사례는 시장 논리가 강하게 작용하는 영화산업을 고려할 때 매우 의미 있는 일이 아닌가 싶다.

「26년」의 스토리는 매우 단순하다. 1980년 5월 광주 학살의 비극과 개인적으로 연관된 이들이 26년 후에 당시 학살의 주범을 단죄하기 위해 비밀 프로젝트를 펼치는 과정을 담았다. 프로젝트에 가담하는 이들의 면면은 세월만큼이나 커다란 간극을 보여준다. 특수부대 출신의 조직폭력배, 국가대표 사격선수, 현직 경찰, 기업 총수, 그리고 총수의 양아들인 사설 경호업체 실장 등이 그들이다. 이들이 모인 이유는 오직 한 가지다. 학살범을 처단하는 것. 그 목표를 위해 자신이 26년 동안 쌓아왔던 일상을 모두 포기하고 한 자리로 모이는 것이다. 물론 살다 보면 그런 결단을 해야 할 때가 있다. 하지만 그들이 다양한 직종과 직업을 가졌던 것은 복수를 위한 선택이 아니었다. 국가대표 사격선수가 된 것이 학살자를 저격하기 위한 준비는 아니었으며, 경찰관이 된 것 역시 관련 정보나 기밀을 빼내기 위한 위장 취업이 아니었다는 말이다. 그들이 모인 것은 필연과 우연이 만난 지점이다. 각자 고통스러운 과거를 간직한 채 살아오다가, 어쩌면 그 과거를 청산할 수 있는 기회를 선택한 것이다.

「26년」이 이와 같은 설정과 스토리를 갖는 데에는 두 가지 커다란 전제가 깔려 있다. 하나는 역사의 연속성에 대한 믿음이고, 다른 하나는 사적 분노와 공적 복수 사이의 연계성이다. 전자는 현재 우리가 그나마 민주사회에서 살아가고 있는 것은 과거에 많은 사람들의 투쟁과 죽음이 있었기 때문에 가능한 것이라는 담론과 맞닿아 있다. 최근 이 담론은 심각한 위기 상황에 놓여 있다. 하지만 후자의 경우는 이 영화의 가장 중요한 측면이면서 동시에 치명적인 약점으로 나타나는 부분이다. 어떤 면에서는 사적인 것이야말로 가장 공적인 것이라는 주장을 보여주는 듯하지만, 실상은 가해자를 응징하고 복수하는 것의 정당성, 즉 설득력이 아무래도 떨어지기 때문이다. 개인적으로 각자 분노를 안고 살아가는 이들이 어느 순간 만나서 함께 행동에 옮기게 된다. 그들의 연대는 당연하거나 자연스러운 것처럼 보인다. 누구라도 그럴 수밖에 없을 것이라는 당위성은 오히려 텍스트로서 영화가 갖는 작품성을 떨어뜨리는 결과를 낳는다.

다시 말해 개연성이라는 측면에서 좀 더 중층적인 구조가 배치되어야 함에도 영화에서 그 과정은 너무나 자연스럽게 형성되고 마는 것이다. '함께하는 이들'은 모두 의문의 여지가 없는 이들만 남아 있다. 영화 속 조폭은 질문을 던지지 않는다. 우리가 왜 싸우는지, 왜 그곳에 가서 몸을 던져야 하는지 묻지 않는다. 주인공 중 한 명인 그들의 보스가 가면 따라가고, 하라는 대로 할 뿐이다. 그들의 공동체는 말하지 않아도 자연스럽게 하나가 될 수밖에 없는 그런 존재들이고 정체성의 소유자들이다. 이 과정에서 경찰관, 기업가, 사격선수 등의 정체성, 혹은 계급성은 아무런 문제가 되지 않는다.

영화는 '1980년 5월 광주'에 대해서 이미 결론을 내린 상태에서 출발하고 있다. 혹은 개인적으로 이러한 아픔과 고통을 겪었기 때문에 그에 따른 응징 혹은 복수가 필요하다는 것을 역설하고 있다. 마찬가지로 혹자는 '1980년 5월 광주'에 대해 역사적 평가가 끝났다고 말한다. 나아가 더 이상 말할 것도 없고, 말할 필요도 없다고 말한다. 하지만 정말 그런가. 현실은 생각만큼 간단하지 않으며, 역사적 평가는 쉽사리 정리되지 않는 듯하다.

이와 관련해서 두 가지 에피소드를 소개해볼까 한다. 하나는 '1980년 5월 광주'에 대한 서로 다른 입장 때문에 온라인 공간의 논쟁이 오프라인에서의 '현피'('현실'의 앞 글자와 'Player Kill'의 앞 글자 'P'의 합성어로 온라인상에서 싸움이 원인이 돼 현실에서 주먹다짐을 벌이는 현실결투를 뜻한다)로 이어질 뻔했던 이야기다. 2013년 1월 14일 새벽, 고려대 정문에는 20대 청년 대학생들이 여럿 모였는데, 그들이 모인 이유는 다음과 같다. 영화 다운로드 사이트에서 한 네티즌이 '5.18 광주민주화운동'을 '5.18 광주폭동'이라고 규정하자 다른 네티즌이 이에 대해 반박하면서 비난과 인신공격 등이 이어졌다. 결국 자신을 고대생이라고 밝힌 두 사람은 고대 정문에서 만나 맞짱을 뜨기로 했고, 이 소식을 들은 네티즌들이 구경하러 온 것이다. 이 사건은 「26년」이라는 영화가 상영되는 현재의 사회적 맥락을 보여준다. 누군가는 역사적 평가가 끝났다고 말하는 과거의 일이지만 전혀 다른 입장을 드러내는 주장들이 다시 수면 위로 올라오는 것이다. 실제로 '일베사이트'와 같은 극우 담론이 지배하는 공간에서는 공공연하게 언급하는 내용들이다.

다른 하나는 부산의 한 대학교수에게서 들은 내용이다. 그는 부산의 극장에서 「26년」을 관람했는데, 관객들이 아주 다양한 연령층이라는 점이 인상적이었다고 한다. 그런데 영화 관람 도중 지금까지는 경험하지 못한 독특한 상황을 접하게 되었는데, 일부 관객들이 헛기침 등 소리를 내거나 소란스러운 말을 내뱉음으로써 다른 이들의 관람을 방해하는 듯한 행동을 한 것이다. 서울을 비롯한 다른 지역에서는 이런 얘기를 듣지 못해서 부산이라는 지역 공간의 특수한 상황이라고 밖에는 말할 수 없을 듯하다. 지역감정이 과거에 비해 줄어들기도 했고 젊은층들은 상대적으로 그런 부분에서 자유롭다고 하지만 여전히 인권이나 역사적 진실 등 보편성마저도 쉽사리 자리를 잡지 못하는 것을 보면 지역 공간이 갖는 상대성은 무시할 수 없는 것 같다.

위의 두 가지 사례는 사회적·역사적으로 과거를 어떻게 자리매김하고 현재화할 것인가에 대한 과제를 던져주는 듯하다. 과거는 여전히 살아 있는 것이고 현실에 깊은 영향을 끼칠 수 있는 것이다. 만약 광주민주화항쟁을 '폭동'으로 규정하게 된다면, 영화 「26년」은 전혀 다른 곳에 위치하게 된다. 왜냐하면 「26년」은 '1980년 5월 광주'에 대해 분명한 진실을 전제로 이야기를 진행하기 때문이다. 이는 이 영화의 본질적인 한계로 나타난다. 다시 말해 '1980년 5월 광주'를 잘 알고 있으며 대다수의 사람들이 생각하는 것처럼 바라본다면 이 영화를 보는 과정에 전혀 걸림돌이 없다. 하지만 그것을 잘 모르거나, 또 그러한 이유로 어떤 입장도 갖고 있지 않은 관객들은 어떻게 해야 할지 잘 모를 수밖에 없다. 영화는 바로 그 지점에 대한 설명을 충실하게 하지 않는다. 학살자를 처단해야 한다는 당위성을 갖고 출발함으로써 영화텍스트로서 갖는 설득력을 떨어뜨린 것이다. 관객 입장에서 영화를 보다 보면 등장인물들이 '그 사람'에게 복수를 해야 한다는 것을 자기 스스로도 완전히 설득되지 못했음을 드러낸다. 아울러 사적 복수의 의미가 어떻게 공적 차원으로 전환되는가에 대해서는 지나치고 있다. 그들의 분노는 우리의 분노가 될 수 있을까. 지금으로서는 지극히 회의적이다.

결과직으로 영화적 재현은 실패에 가깝다. 웹툰, 즉 만화에서 개인의 복수가 재현되었던 방식에서 영화 재현으로의 이동은 어색하게 느껴진다. 그것이 장르적 차이에서 비롯된 것인지 아니면 재현 방식의 한계에서 비롯된 것인지는 중요하지 않다. 다만 리얼리티를 기반으로 하는 복수의 당위성과 진정성을 주장하는 것인지, 아니면 복수의 현실불가능성을 가능성의 영역으로 전환시킴으로써 독자들이 느끼는 카타르시스를 극대화하려는 것인지 둘 사이의 경계가 모호하다. 5.18을 잘 모르는 젊은 관객들에게 영화는 대화가 아니라 어쩌면 독백을 하고 있는 건지도 모른다. 간단히 말해서 사적 분노와 공적 복수 사이의 매개가 제대로 드러나지 않은 것이다.

3.

「남영동 1985」는 정반대의 방식을 취하고 있다. 한 개인의 고문을 특정한 시기, 특정한 공간에 초점을 맞추어서 충실하게 재현한다. 이것만으로 평가하자면 「26년」은 기억의 영화이고, 「남영동 1985」는 사실fact의 영화다. 그렇다 보니 「26년」은 기억하지 못하는 이들에게는 해줄 수 있는 말이 없다. 원작자 강풀이 이 만화를 그리기 시작한 것도 요즘 청소년들이 5.18을 8.15와 헷갈리는 것에 충격을 받아서라고 말했다. 기억하지 못하는 것에 대한 분노가 이 작품을 그리게 만든 것이다. 그럼에도 두 영화는 공통의 목표를 갖고 있다. 그것은 1980년대와 다른 시대를 살아가고 있는 지금의 대중들에게 말을 걸고 있는 것이다.

이 두 영화가 말하고 있는 것은 '진리'에 해당하는 것들이다. 하지만 오늘의 대중들은 그 진리에 동의하지 않는다. 그것은 단지 포스트모더니즘의 상대성의 논리 같은 것이 아니다. 우리가 지금 당연하다고 받아들이고 있는 많은 '사실'과 '진리'는 당연하지 않은 것들이었다. 무엇보다 역사에는 당연한 것이 없다. 그것은 매우 구체적이고 물질적인 투쟁의 과정을 통해 당연한 것으로 구성되어온 것이다. 그런데도 특정 역사에 대해 더 이상 말이 필요 없다거나, 이제는 말할 것이 없다는 식의 생각은 역사를 후퇴시킬 수 있는 부분이다. 역사적 사건의 주체는 고정된 것이라 하더라도 현실의 주체는 끊임없이 유동적이다. 유동적 주체는 영화적 재현을 통해 새로운 관계, 새로운 맥락을 갖게 된다. 일제 식민지, 4.3 제주항쟁, 5.18 광주민主化항쟁 모두 마찬가지나.

「남영동 1985」를 보는 관객이 1980년대의 폭압적이고 잔인한 현실을 이해하지 못하는 20~30대 젊은층과, 반대로 그 시대의 현실과 정서를 이해하고 있는 40~50대 중년층이 있다고 한다면, 이 영화는 과연 어떤 효과를 기대할 수 있을까. 후자는 자신이 읽거나 들었던, 혹은 약간은 경험했을 수도 있는 국가폭력과 고문의 참상에 대해 함께 눈물을 흘릴 것이다. 혹자는 아예 영화를 보지 않을지도 모른다. 그 고통을 알고 있기 때문에 지금 굳이 이 영화를 볼 필요를 느끼지 못한다. 영화를 보지 않더라도 비슷한 수준의 분노를 느끼는 것에는 이미 익숙해져 있다. 그와 달리 젊은 세대에게 이 영화는 어쩌면 거리감이 있을지도 모른다. 철저하게 한 개인을 통해 특정 시대를 들여다보는 작업으로서 이 영화는 인간에 대한, 국가에 대한, 독재에 대한, 폭력에 대한, 시대에 대한 이해가 동반되지 않은 상태에서 이해하기 쉽지 않은 것이 사실이다. 더욱이 지금 세대는 그러한 무겁고 진지한 주제에 대해 깊이 고민할 수 있는 기회를 별로 갖지 못했기 때문이라고 말할 수 있다. 그렇다면 이들이 이 영화를 받아들이는 방식은 얼마나 잔인하고 충격적인 방식으로 고문을 자행했는가에 주목하게 된다. 당시 행해졌던 고문의 다양한 종류가 등장하고, 그중 악명을 떨쳤던 '칠성판'이라는 도구가 등장한다. 하지만 젊은 세대에게 칠성판이 한 인간에게 줄 수 있는 고통의 강도는 있는 그대로 전달되지 않는다. 오늘날 젊은 세대가 지각하는 다양한 강도는 미국드라마와 영화, 게임, 온라인 가상공간 등을 통해 이미 현실을 훌쩍 뛰어넘어버렸기 때문이다. 지금까지는 전두환이라는 존재에 대해 객관적 사실을 폭로하거나 진실을 밝히는 것으로도 충분히 대중의 지지를 받을 수 있었다. 하지만 이제 대중은 달라졌다. 그리고 대중의 정치적·경제적·사회적 기반, 즉 물적 토대가 완전히 달라졌다. 나아가 물적 토대뿐만 아니라 대중심리적 측면에서 정서와 정동affect은 과거와는 전혀 다른 구조를 보여준다.

「남영동 1985」에서 고문당하는 주인공에게 그의 아내가 환상 속에 나타나서 이렇게 말한다. "저 사람들은 당신이 거짓말하기를 원해!" 1980년대 고문의 핵심은 진실과 거짓의 대립이었다. 주인공이 고문을 견디는 것은 양심, 즉 진실에 대한 믿음 때문이었다. 오늘날 진실은 사라졌다. 온갖 거짓과 탐욕이 승리하는 시대에 진실은 더 이상 가치를 지니지 못한다. 만약 비슷한 상황이 오늘날 발생한다면 오직 진실을 위해 그것을 견딜 수 있는 사람은 거의 없을 것이다. 그렇다면 진실과 거짓의 대립 구도는 시대를 아우르는 보편성을 갖지 못하기 때문에 잘못된 것일까. 혹은 중요하지 않은 것일까. 영화 속에서 고문이 진행되는 '남영동'이라는 공간에는 두

개의 시간이 흘러가고 있다. 외부로부터 완벽하게 차단된 공간이지만 시간의 차원에서는 어쩔 수 없이 두 개로 구분된다. 라디오에서는 프로야구 중계가 흘러나오고 고문하는 자들은 그것을 자신의 일상으로 느끼게 된다. 그것은 고문하는 자와 고문당하는 자 사이의 간극을 그대로 드러내는 것이며, 고문하는 자라는 직업으로서의 자신의 삶과 인간으로서 느낄 수밖에 없는 연민의 차이를 보여주는 것이다.

「남영동 1985」의 마지막 장면은 인상적이다. 20여 년 전 자신을 고문했던 사람을 면회하러 간 주인공 '김종태'는 용서를 비는 그의 어깨에 차마 손을 올리지 못한다. 김종태의 망설임은 개인의 것이 아니라 사회의 것이고 시대적인 것이다. 용서는 일방적인 감정의 발신이 아니라 용서하는 사와 용서받는 자 사이에 화해라는 화학적 작용이 일어날 때 가능한 것이다. 이 장면은 어쩌면 오늘날 용서와 화해라는 단어가 인간적이고 개인적인 것으로 너무나 쉽게 차용되는 것에 대한 일종의 저항이자 분노의 표현이다. 고문 가해자에게서 시선을 돌려 정면을 응시하는 김종태의 눈빛은 차마 용서하지 못한 자의 쓸쓸함보다는 너무나 가벼운 이 시대에 여전히 무거운 '진실'이 필요하다고 말하고 있다. 하지만 그 진실이 어떤 무게도 갖지 못하는 이 시대에 우리는 무엇을 할 것인가.

4.

대중은 차이와 간극을 드러낸다. 진리라고 생각했던 인간의 보편성, 가치, 진실은 일부의 사람들에게는 더 이상 영향력을 행사하지 못한다. 사람들이 함께 모여 살아가면서 획득했던 보편적 정서와 가치는 점점 개별성 혹은 자유의 이름으로 실종되고 있다. 그것은 어느 누구의 일방적인 책임은 아니다. 신자유주의적 환경에서 경제적 동물이 되어가는 사회적 요인, 보수 정권의 역사교과서 왜곡 문제, 보수언론의 과거사 왜곡, 나아가 피해자라고 할 수 있는 이들의 피해자 담론 역시 그 책임에서 자유롭지 못하다. 그렇다면 문제는 그 사이를 메울 수 있는 공통적 감성의 회복이 이뤄져야 할 것이다.

이제 조금씩 새로운 연대의 과정을 만들어가야 한다. 지난 30년이 넘는 시간 동안 진실을 밝히고, 법률 제정 등 제도적 장치 마련, 피해자 보상 문제 등이 가장 중요한 과제였다면, 이제는 그러한 역사와 정치라는 딱딱하고 추상적인 영역을 넘어 현실과 대중 속으로 자연스럽게 스며들도록 해야 한다. 예를 들어 피해자 담론이라고 하면 고통스러운 과거를 대하는 방식에 있어서 두 가지가 있다. 하나는 회피하는 것이고, 다른 하나는 박제화 하는 것이다. 회피하는 것은 어느 정도 사회적·정치적·개인적으로 명예도 회복되고 경제적 보상도 조금 이뤄졌으니까 이제 그만 이야기하자는 것이다. 후자는 역사라는 이름으로 끊임없이 '사실'을 반복하는 방식이다. 그 자리에 현재는 없다. 동시대 사람들이 그러한 역사적 사실을 통해 어떤 생각과 느낌을 갖고 살아갈 것인지에 대한 고려가 없는 것이다. 이 논리에 빠지게 되면 '전두환'이라는 학살자에게만 모든 초점을 맞추게 된다. 즉 다른 가면을 쓴 전두환의 변종들에 대해서는 그 어떤 깨달음도 얻을 수 없는 것이다. 지금은 전두환과 같은 학살자, 독재자를 왜 사람들이 용서하는가 하는 수준의 문제가 아니라, 그의 존재 자체를 기억하지 않는 집단적 외면이 문제라고 할 수 있다. 이것은 역사적 사실에 대한 대중적 기억과 판단의 새로운 지형이다.

「26년」의 마지막 장면에는 경호실장을 맡고 있던 마상렬의 분열증적 상황을 보여준다. '그 사람'을 향해 마 실장은 다음과 같이 절규한다. "넌 죽어서는 안 돼. 끝까지 오래오래 살아서 내 삶의 정당성을 확보해줘야 해." 이 영화의 가장 중요한 대사일 것이다. 영화를 보고 '그 사람'을 처단해야 한다고 느끼는 것이나 다시는 그런 사람이 대통령이 되어서는 안 된다고 말하는 것은 별다른 의미가 없다. 더욱 본질적인 물음은 왜 우리 사회에서 '그 사람'은 여전히 모든 것을 누리면서 안락하게 살아가고 있는가 하는 점이다. 그 이유는 간단하다. 우리 모두가 묵인하고 있기 때문이다. 아마도 이렇게 쉽게 질문할지두 모른다. 과거에 비슷한 아픔을 겪었으면서 어떻게 마상렬은 '그 사람'을 경호하고 있는 것일까? 하지만 마상렬은 오늘날 한국사회를 살아가고 있는 우리의 모습이다. 전두환을 몰아내기 위해 화염병을 던졌던 80년대 학번들이 이명박을 대통령으로 만들었고, 또 다시 박근혜를 대통령으로 만든 것이다. 그들은 전두환과 이명박이 다르고, 이명박과 박근혜가 다르다고 말한다. 그러면서 자신이 살아가는 삶의 정당성을 만들어간다. 그 정당성은 신자유주의적 가치가 지배하는 한국사회에서 경제적 동물이 되어가는 우리들의 고백과 다르지 않다. 마상렬이 '그 사람'을 경호했던 것처럼 우리는 대기업을, 대형마트를, 대형교회를 지켜주고 있는 것이다. 마상렬이 곧 우리다.

오늘날 우리 시대는 "왜 착하게 살아야 해요?"라는 물음에 답을 하지 않는다. 지금까지 인간이기 때문에 양심을 갖고 있으며 그 양심에 기초해서 정의롭게 혹은 착하게 살아야 한다고 말해왔다. 하지만 이제 과거에 묻지 않던 것들에 대해 이제 답을 해야 한다. 너무나 당연한 듯해서 굳이 물을 필요가 없던 것들에 대한 답을 공동체가 만들어가야 한다. 시간과 노력이 많이 필요한 것이지만 그것만이 붕괴하고 있는 사회를 구원할 수 있는 유일한 대안이다.

|

남자의
종말

|

1.

작금의 한국사회는 독특한 지형에 놓여 있다. 국가의 지배가 초월적 위치로 나타나고 있음에도 그 지배로 인해 고통을 받는 주체들은 더 이상 저항하지 못한다. 이때 국가는 국민이라는 개인들의 지지와 합의라는 합리적 과정을 무시한 상태에서 별개의 유기체로 성장하고 있다. 그 간극은 점차 커지고 있으며 어느 순간 국가라는 형태의 기구는 개인들과 별다른 관련성을 갖지 않는 것으로 남을 것이다. 아울러 기업의 이익을 중요하게 여기는 신자유주의적 정책은 시대의 흐름이 되었으며, 개인은 그러한 정책에 대한 비판적 입장을 갖는 것이 아니라 그 논리 안에서 자신의 이익과 안정을 추구하는 방향으로 흘러가고 있다. 여기서 붕괴되는 것은 사회 혹은 공동체라고 불렀던 것들이다. 그것은 개인 차원의 작은 모임일 수도 있고, 혹은 마을공동체와 같은 일정한 크기와 수준 이상의 커뮤니티를 의미하는 것일 수도 있다.

공동체는 합의를 통해 지속된다. 국가 역시 개인들이 자신들의 자유와 권리를 위해 합의하고 계약한 공동체라고 할 수 있다. 물론 민족국가처럼 다양한 형태의 국가들이 존재하지만, 근대 이후의 '국민국가'는 대부분 이러한 방식으로 분리하거나 통합하였다. 국가와는 별개로 사회라는 공동체는 훨씬 더 구체적이고 세밀한 방식으로 합의를 생산한다. 그러한 합의는 그 공동체의 개인들이 살아갈 수 있는 근거와 토대를 마련해준다. 개인들은 혼자가 아니라 공동체를 통해 자신의 삶이 파괴되지 않을 뿐만 아니라 개선되거나 발전될 것이라 믿는다. 그리고 공동체는 이러한 개인들의 노력과 연합으로 유지되고 변화한다.

세월호 참사는 개인들에게 국가에 대한, 그리고 공동체에 대한 근본적인 물음을 제기하도록 했다. 국가는 특정한 권력이 만든 것이 아니라 국민이라는 개인들이 다양한 방식으로 유지 발전시키고 있다는 점에서 국민들을 보호해야 하는 의무가 있다. 하지만 세월호 참사는 국가의 역할이 더 이상 남아 있지 않다는 사실을 보여주었다. 국가는 특정한 힘이 만든 것이 아니다. 그렇기 때문에 민주주의라는 제도를 통해 다수의 지지를 기반으로 유지하는 것이다. 아울러 국가는 그러한 태생적 한계로 인해 개인의 자유와 권리를 보장한다. 하지만 국가가 더 이상 개인을 보호할 수 없게 되면 그들은 국가를 떠나려고 한다. 망명이나 이민 등은 자신이 속했던 국가를 떠나 다른 국가를 선택하는 대표적인 형태가 될 것이다. 세월호 참사에서 밝혀진 것처럼 만약 국가가 보호해야 할 국민 개인의 목숨을 중시한 것이 아니라 특정 업체를 위해 복무했다면, 개인들은 국가를 인정할 수 없게 되는 것이다.

공동체 역시 마찬가지라 할 수 있다. 공동체는 법적·제도적 차원의 합리적 보호와는 다른 맥락을 갖는다. 그것을 가리켜 사회적이고 문화적이라 칭할 수 있다면, 개인들은 자신들의 물질적 삶을 넘어 선제석인 삶의 양식에서 공동체의 보호와 지지를 원한다. 물론 그 기준 역시 공동체에서 마련하고 유지하는 것들이 있기 마련이다. 국가들 사이의 차이를 넘어 상대적으로 보편성을 갖는 게 공동체의 원리라고 할 수 있다. 하지만 최근 한국사회는 그러한 보편성의 기준이 사라지고 있다. 단직인 사례로서 광화문 광장에서 세월호 유가족의 단식과 천막노숙이 진행되고 있을 때, 일부 단체들이 유가족을 조롱하거나 비난하는 일을 한 것은 그러한 보편성을 넘어서는 행위다. 특히 단식 유가족을 향해 피자와 짜장면, 초코바 등의 음식으로 극단의 조롱을 일삼는 것은 인간이라는 보편성에 근거한 공동체의 힘에 대한 근본적 회의를 갖게 만든다.

그런 점에서 우리가 처한 현실은 인간이 다양한 방식으로 논리와 장치를 만들어온 과정을 통째로 부정하고 있는 건지도 모른다. 우리는 지금 인간을 더 이상 인간으로 사유하지 않는 사회에 살고 있다. 전자는 동물적이고 생물학적 존재로서의 인간을 가리키는 것이고, 후자는 인간이 다른 동물들과 다르게 형성하고 발전시켜온 차이와 구별에 기반을 둔 것이다. 어쩌면 우리는 후자의 영역을 잃어버리거나 포기한 것인지도 모른다. 그것은 공동체를 이루는 근간 혹은 기초에 해당하는 것들이다. 타자에 대한 배려나 사랑, 상호 관계에 기반한 약속과 이행, 공동체에 대한 책임과 의무 등은 어쩌면 인간이 인간으로서 살아가는 데 있어 가장 중요한 덕목일지도 모른다. 하지만 현재 그러한 가치와 덕목 들은 점차 사라지고 있다.

2.

최근 '군대'를 둘러싼 여러 사건들과 담론, 대중문화 현상 등은 이러한 사회적 지형과 맥락을 같이 하고 있다. 한국사회에서 군대는 민감한 소재다. 동시에 특정 젠더의 경험에 집중되어 있는 만큼 흥미를 유발할 수 있는 요소도 많다. 2013년 여름 연예병사 사건은 군대라는 조직에 대한 대중의 양가적 정서를 느낄 수 있는 대목이었다. 군 입대를 회피하는 연예인들에 대한 비난과 비례해서 현역병으로 입대하는 연예인들에게는 열렬한 환영을 보여주는 것이다. '연예인 병사'라는 제도 역시 그 한계는 이미 노출되어 있었지만 사건이 터지기 전만 해도 누구도 그에 대한 문제제기를 하지 않았다. 연예인 입장에서도 자신들의 특기를 군대에서 혹사당하면서까지 이용당하는 것에 대한 불만이 있다. 결국 국방부는 연예병사 제도를 폐지하기에 이르렀다.

군대에 대한 양가성은 단순히 대중들만의 문제가 아니다. 군대를 다녀온 남성들에게도 그러한 심리가 작동한다. 한국 남성들은 일단 군대를 다녀온 경험에 대한 인정 욕구가 강하고, 남성성이라는 차원에서 공통의 정서로서 일종의 향수가 존재한다. 그것은 타자들(주로 여성, 남성 중에선 미필자와 면제자, 공익요원 등)이 경험하지 못한 것에 대한 일종의 우월감의 표시이자 '예비역'이라는 이름으로 총칭되는 저급한 남성문화의 산물로 취급

받는 것에 대한 분노의 표시다. 그런 점에서 남성들이 군대 경험을 이야기하면서 자신이 경험했던 훈련의 강도와 고통, 기이한 경험 등을 온갖 상상력을 가미해 앞다투어 쏟아내는 것은, 타인과는 다른 우월적 지위를 확보하고 싶은 심리적 기제의 발로라고 할 수 있다. 또한 '그들'과 '우리'라는 구별 속에서 아들이나 남동생(오빠), 남자친구 등을 군대에 보낸 여성들은 '그들'이 아니라 '우리'의 영역으로 분류된다. 이쩌면 병역 회피사로 분류되는 연예인들이 여론의 뭇매를 맞는 것은 당연한 현실일지도 모른다. 문제는 군대를 다녀온 남성들의 경험이나 정서가 지극히 주관적이고, 개인적이고, 과거지향적 특징을 갖는다는 사실이다. 평소 멀쩡한 사람도 군복만 입게 되면 이상해진다는 말은 일부 예비역의 현실을 비판한 것이시만, 그 남성들의 심리적 맥락을 보게 되면 그다지 이상한 일만은 아닌 것이다. 정치적·경제적 문제에 대해 합리적이고 건강한 판단을 하는 사람 중에도 종교나 젠더 문제에 이르게 되면 이상한 논리와 억지를 부리는 것을 자주 목격할 수 있다.

그런 점에서 큰 인기를 끌고 있는 예능 프로그램 「진짜 사나이」MBC의 성공을 주목할 필요가 있다. 물론 이전에도 「푸른거탑」tvN이라는 군대 소재의 프로그램이 있었지만 큰 인기를 누리지는 못했다. 「푸른거탑」이 주로 가상의 내무반 생활을 재연함으로써 남성들의 군대에 대한 향수와 호기심을 자극했다면, 「진짜 사나이」는 군 입대 과정을 현실적으로 드러냄으로서 군 생활을 실제로 헤쳐나가는 과정을 보여주었다. 리얼리티 프로그램으로서 장점을 최대한 살리고 동시에 동일한 공간에서 세대별로 느끼는 물리적이고 신체적인 차이들을 군대문화를 통해 전달함으로써 재미를 더했다. 특히 병역을 마친 30~40대 남성들이 재입대를 통해 군 생활을 반복하는 것이나, 아직 입대하지 않은 이들이 날것으로서의 군 생활을 경험하는 과정에서 생기는 에피소드를 담아낸 것이다. 그 외에도 호주 출신의 샘 해밍턴과 외국에서 태어나거나 살았던 이들을 통해 한국의 군대문화와 어울리지 않는 인물을 배치함으로써 소위 '구멍병사' 역할을 수행하도록 한 것도 중요한 요소다. 그렇게 볼 때 「진짜 사나이」의 특징은 리얼리티의 구체성과 연속성, 그리고 다양한 캐릭터들의 적절한 조합에 있다.

흥미로운 사실은 「진짜 사나이」가 군대를 다녀온 남성들보다도 여성들에게 더 많은 인기가 있다는 점이다. 40~50대 여성들이고, 그다음으로는 20~30대 여성의 시청률이 가장 높다. 여성 시청자들이 많은 것은 자식을 군대에 보냈거나 남자친구 혹은 남동생 등을 군대에 보낸 이들이, 군대를 간접적으로 혹은 정서적으로 경험하기를 원하기 때문이다. 그들의 시청 경험은 직접 경험 못지않게 매우 주관적이며 감각적이다. 바로 가족의 경험이자 사랑하는 이의 경험이기 때문이다. 「진짜 사나이」는 성별과 세대를 넘어 기존의 시청률 인식을 깨뜨렸다. 한국사회에서 군대가 남성만의 문제가 아니라 사회 전반에 광범위하게 작동하고 있음을 알 수 있는 대목이다. 동시에 '군대'를 배경으로 하고 있지만 좀 더 근본적으로는 '진짜 사나이'를 요구하는 사회를 반영하고 있다는 사실이다. 그것은 이 사회가 '진짜 사나이'를 필요로 한다는 의미가 아니다. 단지 냉혹한 현실을 견디려면 '진짜 사나이'로서의 모습, 적어도 자세는 갖추어야 한다는 일종의 협박이라 할 수 있다.

3.

문제는 '남성'이다. 「진짜 사나이」의 인기를 전후로 한국사회를 휩쓴 것은 남성에 대한 적극적인 호명이다. '최초의 여성 대통령'의 시대에 이와 같은 남성에 대한 환호는 어떻게 받아들여야 할까. 적어도 지금 문제시되고 있는 '남성'은 여성과 남성이라는 생물학적 구분, 혹은 젠더적 차이까지도 넘어선 어느 지점에 놓여 있는 듯하다. 즉 '집단적 무의식'이라는 사회적 차원에서 작동하고 있는 것이다. 「진짜 사나이」의 경우에도 완벽한 리얼리티를 표방하고는 있지만 실제로는 '리얼 가상 체험'을 다루는 것이다. 사격이나 유격, 행군 등 훈련을 실제로 소화하고 내무반 생활을 하지만 그 시간은 실제처럼 절대적 시간을 보내는 것은 아니기 때문이다. 출연 연예인들은 짧은 기간에 방송 분량을 촬영하고 결국 각자의 활동 공간으로 복귀하여 '민간인' 신분이 된다. 이것은 군인들에게는 훈련의 강도보다 '시간과 공간의 분리'에 따른 고통이 더 크다는 것을 생각해보면 「진짜 사나이」가 군대의 '리얼'이 아니라 '특정한 공간에서의 진짜 사나이'에 초점이 맞추어져 있음을 알 수 있다.

　「진짜 사나이」의 진짜 성공 요인은 바로 그런 틈새에서 발견할 수 있다. 겉으로는 군대라는 공간 배경이 마치 성공 요인인 것처럼 보이지만 사실은 군대나 병영이라는 무대 때문에 성공한 것이 아니라는 말이다. 우리는 그 힌트를 제목에서 얻을 수 있다. 그것은 '사나이'라는 표현이다. '사나이'는 남성을 뜻하며, 여성의 연약함과 대비적으로 수컷으로서의 강함을 표현할 때 사용한다. 남자 아이들에게 '사나이가 울긴 왜 울어'라고 말하는 일상적 표현은 '사나이'라는 용어가 우리 사회에서 어떤 방식으로 통용되는가를 뒷받침한다. '진짜 사나이'는 겉멋이나 허세로서 외양을 넘어선 모습을 보여주겠다는 의미다. 가장 남성적인 문화를 상징하는 '군대'는 '진짜 사나이'라는 주제를 담아내기에 적합한 공간이다.

강한 남성에 대한 열망은 곳곳에서 발견된다. 2011년에 시작되어 2014년 시즌 4까지 방영된 「절대남자」XTM라는 프로그램은 웨이트 트레이닝을 통해 건강한 몸을 만들어가는 과정을 보여줬다. '꽃미남'을 찾는 시대는 지났다. '짐승돌'이나 '식스팩', '초콜렛 복근'과 같은 표현을 충족시킬 수 있는 남성을 원한다. 그것은 물질성의 차원에서 육체를 강조한 것을 넘어 '남성성'이라는 이데올로기의 문제다. 2000년대 초반 유행했던 '메트로 섹슈얼'의 개념은 이젠 유효하지 않다. 그러기에는 이 사회의 현실은 너무나 냉혹하다. 일상화된 경제 위기는 생존과 경쟁만을 남겨두었다. 지금은 세련되고 예쁜 남성이 아니라 나를 보호해줄 수 있는 강한 남성이 필요한 것이다.

마찬가지로 2011년부터 2014년 시즌 4까지 방영된 「주먹이 운다」XTM라는 프로그램은 강한 남성에 대한 욕망을 가장 극명하게 보여주었다. 격투기를 선수 영역이 아니라 일반인 영역까지 확장시켜 전국적으로 '짱'을 만들어주는 것이다. 「절대남자」가 웨이트 트레이닝이라는 건강한 몸을 내세워 세련된 방식으로 강한 남성을 부각시킨 것이라면, 「주먹이 운다」는 말 그대로 원시적인 상태에서 날것 그대로 강한 능력의 남성을 찾아낸다.

이 프로그램은 어렸을 적 남성들의 로망을 실현시켜준다. 우리 학교 짱이랑 다른 학교 짱이랑 맞짱을 뜨면 누가 이길까 하는 궁금증을 전국적인 무대에서 확인시켜 주는 것이다. 실제로 이 프로그램의 출연자들은 대부분 싸움을 잘하는 사람들이다. 그야말로 「주먹이 운다」는 힘에 근거한 강한 남성을 표방한다는 점에서 한국사회의 퇴행적 측면을 잘 보여준다. 그러한 퇴행적 요소는 원시적 남성성, 예를 들면 육체성의 부활을 배경으로한다. 강한 체력과 정신력을 기반으로 혹독한 훈련을 견뎌낼 수 있는 남성이야말로 이 시대를 제대로 살아갈 수 있다는 것이다. 이제 남성은 자신의 온몸을 던져 돈을 벌어오고, 강도와 살인, 강간 등 강력 범죄로부터 내 가족을 지킬 수 있는 능력의 소유자가 되어야 한다. 대중의 욕망은 바로 이 지점에서 만나고 있다. 국가 혹은 사회는 더 이상 우리를 지켜주지 못한다. 법과 제도 등 사회적 안전망으로서 공적 시스템은 점차 붕괴되고 있다. 이때 강한 남성은 나를 지키고 가족을 지킬 수 있는 최후의 보루가 된다.

4.

2014년을 관통했던 '으리'(의리) 열풍은 한국사회를 휩쓸었던 '남성' 담론의 절정이다. 영화배우 김보성 씨가 10년 동안 밀었다는 '으리'가 빛을 발하는 순간이었다. 순식간에 모든 사회를 뒤덮었던 것은 나름의 이유가 있을 테지만, 가장 중요한 것은 우리가 국가와 사회라는 공동체의 붕괴를 실제로 경험했다는 사실이다. 과거에는 특정 세력이나 집단에서 나름의 근거를 토대로 주장했던 것들이 이제는 일상에서 실제로 대중 누구나 경험할 수 있게 된 것이다. 지난 15년 동안 분절적으로 공동체를 경험하다가 세월호 참사를 계기로 분명하게 깨닫게 된 것이다. 더 이상 누군가로부터 보호와 위로를 받을 수 없다는 사실을.

오늘날 개인은 철저하게 고립되어 있다. 개인은 '얼마나 가치 있는 일을 할 것인가'의 문제의식과는 동떨어져 있다. 개인은 오직 생존의 문제에만 집착할 수밖에 없다. '어떻게 살 것인가'의 문제가 아니라 '어떻게 하면 살아남을 것인가'의 문제만 생각한다. 그것은 지금 당장만을 고민하게 만드는 것이며 미래는 전혀 상상할 수 없게 한다. 사실 의리는 학연이나 지연, 혈연 등의 연고주의와 깊은 관계를 맺고 있다. 합리적인 제도나 법의 지배가 작동하는 사회에서 의리를 부각시킬 필요는 없다. 하지만 상식이 사라지고 이성이 작동하지 않는 사회에서 의리에 대한 대중의 기대는 커질 수밖에 없다. 물론 의리가 주는 긍정적 측면도 없지 않다. 자본이 지배하는 차갑고 메마른 사회에서 인간이 상호 교감할 수 있는 가치의 차원에서 꼭 필요한 과정이다. 그럼에도 지금 우리 사회에서 '으리' 열풍이 일고 있는 것은 왜곡된 사회의 반영이라고 보는 것이 적절할 것이다.

또 다른 사례로 「보스의 탄생」^{JTBC}을 들 수 있다. 첫 번째 주인공은 박원순 서울시장이었는데, 흥미로운 점은 '보스'라는 표현을 사용한 것이다. 한동안 지도자를 가리켜 '리더'와 같은 새로운 개념과 표현을 써왔다. 리더에 관한 수많은 이야기와 논쟁이 있어 왔지만, '보스'라는 용어의 사용에서 우리가 발견하는 것은 소극적이고 수동적인 대중들의 집단적 무의식과 욕망이다. 근대 이후의 민주주의를 완성시켜 왔던 것처럼 개인들이 함께 무엇인가를 만들어가는 것이 아니라 특정한 능력의 소유자에게 모든 것을 맡겨버리는 것이다. 보스의 방식은 한 사람이 모든 것을 결정한다는 점에서 연대기적 차원에서 보자면 역사적 퇴행이 분명하다. '으리'가 유행하고 '보스'를 호명하는 우리 사회의 풍경은, 어쩌면 우리가 살아가고 있는 사회가 그만큼 허약한 기반을 갖고 있음을 보여주는 현상이다. 멘토와 힐링의 시대가 사라지고 '으리'와 '보스'의 시대가 도래하고 있는 것이다.

이처럼 TV를 통해 다양한 남성성이 부각되는 것은 실제 현실에서 나타난 '남성의 종말'에 대한 역설적 현상에 불과하다. 어쩌면 우리는 현실 공간에서 '진짜 사나이' '절대남자' '슈퍼맨'을 만날 수 없을지도 모른다. 그것은 남성이 사라지는 시대에 마지막으로 남성이라는 존재를 기억하는 미디어의 제의에 불과하다. 물론 그렇다고 해서 현실적으로 가부장제가 사라지거나 남성 중심의 권력과 사회구조, 자본주의 작동방식이 바뀌지는 않을 것이다.

그런 전에서 「이뻐 이디 가?」MBC와 「슈퍼맨이 돌아왔다」KBS2 등은 단순히 아이들이 출연하는 육아 예능이 아니라, (아버지가 아닌) '아빠'의 등장을 주제로 삼고 있는 것이다. 그럼에도 과거처럼 지배적 지위와 권력의 행사로서 남성성은 점차 사라지고 있다. 그것을 뒷받침하는 사회적 현상의 예로 가족 살해를 포함한 다양한 애증관계에서 비롯된 강력범죄의 증가를 들 수 있다. 잔혹 범죄의 증가는 현실 공간에서 남성들이 얼마나 취약한 존재가 되고 있는가를 보여주는 역설이기 때문이다. 남성성이라는 이름의 힘을 과시하는 방식은 이미 쇠락한 신체를 가진 노인들이 특수부대 군복을 입고 거리를 활보하는 것과 유사한 방식이라 할 수 있다. 아울러 원시적 신체에 기초한 남성성을 강조하는 반대편에 섹시함을 강조하는 여성성이 자리 잡고 있다는 사실도 주목해야 할 필요가 있다. 최근 여성 아이돌 그룹은 오직 '섹시함'만을 무기로 내세운다. 이처럼 남성과 여성의 두 가지 성별의 구분을 강화하고 특정한 이미지를 부각시키는 것은 분명 문화적 퇴행이라고밖에 볼 수 없다.

이제 남은 것은 남성의 종말이 예고되는 시대에 힘을 앞세워 자신이 원하는 것을 획득하는 '강한 남성들'이다. 그들은 생물학적 남성이라기보다는 법과 제도와 합의가 제 기능을 하지 못하는 정치적·사회적 공간에서 타인을 짓밟고 자신들의 탐욕을 채우는 이들이다. 현실은 남성과 여성이라는 젠더적 영역으로 포장하고 있지만 실체는 다르다. 우리가 해야 할 일은 '인간의 얼굴을 한 야만'을 찾아내 축출하는 일이다.

아빠

|

왜 지금
'아빠'인가

|

현대사회에서 '아버지'는 사라진 존재다. 그 자리를 차지한 것은 '아빠'다. 아버지는 가족이 형성된 이후 오랜 시간 그 자리를 굳게 지키고 있던 부동의 존재였지만, 20세기 후반 들어 실종되었다. 오늘날 아버지는 부재의 상징이다. 가족 구성원의 마음속은 물론 구체적인 현실에서도 아버지는 존재하지 않는다. 가족들은 더 이상 아버지를 원하지 않으며, 가족의 형태는 다양한 원인과 결과로 해체되었다. 아버지가 사라진 곳에 '아빠'가 돌아왔다. 그렇다면 '지금 왜 아빠인가'라는 물음은 단순히 가족이나 가정의 의미가 어떻게 변화되었는가 혹은 아빠의 새로운 역할이 무엇인가를 묻는 수준을 넘어선다. 비혼과 이혼, 무자녀 등 다양한 이유로 가족의 구성 형태가 바뀌고 있으며, 가족의 의미가 새롭게 형성되고 있는 과정에서 아

빠의 위치나 정체성이 함께 변화하는 것은 당연하다. 그럼에도 아빠의 등장에 대한 물음은 문화적이고 사회적인, 나아가 정치적 물음을 던질 수밖에 없을 것이다. 특히 한국사회에서 아버지의 자리를 차지하는 '아빠'는 어떻게 등장하고 있으며 어떤 의미를 담고 있는지를 살펴봐야 한다.

아버지 혹은 부성에 대한 논의는 각각의 종족과 문화에 따라 차이를 보이기는 하지만, 대체로 산업화 시대 이후 20세기의 자본주의 시대의 아버지상이 지배하고 있다고 말할 수 있다. 그런 점에서 한국사회에서 최근 아버지를 둘러싼 다양한 현상과 담론 들이 등장하는 것도 예외적인 일은 아닐 것이다. 그것은 분명 자본주의 사회의 일반적인 현상인 동시에 한국사회가 갖는 특수한 상황을 대변하는 것이기 때문이다. 서구와 마찬가지로 한국사회에서도 전통적인 의미에서의 아버지상, 혹은 부성은 이미 사라졌다고 해도 과언이 아니다.

최근 미디어에 주로 등장하는 아버지는 엄격하는 훈육적인 존재가 아니다. 어쩌다가 그런 아버지가 나타나면 다양한 방식으로 '시대에 뒤떨어진 아버지'로 공격을 당한다. 이제 아버지는 부드럽고 친근하고 따뜻한 존재이며, 그러한 존재여야 한다. 한마디로 '친구 같은 아빠'다. '친구 같은 아빠'는 오늘날 아버지의 이상형에 가까운 상징적 표현이다. 그러한 아빠는 현실 속에서는 좀처럼 나타나지 않지만 간간히 주변에 출몰하곤 한다. 그것은 옆집 아저씨거나 다양한 삼촌들이다. 그들은 항상 곁에 머물면서 생활하는 존재가 아니라 아주 가끔 만나서 무리한 요구를 받아주는 아주 '착한' 아저씨다. 아버지와의 사이에서 느꼈던 벽은 없으며, 나에게 엄격한 기준을 적용하는 날카로움도 보이지 않는다. 아이들은 아버지와 친구가 될 수는 없지만, 그들과는 쉽사리 친구가 된다. 왜 아니겠는가. 그들은 나를 잠시 스쳐 지나갈 뿐이며 나를 야단칠 하등의 이유도 없으니 말이다.

여기서 '친구 같다'는 말의 핵심은 권위적이지 않다는 의미다. 그것은 곧 자신의 권력을 함부로 행사하지 않음으로써 평등한 관계를 유지한다는 것이다. 억압과 폭력이 존재하지 않는 수평적 관계가 아버지와 자식 사이에 형성되는 것이다. '친구 같은 아빠'는 자식에게 명령을 하지 않으며, 일방적으로 가르치지 않는다. 오히려 자식과 많은 시간을 함께 보내며 대화를 통해 모든 것을 해결하는 착한 아빠다. '친구 같은 아빠'는 주로 2000년대 이후 주변에서 많이 발견되고 있다. 그러한 사람들이 단순히 이상적인 형태로 머무는 것이 아니라 실제로 현실 속에 나타난 것이다.

이를 나타내는 대표적인 현상이 호칭의 변화다. 즉 이제는 존칭을 사용하지 않는다. 존칭의 생략은 자식이 아버지에게 반말을 하는 것이다. 모든 호칭은 수평적 관계의 핵심이다. 특히 유교적 가부장제가 강한 한국사회에서 존칭을 없앤다는 것은 매우 혁명적인 일임에 틀림없다. 아빠와 자식의 관계가 새로운 방식으로 맺어지는 것은 당연한 일이다. 하지만 가만히 들여다보면 가정에서 부모와 자식 사이에 존칭을 사용하지 않고 친구처럼 반말을 사용하는 것은, 아빠 입장에서 '친구 같은 아빠'라는 존재감을 얻기 위한 거래의 대가다. 존칭을 따로 구분하지 않는 미국사회에서도 이와 비슷한 사례가 1980년대 이후 등장했는데, 그것은 아버지나 아빠라는 호칭을 사용하지 않는 방식이었다. 아이들이 자신들의 아버지를 지칭할 때 따로 호칭을 말하지 않고 그냥 이름만 부르는 것이다.

아버지란 존재는 이제 권위로 존재하는 것이 아니라 필요에 따르는 관계에 불과할지도 모른다. 도대체 누가, 혹은 무엇이 이렇게 바꾼 것일까? 분명한 사실은 자식도 변했고 아버지도 변했고 무엇보다 우리가 살아가는 사회가 변했다는 점이다. 아버지라는 위상과 정체성은 새로운 형태로 나타나고 있다. 과거 아버지가 누렸던 권위는 온데간데없으며, 지난 세대의 아버지가 감당했던 여러 역할과 기능은 새로운 부성의 이미지와 필요로 대체되고 있는 것이다.

2.

새로운 부성의 이미지는 '친구 같은 아빠'로 축약되는데, 여기에 동반되는 또 다른 표현으로 '좋은 아빠' 담론이 있다. 좋은 아빠라는 말은 친구 같은 착한 아빠의 범주를 포괄하면서도 동시에 넘어선다. '좋다'는 말은 지극히 사회적인 의미를 담아내는데, 왜냐하면 오늘날 자식들이 '좋은 아빠'라고 지칭하는 것에는 '경제적 풍요'라는 의미가 전제되어 있기 때문이다. 경제적으로 자신을 뒷받침할 수 있는 능력을 가진 아빠일 때 비로소 '좋은 아빠'가 될 수 있다. 경제적 풍요가 없다면 착한 아빠는 될 수 있을지언정 좋은 아빠는 될 수 없다. 경제적으로 아무런 문제가 없을 정도로 책임을 감당하면서 동시에 아이들과 함께 충분한 시간을 보낼 수 있을 때에야 '좋은 아빠'로 인정받을 수 있는 것이다. 그들은 평일에도 어느 정도 시간을 아이들과 보낼 수 있어야 하고, 주말에도 교외로 떠나거나 적어도 놀이터에서 함께 신체적 활동을 할 수 있는 능력자다. 좋은 아빠에게 경제적 성공은 옵션이 아니라 기본적으로 장착되어야 할 필수요소다.

큰 인기를 끌었던 「아빠 어디 가?」라는 프로그램은 '좋은 아빠'가 어떤 것인지를 아주 잘 보여준다. 이 프로그램에서 아빠와 자녀가 함께 여행을 하면서 시간을 보내는 것은 대부분의 가정이 욕망하던 순간들이다. 더욱이 엄마라는 존재는 없다. 그것은 엄마에게도 행복을 선물한다. 아이를 임신하는 순간부터 항상 양육의 책임을 짊어지고 있는 어머니라는 존재가 그 책임으로부터 벗어날 수 있다는 사실은 가장 큰 해방감이 되는 것이나.

아빠와 아이의 관계는 일상적인 것이 아니라 특정한 시간과 공간의 경험을 토대로 한다. 흥미로운 사실은 이 프로그램을 좋아하는 상당수가 20~30대의 미혼/비혼 여성이라는 사실이다. 그들은 어쩌면 화면에 재현되는 낭만화 된 상황에 익숙한지도 모른다. 이미 「무한도전」, 「1박2일」KBS, 「패밀리가 떴다」SBS 등 리얼리티 프로그램 전성시대를 거치면서 자신의 실제 경험보다는 TV라는 매체를 통한 간접 체험에 익숙해져 있다. 그들은 편집된 화면에 등장하는 아이들의 귀여운 모습만을 좋아한다. 특히 '윤후'라는 캐릭터는 많은 젊은 여성들의 인기를 독차지하였다.

하지만 실제로 아이를 키워보면 그런 순간도 있지만 그렇지 못하고 폭발하는 순간도 있음을 알게 된다. 아이들이 귀여운 것만은 아니라는 사실이다. '죽이고 싶도록' 말을 듣지 않는 아이들의 현실은 프로그램에서 좀처럼 보이지 않는다. 그것은 TV 토크쇼에서 마냥 행복하게만 보였던 커플들이 이혼하는 것과 크게 다르지 않다. 부모와 자식과의 관계 역시 마찬가지다. 프로그램에서 나타나는 것은 극히 일부의 모습에 불과하며, 방송 프로그램 제작을 위한 일종의 연출된 화면일 수 있음에도 그러한 가능성은 배제한다. 아이들의 순수성에 대한 '믿을 수 없는 신뢰'가 이미 자리하고 있기 때문이다.

이 프로그램에서 표상되는 아빠는 자상하고 따뜻한 아빠, 즉 '좋은 아빠'다. 친구 같은 아빠나 착한 아빠를 넘어서는 지점에 그들의 목표가 있다. 그들은 배우, 가수, 스포츠선수 등 각 분야에서 어느 정도 성공을 거둔 사람들이라는 점에서, 경제적 성공의 측면에서는 검증된 존재들이다. 그런 점에서 그들은 현실적으로 경제적 어려움을 온몸으로 느끼면서 살아가지 않는다. 그들이 힘들게 각자의 영역에서 전문가로서 일정한 역할을 수행하는 것은 분명하지만, 절대적 비교를 하자면 경제적 고통을 겪는 것은 아니라는 점이다. 바로 이 지점에서 이 프로그램이 갖는 사회적 맥락의 중요성을 찾을 수 있다. 결국 이 지점에서 평범한 아빠들은 절망한다. 어쩌면 보통의 아이들을 더 큰 절망에 빠뜨릴지 모른다. 왜 우리 아빠는 저렇게 해주지 않는 것일까? 특히 아직까지 사회 현실이나 방송 프로그램에 대해 어떠한 판단을 할 수 없는 어린아이들이 즉자적인 반응을 보인다면, 그 부작용이 크지 않으리라고 섣부르게 판단할 수 없을 것이다.

이제 아버지는 가족 부양이라는 경제적 책임과 더불어 '좋은 아빠'라는 이데올로기적 주체로서 훌륭한 역할까지도 감당해야 하는 시대적 요구까지 직면해 있다. 루이지 조야는 『아버지란 무엇인가』이은정 옮김, 르네상스 펴냄, 2009에서 현대사회의 아버지에 대해 다음과 같이 표현하고 있다.

오늘날 아버지들은 이전처럼 자식을 교육시키고 직업의 기술을 전수해주는 사람이 될 수 없다. 수천 년 동안 아버지들은 자식들에게 어떻게 말을 타야 하는지를 가르쳐 왔고, 또 몇 세대 동안은 어떻게 자전거를 타야 하는지를 가르쳐

왔다. 하지만 오늘날 아이들은 여가시간이 있어도 아버지와 함께 보내기보다는 또래 친구들이나 학교생활을 위해 사용한다. 그리고 집에 부모와 함께 있어도 자신들의 방에서 컴퓨터게임을 하는 데 몰두한다. 슬픈 사실은 오늘날의 아버지들이 예전의 농사 기술처럼 자식들에게 컴퓨터게임을 가르칠 수 없다는 것이다. 아버지의 공간과 시간은 이제 아이들의 공간이나 시간과 완전히 분리된 다른 세계다.

그에 따르면 전통적으로 아버지가 감당했던 역할과 기능이 또래 친구들에게 옮겨간 것이다. 아버지는 이제 자식들에게 어떤 모범의 역할을 할 수 없으며 그 과정에서 전달했던 수많은 권위의 감동을 더 이상 생산할 수 없다. 오늘날 아이들이 관심을 보이는 영역에서 아버지들은 어떤 역할도 수행할 수 없게 되었다. 이처럼 시간과 공간의 모든 영역에서 아이들과 아버지의 관계는 어긋나버린 것이다. 그 간극을 채울 수 있는 유일한 수단이 '경제적 성공', 즉 자본이 되는 셈이다. 아버지는 아이와의 관계를 회복하기 위해서 돈을 매개로 할 수밖에 없다. 기념일이면 항상 빠지지 않는 선물과 주기적으로 줘야 하는 용돈, 그보다 더 중요한 주거와 자동차 등 삶의 질의 측면에서 아버지는 결국 경제적 자본의 형태로 모든 역할을 감당하고 있다.

3.

아버지의 정체성이 사회적으로 변화하는 것은 외부적 환경에 의한 요인이 매우 크다고 할 수 있다. 동시에 '부성'이라는 부를 수 있는 것은 언제,

그리고 어디에서부터 시작된 것일까? 즉 '아버지'라는 존재는 어떻게 등장한 것인지에 대한 것도 생각해봐야 할 것이다. 그것은 결국 아버지라는 이름으로 행해져 왔던, 그리고 행해져야 한다고 믿는 '부성'이라는 것이 과연 선천적으로 타고난 것인가 하는 궁금증과 맞닿아 있다. 정말로 부성은 교육이나 훈련과는 상관없는 것일까? 이는 결국 부성이라고 말하는 행동들이 본능적인 것인가, 즉 교육이나 훈련과는 상관없이 본능에 가까운 것인가라는 질문으로 연결된다.

이에 대해 학자들은 대체로 부성과 모성 사이에는 근본적인 차이가 있다는 점에서 동의하고 있다. 모성은 자신의 몸을 통해 수태와 임신, 출산이라는 일련의 과정을 거치고, 그 후에도 지속적인 돌봄의 과정이 이어지는 반면, 부성은 신체적이라기보다는 사회적으로 받아들여지고 있는 형식들이 남자들에게 덧입혀진 결과라는 것이다. "어머니는 언제나 확실한 반면 아버지는 그렇지 않다"는 통념은 부성과 모성 사이의 차이를 잘 보여주는 표현이다. 그 예로 침팬지와 같은 고등동물의 경우 어미 암컷은 자기가 낳은 자식이 누구인지를 안다는 점에서 항상 확실한 존재이지만, 아비는 그러한 지식을 갖고 있지 못한 경우가 대부분이다. 물론 어린 새끼들과 장난을 치는 자상함을 보여주기도 하고 다른 녀석들로부터 지키고 보호하는 역할을 하기도 한다. 하지만 결정적으로 자신의 새끼들에 대한 인식이 없다. 그 새끼들을 보호할 수 있는 은신처를 마련하지도 않으며, 그들에게 먹이를 제공하지도 않는다. 다만 혼자 다 먹을 수 없기 때문에 함께 나누어 먹을 뿐이다.

이러한 이유로 부성의 문제를 '문명의 출현'이라는 맥락에서 살펴보기도 한다. 어떤 학자는 문명의 시초에 남성이 처음으로 여성과 그녀의 자식들에게 음식을 제공했던 순간을 부성이 탄생한 최초의 순간이라고 보았다. 사실상 이런 행동은 포유류가 거의 하지 않는 행동이라고 한다. 하지만 남성들은 어느 순간 이런 역할을 선택했고, 이 역할을 지속하기 위한 의지를 드러냈으며, 그러고 나서는 습관으로 굳어져 후손들에게 전수된 것이다. 부성은 모성과 달리 본능적인 것이 아니고 사회적 규율과 같아서 학습과 훈련을 통해 전수되는 것이다.

어머니는 자식과 개별적으로 관계를 맺는다. 반면에 아버지는 가족과 관계를 맺는다는 점에서 다면적이고 집단적이다. '가장'이라는 표현은 바로 그러한 역할의 이미지를 잘 드러낸다. 그런 점에서 근대 이후 다양한 직업의 변천 과정에서 아버지는 직업에 따라 자신의 위치와 정체성, 권위를 변화시킬 수밖에 없었다.

20세기 중반 연극 「세일즈맨의 죽음」Death of a Salesman에 나타난 아버지의 모습과 오늘날 직장인으로서 아버지가 느끼는 절망은 비슷하면서도 다르다. 세일즈맨이라는 직업적 특성이 남아 있다는 점에서 비슷한 측면이 있지만, 전통적인 직업이 점차 줄어들거나 맞벌이의 증가로 인한 경제적 책임의 분산 등은 또 다른 국면이다. 이는 아버지가 갖는 가장으로서 역할과 책임이 축소되거나 소멸될 수밖에 없음을 보여준다. 아울러 1970년대 산업화 시대와는 다른 방식으로 아버지는 물리적 공간의 거리감을 갖게 되었다. 경제적 이유와 자식 교육 등 그 이유와 상황은 매우 다양하다. 분명한 사실은 물리적 거리라는 간격이 정서적 간격으로 그대로 나타나고 있다는 점이다.

한국에서 '아버지'라는 존재가 사회적으로 부각된 것은 IMF 구제금융 사대 이후다. 그 이전까지만 하더라도 아버지는 전형적인 부성의 이미지, 즉 가족 부양의 책임을 지면서도 동시에 가정의 중심을 차지하는 이미지를 갖고 있었다. 하지만 갑자기 닥친 금융위기는 가정경제를 책임지고 있던 아버지라는 존재를 흔들기에 충분했다. 그것은 단순히 아버지의 사회적·경제적 추락뿐만 아니라 아버지라는 이름으로 표상되던 사회적 상징과 가치, 권위 등을 사라지게 만들었다. 아버지라는 권위의 상실은 단순히 개인적 차원이라기보다는 사회적 현상이었던 것이다.

이것은 20세기 역사에서 한국사회가 경험한 아버지의 '부재'와는 질적으로 다른 매우 낯선 경험이었다. 일제 식민 시기나 한국전쟁을 통한 아버지의 부재, 나아가 근대화 및 산업화 과정에서 일자리를 찾아 도시나 해외로 떠난 아버지 등은 일종의 '부재'였다. 그렇지만 부재가 곧 아버지라는 권위의 상실을 뜻하는 것은 아니었다. 그 과정에서도 항상 아버지는 가정의 중심이었고, 아버지라는 이름의 가부장제는 유지되었으며, 다양한 사회적 제도와 장치를 통해 아버지는 여전히 권위를 행사하고 있었다. 그 부재의 자리는 때로는 큰아버지, 작은아버지, 할아버지, 나아가 대통령이 '국부'라는 이름으로 메우고 있었던 것이다. 2000년대 이후 한국사회는 바로 그 아버지를 '상실'한 것이다. 그 아버지가 무조건 옳다고는 할 수 없지만 인류의 오랜 역사 과정에서, 혹은 한국사회에서 고유하게 지속되었던 아버지라는 정체성이 사라진 것이다.

4.

오늘날 미디어를 통해 다양한 방식으로 표상되고 있는 아버지는 분명 현실의 왜곡된 이미지다. 자식들과 따뜻한 관계를 유지하면서 행복한 시간을 함께 보내는 아빠, 아이에 대한 무조건적이고 전폭적인 사랑을 보여주는 아빠 등등. 그럼에도 관객 혹은 시청자라는 이름의 대중들은 그러한 모습에 열광하고 환호한다. 이를 어떻게 볼 것인가? 그러한 대중은 만들어진 집단인가? 그렇지만은 아닐 것이다. 오히려 그러한 양상을 드러내는 대중의 실체를 들여다보는 일이 더 중요할 것이다. 그리고 화면 속 아빠와 현실 공간의 아빠가 보여주는 간극과 차이를 견뎌야 하는 아이들을 어떻게 할 것인가? 우리의 물음은 그곳으로 향해야 한다. 현대사회에서 대중문화 시대를 살아가는 주체로서 이는 어쩔 수 없는 현실인 것일까?

우리 사회는 '아버지'와 '아빠'의 대립을 보여준다. 아버지는 강한 존재라기보다는 실패하거나 낙오한 존재다. 그들은 힘이 없고, 사회적으로 밀려나고 있으며, 경제적 능력을 잃었다. 그러면서도 완고한 성격을 갖고 있어서 자식들을 이해하지 못한다. 이제 아버지는 쇠락하는 과정에서 점차 변방으로 사라지는 존재다.

이를 대체하고 있는 이들이 '아빠'다. 아빠는 따뜻하고, 부드럽고, 친절하고, 무엇보다도 건강하다. TV나 광고 등에 등장하는 아빠의 모습은 이제 늙고 병든 모습이 아니라 항상 건강한 신체와 경제적 성공을 겸비한 능력자다. 노동자로서 자신의 삶을 창조하고 가족의 삶을 감당했던 아버지라는 존재는 사라졌다. 그렇다고 해서 노동자가 사라진 것은 아니다. 훨씬 더 다양한 형태의 하층 노동계급이 여전히 존재하고 있으며, 비정규직이나 해고, 실업 등 현실은 더 가혹할지도 모른다. 그럼에도 우리를 둘러싸고 있는 '좋은 아빠' 담론과 이데올로기는 현실을 은폐하고 있는 것이 사실이다.

그런 점에서 한국사회에서 아빠 혹은 아버지를 호명하고 있는 현실은 이중적이다. 하나는 새로운 정체성의 아버지, 즉 '아빠'라는 이름의 부성을 그려낸다. 그것은 앞서 설명한 것처럼 현실을 은폐하고 왜곡하는 방식을 취하고 있다. 동시에 남성과 여성의 성 역할과 부양 능력의 변화에 따라 더 이상 남성 아버지의 역할이 큰 의미를 갖지 못한다는 현실을 반영하는 측면이 있다.

다른 하나는 민주주의의 발달에 따라 권위의 상징인 아버지의 위상이 점차 추락해왔다는 사실을 수용한다면, 오늘날 아버지에 대한 호명은 어쩌면 남성(성)에 대한 호명과 다르지 않다. '상남자'에 대한 선호가 회자되는가 하면, 「진짜 사나이」나 「푸른거탑」과 같은 군대 관련 프로그램이 인기를 끌고 있는 것도 한 예다. 다시 말해 강력한 힘과 권력, 카리스마에 대한 동경이 자리 잡고 있는 것이다. 최근 남성 중심적이고 독재자를 숭배하는 '일베'의 등장이 그렇게 놀랄 만한 일이 아닌 것도 그런 이유 때문이다. 문제는 부성이 사라진 시대에 우리 사회의 개인들이 어떤 관계를 맺을 것인가에 대한 예측이 불가능하다는 데 있다.

동심

동심에
빠지다

「아빠 어디 가?」는 아빠와 자녀가 엄마 없이 1박2일의 여행을 떠나는 콘
셉트로, 다섯 가족이 함께 어울리면서 다양한 에피소드를 통해 웃음을 자
아내고 가족 사랑의 의미를 되새기게 만든 인기 프로그램이었다. 아빠들
은 배우, 가수, MC, 전직 운동선수 등으로 구성돼 있으며, 아이들의 연령
대는 주로 유치원생과 초등학교 저학년생으로, 부모와 의사소통에 아무런
문제가 없으면서 아직 사춘기에 접어들지 않은 아이들이 출연하였다. 어
쩌면 엄마의 손길이 가장 필요할 수 있는 또래 아이들에게 엄마 없이 아
빠와 단둘이서 어떻게 지내는지 상황을 설정한 것이다.

　이 프로그램은 몇 가지 흥행 코드를 갖고 있는데, 우선 연예인(유명인)
부모와 자녀의 매칭 방식을 들 수 있다. 이것은 이미 「붕어빵」^{SBS}이라는

프로그램을 통해 검증된 흥행 조건이다. 유명인의 자녀나 부인이 방송에 출연허기 시작한 것은 그리 오래된 일이 아니다. 이제 대중은 연예인뿐만 아니라 그 가족의 삶까지도 '소비'하는 시대에 살고 있는 셈이다.

다음으로 '리얼리티'의 강조다. 출연자들은 여행 과정에서 불편하고 열악한 환경을 감수하게 된다. 잠자리와 식사, 씻는 것 등 어느 것 하나 안락한 것은 없다. 2000년대 중반 이후 본격적으로 유행하기 시작한 TV 리얼리티 프로그램의 핵심은 고통스러운 장면의 재현이다. 따뜻한 안방에서 프로그램을 보는 시청자들은 추운 야외에서 텐트와 침낭에 의존해 잠자리를 갖는 연예인 등 유명인과 그 자녀를 보면서 일종의 내밀한 쾌감을 맛보게 된다. 신자유주의 사회에서 치열한 생존 경쟁을 견디고 있는 시청자들은 TV라는 공간에서 몸값이 비싼 연예인들의 아픔과 고통을 보면서 위로를 얻는다.

또 다른 특징은 가족의 위기 혹은 행복한 가정 담론의 층위에서 가장 불안하고 위태로운 '아빠'라는 존재를 끌어들인 점이다. 최근에는 아빠의 역할이 많이 달라졌다고는 하지만, 여전히 생존이 가장 중요한 현실에서 '돈 벌어오는 기계'라는 별칭을 언급하지 않더라도 한국사회에서 아빠라는 존재는 잉여의 존재에 불과하다. 그 잉여성은 가정에서 자신의 자리를 찾지 못하는 것임과 동시에 그 과정에서 발생하는 불협화음, 어색함 등을 포함한다. 아이와의 관계는 자연스럽고 편안한 관계가 아니라 왠지 모를 강압적이고 딱딱한 관계로 나타난다. 물론 「아빠 어디 가?」는 다양한 아빠를 보여준다. 그런 아빠도 있고 친구 같은 아빠도 있다.

「아빠 어디 가?」를 비롯해 아이들이 출연하는 프로그램의 가장 큰 무기는 '동심의 상품화'라 할 수 있다. 동심이 힘을 발휘하는 배경에는 사람들이 갖는 편견 때문이다. 동심은 순수하고 깨끗하다는 것. 하지만 정말 그럴까. 사실상 동심은 철저하게 동시대적 문화의 산물이라고 봐야 한다. 자연스럽게 영어를 구사하는 아이들을 재현하는 방식이 대표적이다.

언제부터인가 아이가 아이처럼 말하면 시청자의 관심과 흥미를 끌지 못한다. 적어도 텔레비전에 나오는 아이들은 아이답지 않아야 '빵' 터진다. 아이답지 않다는 말의 의미는 어른처럼 말하거나 행동한다는 것이다. 이 프로그램에서 가장 많은 인기를 얻고 있는 윤후라는 아이의 사진이 인터넷에서 화제가 된 적이 있다. 그 기사의 제목은 「중년 남자의 포스」였다.

'동심'을 밑바탕에 깔고 있으면서도 정작 다르게 보여주는 프로그램은 점점 증가하는 추세다. 이제는 오디션 프로그램에서도 「보이스 키즈」^{Mnet}라는 프로그램이 등장해서 깔끔하고 세련된 무대를 보여주는가 하면, 「스타킹」^{SBS}에서는 다섯 살 여자 아이가 나와 섹시한 춤을 춘다. 어른들은 그 장면에 감탄하고 환호한다. 어떤 면에서는 아동 학대, 아동 성추행에 해당하는 요소들이 있다. 아동 성폭력에 대한 사회적 관심에 비하면 놀라울 정도로 무감각하다. 아동 성폭행범에 대해서는 공공연하게 '사형'을 강조하면서도 정작 일상적으로, 구조적으로 강조되는 아동의 권리와 관련해서는 목소리가 들리지 않는다. 『아동의 탄생』^{문지영 옮김, 새물결 펴냄, 2003}을 쓴 필립 엘리아스는 '아동기'가 근대 이후 만들어진 것이라고 주장한다. 현상적으로만 보면 오늘날 아동기는 다시 사라지고 있는 것 같다. 지금은 사회적으로 아동에 대한 개념부터 새롭게 논의해야 할 때다.

먹방

|

먹방의 유행과
욕망의 허기

|

누구나 밥을 먹는다. 밥을 포함해 음식을 먹는 행위는 가장 원초적이고 일상적인 행위다. 의식주라는 필수적인 삶의 요소를 구성하는가 하면, 성욕과 함께 식욕은 인간의 원초적인 욕망의 중심이다. 흔히 음식과 섹스를 은유적으로 사용하는 이유도 여기에 있다. 하지만 음식과 섹스는 서로 같으면서도 다르다. 우리는 매일 두세 끼를 먹고살지만, 하루에 두세 차례 섹스를 할 수는 없기 때문이다. 음식은 가장 보편적이면서도 특수한 지위를 획득하고 있는 셈이다.

그렇기 때문에 먹는다는 행위나 음식 그 자체에 대해 인류학적, 정신분석학적 고찰이 다양하게 이뤄졌다. 하지만 현대사회에서 음식에 대한 기호와 욕망은 전혀 다르게 작동하는 것처럼 보인다. 그것은 분명 음식을 먹는다는 것이 갖는 생존으로서의 의미를 넘어서는 일종의 과잉 기호의 측면을 지니는 것이며, 다른 한편으로는 넘쳐나는 온갖 음식들 사이에서 역설적인 형태로 나타나는 욕망의 결핍을 드러내는 것이다. 분명한 사실은 과거에 먹는다는 행위는 자고 일어나서 눈을 뜨고 씻는 것과 같은 자연스러운 행위였다면, 오늘날 먹는다는 것은 수많은 선택지들 가운데서 자신의 의지와 욕구, 경제력, 시간 등을 총동원하여 선택하는 일이다. 먹는다는 것은 더 이상 자연스러운 행위가 아니라 인위적인 선택의 종합이 된 것이다.

문제는 우리의 선택이 자유롭지 않다는 데 있다. 주말 아침이면 맛집 수개 등 음식 프로그램이 시청자들의 눈과 귀를 사로잡는다. 아직 TV가 냄새까지 전달하지는 못한다. 음식에서 가장 중요한 요소는 분명 냄새일 것이다. 배가 고플 때 코를 자극하는 음식 냄새는 참을 수 없는 인내심을 요구한다. 사람들은 방송 프로그램에서 가장 중요한 냄새를 맡을 수 없는데도 음식 프로그램에 환장한다. 이는 음식에 있어서 후각 못지않게 시각이 중요하게 작용하고 있음을 보여주는 사례다. 물론 여기에는 프로그램 출연진들의 감탄사와 먹는 소리 등 청각적 요소도 작용할 것이다. 사람들은 음식을 보는 것만으로 먹고 싶다는 욕망이 증가하는 것을 느끼게 된다.

하지만 이것이 단순히 후각과 시각, 청각 등 감각만의 문제일까. 일단 토요일 오전 시간대에 음식 관련 프로그램이 편성된 것을 생각해보자. 그것은 일상의 변화와 깊이 관련되어 있다. 주 5일 근무제가 보편화되면서 주말 오전 시간은 누군가에게는 늦잠과 더불어 가장 여유로운 시간대에 해당한다. 그들은 자신이 선택하는 음식이 아니라 누군가 선택해서 제공하는 화면을 통해 음식을 감상하면서 '나도 먹고 싶다'는 원초적 욕망에 자신을 동일시하는 것이다. 그 음식은 외부에서 주어진 것이며 어쩌면 자신이 아직까지 제대로 경험하지 못한 것일지도 모른다. 하지만 그런 것은 중요하지 않다. 중요한 것은 현재 나의 식욕을 건드린다는 사실이고, 나아가 그 욕망에 충실할 때에야 비로소 동시대인으로서 그럴 듯한 일상 내지는 주말을 보내는 것처럼 느껴진다는 점이다.

현대인의 식욕이 갑자기 증가한 것은 아닐 것이다. 다만 미디어의 현실과 노동 환경, 일상 생활 등 다양한 조건들이 식욕의 증가를 부추기고 있는 건지도 모른다. 그러한 현실은 대부분 억압적으로 작동하는 특징을 갖는다. 노동에 얽매인 바쁜 일상은 아침식사를 간소화하거나 건너뛰게 만들고, 점심이나 저녁 식사는 직장생활이나 사회생활의 패턴에 따라 해결한다. 식사를 하는 행위에 집중하고 그 과정에서 따뜻하고 평온한 대화를 나눌 수 있는 식사 시간은 많지 않다. 돈이나 시간이 없다는 이유로 식사를 대충 때울 뿐이다. 먹는다는 것은 어쩔 수 없이 사회적 성격을 띤다. '식구'라는 단어가 갖는 의미처럼 함께 밥을 먹는 과정은 단순히 목숨을 이어가는 생존의 의미를 넘어 삶을 나누는 관계 혹은 공동체의 의미를 담고 있다.

그런 점에서 최근 소위 '먹방'이 유행처럼 확산되고 있는 것은 매우 흥미로운 현상이다. 영화와 방송 등에서 이처럼 먹방이 유행하는 것은 현대인의 일상에서 먹는다는 행위가 그만큼 중요하게 작용하고 있다는 사실을 보여준다. 영화 「황해」_{나홍진 감독, 2010}에서 화제가 되었던 하정우의 먹방, 「아빠 어디 가?」 윤후와 「슈퍼맨이 돌아왔다」 추사랑의 먹방 등은 커다란 호응을 얻고 있으며, 그들의 먹방 이미지나 동영상은 반복적으로 소비된다. 「식신로드」^{K STAR}는 기존 맛집 추천 프로그램과 비슷하지만 출연자들의 먹방 장면을 유독 부각시킴으로써 프로그램의 개성을 살린 경우다. '식신'이라는 단어에서 강조하듯이 출연자들은 남성과 여성 구분 없이 엄청난 양의 식사를 해치운다. 「해피투게더 3」^{KBS2}의 '야간매점'이라는 코너는 심야활동이 많은 현대인의 야식에 초점을 맞췄다.

그런가 하면 2013년에 시작하여 2015년 시즌 2까지 방영된 「식샤를 합시다」^{tvN}라는 드라마는 '식사'라는 일상적 행위를 통해 오늘날 인간관계에 대한 물음을 던지고 있다. 식사하는 장면을 위해 영화 「황해」 촬영팀이 합류했다고 한다. 먹는다는 일상적이고 민복적인 행위에 초점을 맞춤으로써 삶에 있어서 식사의 중요성을 강조하는 것이다. 오늘날 사회적 문제이자 일종의 트렌드가 되고 있는 1인 가구 현상을 생각해보면 먹는다는 것의 사회적 성격을 느낄 수 있다. 혼자 밥을 먹는다는 것의 의미는 사회적 존재로서 개인의 고독을 가장 극명하게 드러내기 때문이다.

「일요일이 좋다-맨발의 친구들」^{SBS}에는 스타들의 집을 순회하면서 소위 '집밥'을 먹는 장면이 나왔다. 학업과 직장, 다양한 이유로 집밥을 먹을 수 없는 현대인들에게 집밥은 어머니가 해주시는 따뜻한 식사로서의 상징을 갖는다. 우리가 오랜만에 집에 돌아와서 "집밥이 최고야!"라고 말하는 것은 집밥이 갖는 힘과 매력을 드러낸다. 넘쳐나는 음식과 맛집의 홍수 속에서, 그리고 프랜차이즈 식당이나 패스트푸드점의 화려하지만 특색 없는 음식들에 지친 현대인들은, 조금은 단순하면서도 정갈한 집밥을 그리워하고 있는 것이다. 집밥은 일종의 '힐링푸드'의 상징이 되고 있다.

현대인의 일상은 단조롭다. 단조로움은 권태를 낳는다. 권태의 원인은 생존을 위한 노동에서 비롯된다. 노동으로부터의 철저한 소외는 삶의 만족이나 행복을 주지 못한다. 그러한 소외는 허기를 낳고, 허기는 다른 욕망으로 채울 수밖에 없다. 그런 점에서 오늘날 먹는다는 것은 단순히 허기진 배를 채운다는 의미를 넘어, 동시대의 사회적 현실을 담아내는 상징과 기호로 작동하고 있는 셈이다.

일베

|

일베는 우리가
만들어낸 괴물이다

|

2010년 즈음 「디시인사이드」(www.dcinside.com)에서 보수 성향의 유저들이
갈라져 나와 「일간베스트저장소」(www.ilbe.com, 이하 '일베')를 만든 이후, 이
제 '일베' 논란은 새삼스러운 것이 아니다. 알 만한 이들은 이미 다 알고
있었지만, 정작 많은 이들이 일베를 심각하게 여기지 않았거나 자칫 건드
렸다가 자신도 '산업화'되는 것에 대한 두려움을 갖고 있었던 듯하다. 최
근 일베를 둘러싼 비판적 논의들을 보면 그러한 심증은 더욱 분명해진다.

　일베는 더 이상 말하지 않는다고 보이지 않는 존재가 아니다. 걸그룹
'시크릿'의 효성이 "우린 민주화시키지 않아요"라고 발언한 사례는 일베가
이제는 일부 특정집단의 문제가 아니라는 사실을 보여준다. 실제로 10대
청소년이 스트레스 해소 차원에서 일베 사이트를 방문한다는 사실은, 그

들 세대가 거의 무방비로 노출되어 있음을 잘 보여준다.

일베에 대한 비판 혹은 입장은 크게 두 가지로 정리된다. 하나는 일베와 같은 집단은 상식의 범주를 넘어서는 저열한 수준이기 때문에 상대할 필요가 없다는 입장이다. 이들은 인터넷 등장 이후 그러한 집단은 약간 정도의 차이가 있을 뿐 항상 존재해왔던 것으로서, 굳이 대응하지 말자는 것이다. 지금과 같은 사회적 관심은 오히려 일베라는 존재를 더욱 중요한 것이자 의미 있는 현상으로 만들어주기 때문에 불필요한 대응 자체를 하지 않는 것이 건강한 사회적 담론을 위해서라도 더 낫다는 판단이다. 다시 말해 일베에 대한 관심 자체를 끊음으로써 사회적 논란의 중심으로 진입하는 것을 막자는 의도가 깔려 있는 듯하다.

다른 하나는 일베에서 벌어지고 있는 일들이 심각한 수준의 반인륜적, 반사회적 양상을 보이기 때문에 물리적 방법을 통해 일베 사이트 자체에 대한 제재를 가해야 한다는 입장이다. 주로 진보적인 입장을 갖는 이들이 비슷한 반응을 보이는데, 5.18 민주화항쟁의 희생자들이나 세월호 참사의 희생자들에게 가했던 폭력에 대해 분노와 비난 여론을 형성하게 된 것이다. 이들은 대부분 일베의 존재를 잘 모르고 있던 이들이었으며, 정치권 일부에서는 일베 사이트 폐쇄와 같은 구체적인 제재 방법을 가시화하고 있다. 이 과정에서 '표현의 자유' 논란이 불거지는 것은 매우 흥미로운 지점이다.

이러한 두 가지 입장은 일베에 대한 무시 혹은 과잉이라는 대립적 대응 방식을 보여준다. 하지만 이러한 입장들은 모두 일베 논란의 사회적이고 문화적 의미를 제대로 간파하지 못하고 있는 데에서 기인한 것이라는 게

내 생각이다. 일단 일베의 출현은 과거 인터넷 하위문화 혹은 B급 문화와는 근본적인 차이를 갖는다. 일단 온라인공간의 하위문화가 자신들만의 게토를 형성함으로써 적극적인 활동을 하는 점에서 공통적 특성을 보인다고 하더라도, 집단적 세력화를 통해 공적 영역에까지 물리적 힘, 즉 권력을 행사하는 점은 분명 일베만의 특징이라 할 수 있다. 다시 말해 하위문화나 B급 문화는 사적 영역에서 자신들의 문화를 향유했다면, 일베의 경우에는 공적 영역에서 권력을 행사함으로써 자신들의 힘을 외부로 과시하는 특징을 드러내는 것이다. 그런 점에서 일베는 무시할 수 없는 존재이자 집단이다.

아울러 정치권을 비롯한 일부 진보 진영을 중심으로 일고 있는 일베 사이트 폐쇄와 같은 직접적이고 물리적인 제재는 표현의 자유 문제와 더불어 복잡한 맥락을 갖게 된다. 표현의 자유 측면에서 보자면, 그들의 행위는 그 한계를 넘어서고 있다는 점에서 많은 이들이 공감하고 있다. 하지만 사이트 폐쇄와 같은 직접적인 제재는 신중하게 접근할 필요가 있다. 이는 그동안 진보 진영에서 인터넷 공간과 디지털 문화를 둘러싸고 숱하게 싸워온 표현의 자유 문제와 충돌하는 지점이 분명 있기 때문이다. 따라서 특정 게시물이나 회원 등에 대한 명예훼손 등 다양한 제재는 가할지언정, 사이트 폐쇄와 같은 방식은 좀 더 신중한 판단이 필요하다고 본다.

이 지점에서 일베에 대한 비난과 분노는 특정한 경향을 띠고 있음을 보게 된다. 그러한 경향성은 일베의 반인륜성과 반사회성 등 도저히 보편적 상식으로는 용납할 수 없는 행위에 대한 집단적 분노다. 그러한 분노는 한국 현대사와 민주주의에 대한 최소한의 상식이 있는 이라면, 그렇지 않더라도 인간의 보편적 감수성을 공유하는 이라면, 충분히 공감할 수 있는 일이다. 그럼에도 이 과정에서 나타나는 경향성은 한번쯤 짚고 넘어갈 필요가 있다. 그것은 일베를 '특정한 집단'으로 규정하고 있다는 점에서 그렇다. 예를 들면 극우보수세력이라거나 아니면 사회적·세대적으로 많은 것들을 박탈당한, 즉 더 이상 잃을 것이 없는 이들의 집단적 광기의 표현이라는 반응이 그렇다. 하지만 그들은 갑자기 등장한 이상한 부류이거나 외계인이나 화성인, 아주 특별한 영역에 위치하는 이들이 아니라는 점을 생각해야 한다. 어쩌면 일베는 지극히 평범한 사회구성원들 가운데 한 사람일 수 있으며, 우리 주변에 함께 살아가는 청년세대 혹은 청소년세대의 한 단면일 수 있는 것이다. 만약 이러한 생각에 조금이라도 동의를 한다면, 우리는 일베에 대한 비난과 분노를 넘어서는 새로운 시각을 가져야 하지 않을까.

이와 관련해서 다음과 같은 자료는 시사하는 바가 크다. 지난 2013년 5월 국제노동기구ILO가 발표한 「세계 청년 고용 동향」 보고서에 따르면, 청년층(15~29세 기준) 중 '니트NEET족'이 한국의 경우 19.2퍼센트나 되었다. 니트족은 학교, 취업, 직업훈련 등 어느 곳에서 속해 있지 않은(Not in Education, Employment, or Training) 이들을 뜻한다. 이것은 경제협력개발기구 OECD 회원국 가운데 7위에 해당하는 것이며, 전체 평균은 15.8퍼센트였다. 가장 낮은 국가는 룩셈부르크(7.1퍼센트)이고, 일본(9.9퍼센트)이나 미국(16.1퍼센트), 영국(15.9퍼센트) 등도 우리보다 낮았다. 5명 가운데 1명은 더 이상 일자리를 구하거나 유사한 노력을 하지 않는 것이다. 또 다른 자료로서 한국교육개발원 교육통계시스템에 따르면, 2011년 한 해 학업을 중단한

초·중·고교생의 숫자가 7만6489명이라고 한다. 국제노동기구 청년층 기준에 속하는 한국의 고등학생의 경우 2011년 한 해에만 3만8787명이 학교를 떠났으며, 이는 하루 평균 106명에 이르는 숫자다. 학교를 떠난 청소년들은 어디에서 무엇을 하고 있는 것일까. 니트족으로 분류된 이들은 어디에서 자신의 삶을 꾸려가고 있을까.

일베 문제는 바로 이러한 사회적이고 경제직·문화적 측면에서 다각도로 접근할 필요가 있다. 비슷한 관점에서 20대 초반의 청년세대가 정규 교과목에서 '역사'가 사라진 세대라는 점을 감안한다면, 지금처럼 논란이 되고 있는 부분들은 단순히 그들만의 책임은 아닐 것이다. 그들이 그렇게 자라도록 방치한 사람들은 도대체 누구란 말인가. 누군가는 진보정당을 시지한다. 또 다른 누군가는 보수정당을 지지할 것이다. 전자를 지지하는 이들 가운데 많은 사람들이 그 둘 사이에 존재하는 차이를 부각시키며 인권과 민주주의 등 보편적이고 진보적인 가치를 지향하는 쪽에 자신의 정체성을 위치시킨다. 그들은 자신의 좌표를 통해 남들과의 차별성을 부각시키면서 살아간다. 예를 들어 '광주'를 가장 잘 안다고 할 수 있는 '486세대'는 청년세대를 무시하거나 조롱하면서 자신들의 보편적 감수성을 자랑한다. 하지만 그들의 실제 삶은 어떠한지, 나아가 현재 한국사회를 지탱하고 있는 핵심은 바로 그들이 아닌지 생각해봐야 한다. 과연 그들이 자랑하는 좌표는 자신이 극우보수가 아니고, '또라이'가 아니고, '일베충'이 아니라는 것 외에 과연 무엇을 드러낼 수 있을까.

일베의 중요한 특징은 여성을 비롯한 사회적 소수자나 약자를 비하하고 공격한다는 점이다. 그 반대편에는 힘(권력)에 대한 무조건적인 찬양이

자리 잡고 있다. 박정희를 중심으로 전두환, 이명박에 대한 찬양은 바로 그러한 맥락에서 읽어야 한다. 그들은 보수가 아니다. 2013년 일베의 '조갑제 디스 사건'은 바로 그들이 어떤 정서를 지니고 있는지를 잘 보여주고 있다. 만약 이러한 부분을 인정한다면 일베의 욕망은 실상 오늘날 한국사회가 노골적으로 혹은 은밀하게 추구하는 욕망과 다르지 않은 것이다. 그것은 자본과 권력에 대한 끊임없는 숭배다.

일베가 하는 행태를 가리켜 손가락질 하면서 "일베충은 인간이 아니다"고 말한다. 하지만 우리는 좀 더 솔직해져야 한다. 우리 아이들에게 무엇을, 어떻게 가르치고 있는가. 제주도 강정에서, 쌍용자동차 농성장에서, 혜화동 종탑을 비롯한 여러 철탑 위에서, 밀양에서 벌어지고 있는 인간에 대한, 생명에 대한 무관심은 어떻게 설명할 것인가. "나는 일베와 다르다, 나는 일베가 아니다"라고 하는 것은 일베와 구별 짓고 싶은 우리의 욕망에 불과하다. 이제 일베에 대한 비난과 분노는 고스란히 나 혹은 우리 자신에 대한 성찰로 돌아와야 한다. 일베는 우리가 낳은, 우리 사회가 만들어낸 괴물이다.

일베

|

'크레용팝'과
'일베' 사이에서

|

'크레용팝'과 '백골단'의 공통점은? 누군가에게 이 질문이 이해되지 않는다면 그 이유는 둘 중 하나를 모르기 때문이다. 정답은 '헬멧'이다. 2013년 여름, 일베 사이트에 크레용팝과 백골단의 합성사진이 올라온 적이 있다. 크레용팝의 상징인 헬멧이 1980년대 악명을 떨쳤던 사복 전투경찰 백골단의 그것과 유사하다는 게 이유였다. 청바지와 운동화, 방독면을 주로 착용하던 이들을 가리켜 백골단이라고 불렀던 것도 머리에 쓴 하얀색 헬멧 때문이었다.

크레용팝의 사진이 일베 사이트에 올라오자 더 많은 관심을 받을 수밖에 없었다. 그들은 소속사 대표와 팀원이 일베 논란에 휩싸인 적이 있었으며, 몇 차례 해명에도 불구하고 여전히 대중은 그러한 혐의를 거두고 있지 않기 때문이다. 크레용팝의 인기는 한 여름의 온도만큼이나 높았지만 그들에 대한 불편한 시선은 좀처럼 줄어들지 않았다. 그들의 인기는 소수의 마니아층에서 폭넓은 대중으로 확산되었다. 그들은 사실상 대형기획사가 지배하고 있는 공중파 음악방송에서 1위를 차지했다. 그들의 인기와 성공은 자본을 앞세운 기획사의 의도나 방송사의 의도적인 띄우기가 아니라 작은 기획사와 가수들, 팬 대중이 만들어냈다는 점에서도 나름 중요한 의미를 갖는다.

크레용팝의 인기는 좀처럼 TV를 보지 않는 사람들, 걸그룹이나 아이돌 문화에 큰 관심을 두지 않던 이들까지 팬을 선언하는 데서 알 수 있다. 특징적인 사실은 그들의 상당수가 30~40대 삼촌팬들이라는 점이다. 오직 '섹시 코드'만이 성공할 수 있다고 모두 그 길에 줄지어 서 있는 아이돌 걸그룹 문화에서 어쩌면 초라해 보일 수도 있는 다섯 멤버가 무더운 날씨에도 불구하고 헬멧을 쓴 채 통! 통! 통! '5기통' 댄스를 추는 모습이 연민이라도 불러일으킨 것일까. 삼촌팬들의 환호와 열광은 상상을 초월한다. 최근 누님과 이모님의 눈과 마음을 통째로 빼앗아버린 12인조 남성그룹과는 애초에 비교 대상이 될 수 없다. 출신 성분 자체가 다르다고나 할까.

이토록 크레용팝에 열광하게 만드는 것은 무엇일까. 정말 연민과 동정과 같은 안쓰러운 느낌이 앞서는 것일까. 아니면 섹시 걸그룹에 지친 대중의 반란일까. 혹은 걸그룹으로서 그들만의 숨겨진 매력이 있는 것일까. 크레용팝은 혜성처럼 등장한 그룹이 아니다. 이미 2012년도에 미니 앨범 포함 두 번 앨범을 발표했으며 「빠빠빠」의 경우 세 번째에 해당한다. 그들은 자신들을 알리기 위해 길거리에서 수없이 게릴라 공연을 해왔고, 소속사에서는 유튜브에 자체 제작한 영상을 올리기도 했다. 누가 불러주지 않아도 자신들을 알리겠다는 일념으로 길거리 공연을 꾸준하게 한 것이다. 그들은 자본과 권력의 대형기획사가 지배하고 있는 음악시장에서 기적처럼 살아남은 것인지도 모른다. 표절과 일베 논란을 차치한다면, 그들의 성장과정과 생존을 기억할 필요가 있다.

크레용팝은 지금까지 아이돌그룹에게서 느껴지는 것과는 전혀 다른 차원의 에너지를 준다. 그들은 자신의 몸 하나도 추스르기 힘들 정도로 지쳐서 겨우 에너지음료에 삶을 기대고 있는 '아저씨'들에게 잠시나마 생기를 불어넣어주는 것인지도 모른다. 치열한 생존과 경쟁이 난무하는 사회에서 '5기통 댄스'는 삶의 무게를 잠시나마 가볍게 만들어주는 풍선과 같은 역할을 한다. 무엇보다 크레용팝은 팬들과 함께 논다. 팬들이 수동적으로 노래를 따라 부르는 것이 아니라 자기만의 헬멧을 준비해서 자율적 놀이를 만들어갈 수 있도록 했다. 그들의 댄스가 가진 매력은 단순히 그럴 듯하게 따라하는 수준이 아니라 자신의 몸으로 직접 그 장면을 연출하는 데 있다. 자신의 일상에서 집단적인 5기통 댄스는 놀이의 경험을 제공할 뿐만 아니라 삶의 활력소가 되기에 충분한 것이다.

그런데 문제가 생겼다. 크레용팝이 일베라는 소식은 팬들에게는 매우 안타까운 일이었다. 일부 팬들은 실망과 좌절, 절망을 맛보기도 했으며, 다른 팬들은 그럼에도 '다섯 낭자'를 향한 마음을 멈출 수 없다고 고백한다. 누군가는 페이스북에 "지금부터는 마음만 주겠다"는 의미심장한 글을 남기기도 했다. 비록 그들을 좋아하고 사랑한다 할지라도 일베라는 사실을 안 이상 드러내놓고 '팬질'을 하진 못하겠다는 말이다. 이러한 상황은 최근 정세와 관련해서 우리 사회를 들여다보는 거울과 같은 역할을 할 수 있다. 근래 일베, 국정원, 이석기, 역사교과서 논란 등 여러 사건을 통해 공통적으로 드러나는 것은 진보와 보수 사이의 뜨거운 논쟁과 설전이다. 동시에 진보와 보수뿐만 아니라 범진보 진영 내에서도 입장의 차이에 따라 날선 공방을 벌이기도 한다. 트위터나 페이스북과 같은 SNS 공간에서는 타인에 대한 비판과 비난, 조롱이 난무하고, 친구 끊기 등 관계 정리가 빈번하게 일어난다. 우리는 질문을 던져봐야 한다. 당신이 크레용팝을 정말 좋아하는데, 만약 그들이 일베라면 어떻게 할 것인가? 그들의 팬으로서 정체성을 중단하고 그 순간부터 미워하고 비난할 것인가? 그 반대도 마찬가지일 것이다. 물론 일베 회원이라는 점은 극단적인 사례일 수도 있다. 하지만 우리는 실제로 일상에서 순간순간 이러한 상황에 직면하고 있다. 그리고 그 순간의 대응이야말로 우리의 맨얼굴이다.

누군가는 노무현을 싫어하거나 비판하면 곧바로 적대적 입장으로 돌아선다. 박정희를 좋아하는 사람을 이해할 수 없다거나 극도로 싫어하는 사람도 있다. 말하고자 하는 것은 모든 생각이 다 받아들여져야 한다는 말이 아니다. 우리가 누군가를 좋아한다고 할 때 그 마음의 출발점을 제대로 살펴볼 필요가 있지 않을까 하는 점이다. 크레용팝을 비롯한 연예인들이 노래나 연기를 통해 대중과 만나다가 어느 순간 특정한 정치적 발언을 할 수 있다. 이때 그들에 대한 모든 판단의 근거를 정치적 발언만으로 한정할 수 있을까. 흔히 진보와 보수를 기준으로 나눌 때 사람들은 정치적 입장에 따라 구분하지만, 실제 현실에서는 정치적 입장보다도 개인의 취향과 스타일, 기질, 성격 등이 더욱 강하게 작동하는 경우를 본다. 그래서 비슷한 정치적 입장을 갖고 있으면서도 정적보다 더 싫어하거나 증오하는 일이 발생한다. 우리 사회는 이 두 가지 상황, 즉 정치적 입장에 따른 적대와 개인적 취향에 따른 적대가 혼재하고 있는 것으로 보인다.

그렇게 볼 때 우리에게 필요한 것은 크레용팝의 논란에도 불구하고 그들을 좋아할 수 있는 삼촌팬들의 증가다. 자신의 논리가 모든 상황을 판단할 수 있다는 자신감이 팽배하는 사회에서 그러한 사람들을 가만두지 않을 것은 자명하다. 하지만 분명한 사실은 그처럼 흐릿하고 불명확한 정체성을 가진 주체들이 늘어나야 우리 사회가 보여주는 인식과 사유의 폭이 더 두터워질 것이라는 점이다. 고백하자면, 나는 크레용팝을 아주 많이 좋아한다.

리얼

|

'그들만의 리얼'과
'우리들의 리얼'

|

요즘 연예인의 생존방식은 대체로 두 가지로 나뉜다. 장동건이나 이영애, 전지현, 김태희처럼 신비주의를 고수하거나, 버라이어티쇼에 나와 자신의 사소한 일상을 시시콜콜 고백하는 것이다. 굳이 정의하자면 후자의 방식은 '시청자-프렌들리 전략' 정도가 될 것이다. 한류 시장을 움직이는 스타까지도 기꺼이 리얼 버라이어티 프로그램에 출연하여 민낯을 보여주는 것이다.

요즘 TV 프로그램들이 앞 다투어 내세우는 슬로건은 '리얼'이다. 그중 「1박2일」이나 「패밀리가 떴다」 등은 대표적인 리얼 버라이어티 프로그램이다. 그런데 리얼 버라이어티쇼는 대부분 '그들만의 리얼, 그들끼리의 리얼'이라고 정리할 수 있다. 매주 프로그램을 지켜보는 시청자들은 그야말로 구경꾼에 불과하다. 물론 그들이 보여주는 리얼한 모습들은 우리가 평소 살아가는 일상의 모습을 닮았으며, 바로 그런 이유 때문에 우리는 그들의 리얼에 공감하거나 감동받는다.

하지만 문제는 바로 여기에서 발생한다. 그들의 리얼이 늘어나면 늘어날수록 우리들은 그 리얼의 반복에 허전함을 느낄 수밖에 없다. 그렇다면 우리는 어느 순간 왜 그런 허전함이나 허무감을 경험하는 것일까. 그 이유는 다음과 같다. '리얼'은 곧 현실이자 실제다. 그러나 TV에서 재현되는 리얼은 현실이지만 현실이 아니다. 그것은 가상의 현실이다. 정확하게 말하자면 '카메라의 리얼'이자 '카메라의 진실'이다. 물론 카메라가 돌아가지 않는 순간에도 그들의 관계는 유지될 것이며, 유재석과 이효리가 국민 남매라는 사실을 부정할 수는 없다. 그럼에도 그들의 리얼은 카메라를 벗어나지 않을 뿐만 아니라 벗어날 수 없다. 「1박2일」에서 매니저와 코디네이터 등 스텝들을 카메라 앵글 속으로 끌어들여보지만, 그들은 결국 카메라의 '외부'다. 그들의 리얼은 비정규직의 열악한 대우를 받는 또 하나의 구경꾼일 따름이다.

결국 카메라의 리얼과 우리가 실제로 경험하는 리얼은 출연료만큼이나 많은 차이를 드러낸다. 바로 그러한 간극이야말로 우리가 리얼 버라이어티쇼를 통해 궁극적으로 충족할 수 없는 빈 공간이라 할 수 있다. 우리의 현실은 경제 위기로 당장 먹고사는 문제를 고민하는 상황이지만, TV의 리얼은 항상 즐거움만 가득하다. 우리의 현실은 위선과 위악의 정치 지도자들로 엄청난 스트레스와 고통을 당하고 있지만, TV의 리얼에서는 유재석이라는 우리 시대 '최고의 1인자'가 멋지게 자리 잡고 있다.

정치는 일상이다. 일상은 정치에 의해 구성된다. 그 과정에서 일상과 정치는 서로 만나고, 부딪히고, 섞일 수밖에 없다. 그것이 후기자본주의 혹은 신자유주의 시대를 살아가는 우리들의 '리얼'이다. 바야흐로 '리얼 버라이어티쇼 전성시대'라고 할 정도로 온통 유사한 프로그램이 판을 치고 있다. 이제 그만하면 됐다. 명랑한 사회는 우리의 일상이 행복으로 충만할 때 가능하다. 브라운관을 통해 전달되는 그들만의 리얼, 그들만의 명랑사회는 이제 거부해도 되지 않을까. 우리들의 진정한 명랑사회를 위하여!

김연아

|

나는 대한민국이
아니다

|

민족주의와 국가주의는 서로 다른 속성을 갖는다. 그럼에도 그 둘은 단짝이 되어 함께 다닌다. 국가주의적 관점에서 민족주의를 가장 잘 활용한 사람은 박정희 대통령이었다. '국민교육헌장'은 그중 대표적인 사례일 것이며, 국가, 국민, 민족은 거의 동일한 수준에서 혼용됐다. 국가주의와 민족주의가 가장 잘 만난 것은 스포츠였을 것이다. 축구와 복싱, 레슬링 등 당시 인기를 끌었던 스포츠종목들은 예외 없이 개인의 성공이나 스포츠정신보다는 국가와 민족이라는 '상상의 공동체'에 대한 무한사랑을 강조하는 것이었다. 당시 대통령의 성을 딴 '박스컵'Park's Cup은 국가주의의 절정이라고 할 수 있다.

근대 이후 스포츠가 국가주의 혹은 민족주의의 양상으로 나타난 부분에 대해서 비판적으로 말하는 것은 어쩌면 쉬운 일일지 모른다. 하지만 올림픽내회처럼 근대국가를 기반으로 성립한 스포츠에서 국가주의가 표면화되는 것은 당연한 일이다. 선수들은 국가대표로 대회에 참가한다. 국가대표라는 명칭은 선수 개인의 의사와 상관없이 국가의 명예를 지고 있는 것이다. 올림픽위원회는 그렇게 하지 않는다 하더라도 개별 국가는 금메달 개수에 따라 순위를 매기고 경쟁을 부추긴다. 이 과정에서 가장 큰 피해를 보는 이들은 결국 선수 개인들이다. 메달이나 기록과 같은 성적에 자신을 내던짐으로써 결국 자신을 잃어버리기 때문이다. 그것은 오늘날 자신이 하고 있는 일을 통해 전혀 즐거움을 느끼지 못하는 대다수 현대인들이 겪는 노동의 소외가 스포츠선수들에게도 그대로 나타난다고 할 수 있다.

2014년 소치 동계올림픽에서도 안현수의 금메달과 김연아의 판정 논란에서 결국 '국뽕'의 모습을 여실히 보여줬다. 국민/대중은 상대적으로 '국뽕'에서 조금 벗어나려는 모습이 보이기도 했지만, 언론은 점점 그 중독의 양상이 더 심각해지고 있다. 피겨스케이팅 여자싱글 부문에서 금메달을 딴 러시아의 소트니코바에 대한 언론 보도는 상당 부분 비하 의도를 갖는 것처럼 보였다. 어느 팬이 김연아의 시상대를 금메달보다도 월등하게 높게 만든 것은 애교라고 할 수 있다면, KBS에서 올림픽 성적을 정리하는 자막으로 김연아의 은메달 앞에 '실제로는 금메달'이라고 덧붙이는 수준까지 보여줬다. 차기 평창 동계올림픽에서 스피드스케이팅 이상화 선수가 피겨에서 금메달 따는 것을 보여주겠다거나 브라질 월드컵에서 같은 조에 속한 러시아에 대한 복수를 홍명보 감독이 해줘야 한다는 식의 댓글도 있었다. 일부 네티즌은 패러디물을 통해 소트니코바에 대한 성적 폭력을 저지르기도 했다.

안현수를 바라보는 우리 국민들의 시선은 혼란스럽고 복합적인 감정이었다. 한국 선수로서 2006년 토리노 동계올림픽에서 3관왕까지 했음에도 이번에는 경쟁국가의 선수로 참가했으니 어쩌면 당연한 일이다.

안현수를 둘러싼 논란을 보게 되면 올림픽과 같은 현대 스포츠에서 국가주의가 어떻게 작동하고 있는지를 보게 된다. 빙상연맹을 비롯한 국가에서 관리하는 대부분의 스포츠연맹들은 국가주의의 상징이다. 올림픽과 월드컵을 비롯한 다양한 국제대회를 위해 태릉선수촌이 운영된다. 하지만 최근 알려진 것처럼 비인기종목 선수들은 선수촌 식당을 이용하지 못하는 실정이다. 빙상연맹의 사례처럼 폭행과 파벌 등의 문제점 역시 메달지상주의나 국가주의가 아니라면 그 정도로 심각하게 나타나지는 않았을 것이다.

또한 여기서 눈여겨볼 것은 안현수가 '빅토르 안'이라는 이름으로 러시아 국가대표로 활약하는 과정에서 러시아라는 국가가 그를 어떻게 관리하는가 하는 점이다. 그 정점에 억압적이고 폭력적인 통치를 하고 있는 푸틴 대통령의 정치적 이해관계가 맞물려 있다. 푸틴은 안현수에게 훈장까지 수여함으로써 '국가영웅'으로 대우하고 있다. 선수의 의지와 상관없이 국가는 지속적으로 선수들을 일종의 도구로 전락시키고 있는 건지도 모른다.

소치 동계올림픽 기간 중 어느 광고에 "너는 김연아가 아니다. 너는 한 명의 대한민국이다"라는 문구가 있었다. 개인을 대한민국으로 동일화하는 논리가 자연스럽게 받아들여지는 사회에서는 아무리 공정함을 외쳐도 소용이 없다. 왜냐하면 그것이야말로 비정상화의 표본이기 때문이다. 판정 논란을 통해 부당함을 호소하고 분노하는 것은 바로 이러한 비정상화를 정상화로 바꾼 이후에야 비로소 가능할 것이다. 김연아는 언론과 국민들의 엄청난 압박에도 굴하지 않고 자신을 대한민국과 동일화시키지 않는 위엄을 지켰다. '나는 대한민국이 아니다'라고 외친 것이다. 아름다운 은퇴 무대였다.

나카타 히데토시

어느 축구선수의
삶

나는 일본 여권을 가지고 있고, 부모님 두 분 모두 일본인이다. 그러니 나도 일본 사람 아닌가. 하지만 기원이 뭐가 중요하겠나. 조상이 원숭이든, 코끼리이든 무슨 상관인가. 나는 내가 어떤 곳에서 왔는지 상관하지 않는다. 비록 일본 여권을 가지고 있고 부모님도 일본인이지만 이것은 나에게 아무런 의미도 아니다. 그래서 나는 한국 친구나 중국 친구들을 사귀는 것이 행복하다. 국적은 중요한 것이 아니다.[•]

전 일본 국가대표 축구선수 나카타 히데토시의 말이다. 그가 국가대표

[•] http://goo.gl/H4L7Mt

까지 지낸 일본의 대표적인 선수라는 것을 감안한다면, '국적이 중요하지 않다'고 말한 것은 매우 위험한 발언이다. 개인적인 소신과 확신이 없다면 불가능한 일이다. 만약 한국의 홍명보나 박지성이 저런 말을 했다면 어땠을까. 논란의 파장을 쉽게 짐작할 수 없게 되었을지도 모른다. 유승준까지는 아니겠지만 적어도 축구계에서 혹은 한국사회에서 공인으로 활동하는 것에는 제약을 받지 않았을까.

하지만 나카타는 그런 말을 할 만한 사람이다. 적어도 지금까지의 행보를 보면 더욱 그렇다. 그는 일본 축구의 전성기를 이끈 최고의 미드필더였으며, 그런 이유로 일본 축구선수 중에서 전 세계에 가장 많이 알려진 사람일 것이다. 그는 선수시절부터 스타일이 남달랐다. 그의 독특한 생활과 생각은 튀는 패션에 잘 드러났으며, 그래서인지 국적을 초월해서 많은 팬들이 있었다. 개인적으로도 한·일전 축구시합을 보면서도 나카타는 왠지 밉지(?) 않았다. 어쩌면 그의 범세계적인 세계관이 그때부터 느껴진 것이었는지도 모른다. 특히 전성기라 할 수 있는 2006년 독일 월드컵 직후 그의 은퇴 선언은 가히 충격적이었다. 그는 은퇴 이유에 대해 "축구가 재미없어졌기 때문"이라고 했다. 그다운 말이 아닐 수 없다.

그렇다고 그가 축구계를 완전히 떠난 것은 아니다. 그는 축구야말로 '세계적이고 전 지구적인 언어'라고 생각하며, 축구를 통해 자신의 꿈을 펼치려고 한다. 2008년 1월 7일 일본 도쿄에서 열린 '+1 풋볼 매치' 자선경기는 그의 꿈이 한 단계 나아가는 자리였다. 이날 경기는 빈곤, 환경오염 등의 문제를 세계인이 함께 고민하고 개선하자는 'Take Action 2008' 운동의 일환으로, 한국의 홍명보 등 각국의 스타들이 세계올스타팀으로 참석

했다. 경기 수익금은 대지진 참사를 겪었던 중국 쓰촨성 돕기 기금으로 전달되었다.

그는 은퇴 후 2년간 세계 각국을 여행하면서 지구촌 곳곳의 여러 문제들을 직접 눈으로 목격했다. 그 과정에서 아프리카와 아시아 등 어려운 이들을 위해 '내가 할 수 있는 일이 뭘까'라는 고민 끝에 '테이크액션재단' Take Action Foundation을 시작했다고 한다. 이러한 이유로 그의 이름 앞에는 '환경운동가'라는 수식어가 붙지만, 그는 환경 문제뿐만 아니라 세계 곳곳의 다양한 문제를 함께 고민하고 돕고자 한다.

나카타의 인생 철학은 '내가 하고 있는 일과 하고 싶은 일에 매일매일 최선을 다하는 것'이다. 그는 집이 없으며 미혼(혹은 비혼)이다. 나카타는 여전히 세계를 여행 중이다. 가장 많은 시간을 보내는 곳은 비행기이고, 일본을 자주 가기는 하지만 일본에서 사는 것은 아니라고 한다. 이제 그의 삶 자체가 여행이 되고 있다. 그는 현대사회의 진정한 유목민이다.

나카타는 뛰어난 축구선수였다. 이제 그의 삶은 축구라는 스포츠의 범주를 넘어 새로운 차원의 삶을 구성하는 단계에 이르렀다. 흔히 스포츠 선수로 유명했다 하더라도 평생 그 세계에 갇히는 것을 많이 보게 되는데, 나카타는 스포츠선수로서의 인기를 넘어 새롭고 멋진 삶을 어떻게 구성할 수 있는가 하는 점에서 많은 단초를 제공하고 있다. 무엇보다도 개인의 욕심과 야망이 '막장'으로 치닫고 있는 이 시대에, 나카타는 국적뿐만 아니라 인종, 계급, 성 등 모든 기원을 넘어서는 새로운 '코스모폴리탄' Cosmopolitan이라 할 수 있다.

조시 해밀턴

|

감동은 위험하지만,
위대하다

|

2007년 7월 15일 미국 프로야구 메이저리그 올스타전 홈런더비는 많은
이들에게 큰 감동을 선사했다. 텍사스 레인저스의 젊은 외야수 조시 해밀
턴은 인생 역전을 경험하고 새로운 영웅으로 거듭났다. 그와 함께 감동 드
라마의 주연을 맡은 사람은 71세의 클레이 카운실이라는 옛 고교시절 배
팅볼을 던져주던 스승이었다. 배팅볼 투수가 고령의 노인이라는 사실도
그렇지만, 그는 해밀턴의 출신 고교 코치가 아니라 인근의 라이벌 고교의
코치였지만 해밀턴의 재능을 보고 동네에서 배팅볼을 던져주었다는 사실
은 더욱 흥미롭다. 1997년 당시 고등학생이었던 해밀턴은 자신이 나중에
메이저리그 홈런더비에 출전하게 되면 배팅볼 투수로 부르겠다고 약속했
고, 2008년 해밀턴은 그 약속을 지켰다. 10년 전 약속을 이행한 것도 대단

하지만 그 과정에서 해밀턴이 걸어왔던 방황의 시간들은 사람들을 더 큰 감동 속으로 밀어 넣는다. 카운실은 지금도 노스캐롤라이나 랄리의 한 야구장에서 어린 학생들을 위해 배팅볼을 던져주고 있다고 한다.

해밀턴은 고교 졸업 당시 1999년 신인 드래프트 1순위로 지명될 정도로 뛰어난 재능을 가진 유망주였다. 하지만 갑작스러운 부를 감당하지 못했고, 이후 교통사고 후유증으로 마약 복용과 알코올 중독으로 인해 삶을 망가뜨리기 시작했다. 그 결과 2003년 메이저리그 사무국으로부터 '영구 추방'의 징계를 받게 되었다. 마약 복용 중단과 함께 징계 철회를 얻었고, 강도 높은 훈련을 소화함으로서 2007년 탬파베이에서 선수 생활을 재개했다.

그 후 시카고 컵스와 신시내티를 거쳐 텍사스로 트레이드 되었으며 2008년 전반기에만 타율 3할1푼, 홈런 21개, 타점 95개로 트리플 크라운에 가까운 성적을 기록하며 올스타로 선정되는 영광을 안았다. 그는 홈런더비 1라운드에서 28개의 홈런을 치면서 신기록을 세웠지만, 결승라운드에서는 2위에 그치고 말았다. 하지만 홈런더비 우승자 저스틴 모노(미네소타 트윈스)가 아닌 해밀턴이야말로 진정한 승자였고 올스타전의 주인공이었다. 해밀턴은 자신을 주인공으로 하는 한 편의 드라마를 그려냈고 대본은 빈틈없이 완벽했다. 5만 관중은 시종일관 그에게 뜨거운 박수를 보냄으로써 드라마의 감동을 완성했다.

미국사회는 역사적으로 '영웅 만들기'를 시도해왔다. 그런 점에서 해밀턴의 드라마는 미국의 영웅 모델에 아주 적합한 인물이다. 사실 그러한 영웅의 탄생은 대중들을 감동시킨다. 이와 같은 '감동'은 인간 사회의 보편적인 감정의 표현이다. 감동의 힘은 사람들을 하나로 묶음으로써 거대한 흐름을 형성하는 데 있다. 사람들은 감동을 통해 서로 소통하며 동시대를 살고 있다는 '공통 감각'을 경험한다. 미국의 경우 불과 2백여 년을 넘어선 짧은 역사를 그러한 영웅 만들기의 감동으로 메우고 있다. 미국사회 역시 이념적 차이와 논쟁이 존재하지만 한편으로는 거대한 틀에서 통합의 모습을 보여주는 것도 그런 이유에서다.

하지만 다른 한편으로 감동은 바로 그런 점 때문에 위험한 이데올로기로 작동하기도 한다. 감동 역시 특정한 시대에 사회적 맥락과 맞닿아 있는 경우가 많기 때문이다. 1998년 프로골프선수 스물한 살의 박세리는 '맥도널드 LPGA 챔피언십'에 황색인으로선 21년 만에 우승하는 쾌거를 달성했고, 한국인 최고의 메이저리거 박찬호는 같은 해 15승을 올려 최고의 성적을 올렸다. 박세리와 박찬호의 승리 소식은 그 어느 때보다도 국민들의 심금을 건드렸다. 1997년 12월의 IMF 경제위기 이후 고통에 시달리던 국민들은 그들을 통해 위로와 감동을 받았다. 그것은 고통을 잠시 잊는 진통제나 환각제의 효과를 낼 수 있었다. 하지만 고통 그 자체와 현실은 바뀌지 않는다. 감동의 위험성은 바로 이 지점에서 나타난다. 그래서 지배 권력이나 국가권력이 영웅 만들기와 같은 감동을 통해 현실을 왜곡하는 일이 발생하는 것이다.

감동은 위대하지만, 또한 위험하다. 그나마 지금 한국사회의 현실은 '위험한' 감동이라도 맛보았으면 하는 게 솔직한 마음이다. 언제 거리로 내몰리지 모르는 노동자들은 기본적인 권리와 자유를 침해당하고, 'N포세대'로 불리는 청년들은 생존 자체가 위협받는 상황에서, 우리의 욕망은

점차 후퇴하고 있는 건지도 모른다. 이것이야말로 우리가 가장 경계해야
할 대상이다.

|

가상의 황제,
시대의 개척자

|

2006년 9월, 한 프로게이머의 입대 소식이 전해졌다. 미국의 유명 스타크
래프트 팬사이트인 「팀리퀴드넷」(http://teamliquid.net)에는 「현실세계가 스
타크래프트 가상세계의 별을 데려가게 됐다」는 제목의 글이 실렸으며,
"프로게임 역사상 가장 슬픈 날"이라는 댓글이 이어졌다. 베트남의 한 팬
은 「박서포에버닷컴」(http://boxerforever.com)이라는 기념 사이트를 만들기도
했다. 한 프로게이머의 입대 소식에 이 정도 찬사와 안타까움이 넘쳐나는
것은 놀랄 만한 일이다. 그가 바로 '테란의 황제' 임요환이다.

　임요환은 스타크래프트(이하 '스타')를 통해 한국사회에서 '게임의 시대'
를 열었다고 해도 과언이 아니다. 그의 이름은 이제 '스타'를 아는 이들에
게는 보통명사로 통한다. 앞에서도 밝혔듯이, 해외의 반응 또한 대단하다.

그의 고백을 통해 들어보자.

나는 전 세계 모든 선수들에게 우상이자 공동의 적이었던 것이다. 나를 이기기 위해 왔다는 그 선수들은 내가 경기를 할 때면 몰려와서 주시했다. 그리고 같은 게이머 입장임에도 불구하고 내게 사인을 요청했다. 특히 한 게임만 같이 하자는 선수들이 많았다. … 그들이 내게 가장 많이 쓰는 표현은 '전설'이라는 표현이었다. 그들은 '그 전설의 박서boxer가 맞느냐'라는 얘기를 가장 많이 했다. 만나게 된 것만으로도 영광이라는 친구들, '월드 사이버 게임즈'WCG가 끝나는 날이면 내 앞으로 쭉 줄을 서며 사인을 받아가는 게이머들, 그들에게 들었던 '전설의 박서'라는 말은 내가 프로게이머 생활을 하면서 가장 뿌듯함을 느끼게 해줬다.*

국내에서는 '황제'이지만 외국 게이머들에게는 '전설'인 그는, 많은 기록과 일화를 갖고 있다. 프로게이머 첫 억대 연봉자가 됐으며, 2004년 9월 중국 방문에서는 한 아버지와 아들이 임요환을 보기 위해 3박4일에 걸쳐 왔다고 했다. 그는 게임에 대한 사회적 논의를 촉발시켰으며, 많은 어린이들과 청소년의 꿈을 프로게이머로 바꿔놓았다.

고교 시절 우연히 접한 스타크래프트는 무엇보다도 그에게 흥미와 즐거움을 제공했다. 본격적인 게임 인생이 시작된 것은 재수 시절이었다. 화려한 시작은 2001년 '한빛소프트배 온게임넷 스타리그'였다. 11승 1패의

---

* 임요환 지음, 『나만큼 미쳐봐』(북로드 펴냄, 2004), 228~229쪽.

전적. 임요환은 '테란의 희망'이 됐다.

자신감을 얻은 임요환은 2001년 9월 8일 장충체육관에서 열린 '코카콜라배 온게임넷 스타리그' 결승전에서 저그 종족의 홍진호 선수에게 이김으로써 우승했다. 이때부터 그는 '테란의 황제'라 불렸다. 2001년 10월, 그는 서울에서 열린 게임의 올림픽 '월드 사이버 게임즈'에 처음 참가해 우승컵을 차지했다.

여기서 잠시 임요환이 활동한 스타크래프트의 힘을 생각해보자. 우리나라의 게임 역사는 스타크래프트 이전과 이후 시대로 나눌 수 있다. 전략 시뮬레이션 게임의 대표 스타크래프트는 1998년 4월 국내에 처음 소개됐다. 그때까지 게임은 애들이나 사회 낙오자들의 전유물처럼 취급되었다. 그러나 스타크래프트가 등장하며 세상은 달라졌다. 스타크래프트는 PC방 문화를 만들었고 한국의 인터넷 환경을 업그레이드 시켰다. 동시에 'e-스포츠'라는 새로운 영역을 창출했고, 청소년들은 가장 선망하는 직업으로 프로게이머를 꼽았다. 오늘날 게임은 문화산업의 중추가 됐으며, 그 어떤 스포츠경기보다도 많은 사람을 한 장소에 불러 모았다. 2004년 7월 부산 사직구장에서는 프로야구 올스타전이 열리고 있었다. 같은 시각, 광안리 해수욕장에서는 '스카이 프로리그 2004' 결승전이 열렸다. 사직구장 관중은 1만5000명에 불과했지만, 광안리에는 10만 관중이 모여들었다. 게임업계에서는 이를 가리켜 '광안리 사태'라고 한다. 소위 e-스포츠의 힘을 여실히 보여준 증거였다.

임요환의 주종족은 '테란'이다. 그가 인기를 끈 데는 테란 종족이라는 점도 크게 작용했다. 스타크래프트는 인간의 후예인 '테란', 정체불명의 괴물 '저그', 고차원 지능의 우주 종족 '프로토스'의 세 종족이 벌이는 전투를 기본 틀로 하고 있다. 이것은 가위바위보와 유사하다. 각각의 종족은 서로에 대해 물고 물리는 형식으로 상대적 우위성을 확보하는 것이다. 어느 한 종족의 일방적인 우세가 없기 때문에 게임은 더욱 흥미진진할 수밖에 없다.

그런데 스타크래프트 출시 초기에는 테란 종족이 상대적으로 전력이 약하다는 평가를 받았다. 당연히 게이머들은 테란보다는 프로토스와 저그를 자신의 종족으로 선택했으며, 그와 달리 테란 종족을 선택한 임요환은 프로토스와 저그에게 승리를 거둠으로써 팬들에게 희열을 가져다 줬다. 처음 스타크래프트를 배울 때 프로토스로 시작한 임요환은 테란을 선택한 이유로 세 종족 중에서 유일하게 '인간'이기 때문이라고 했다. 그리고 유닛 하나하나로는 약하지만 모이면 모일수록 폭발력이 커지는 테란의 특성에 더욱 매력을 느꼈다고 한다.

프로게이머 임요환은 스타크래프트라는 '게임을 잘한다'는 차원을 넘어선다. 그는 게임뿐만 아니라 문화 영역과 한국사회 전반에 이르기까지 중요하면서도 의미 있는 영향을 끼쳤다. 그는 처음 참가한 세계대회에서 우승한 뒤 이렇게 말했다. "나는 한국에서 게임을 즐기는 것이 시간 낭비라고 생각하는 기성세대에게 게임으로 세계 최고가 된 한국 게이머의 모습을 보여주고 싶었다. 한국 게이머가 세계 최고라고 만천하에 외치고 싶었다. 왜 영화를 보고 책을 보는 취미는 인정해주면서 취미란에 게임이라고 적으면 아직도 철없는 소년이라고 생각하는가도 묻고 싶었다."

단지 게임하는 자신을 변명하고자 하는 것이 아니다. 새로운 것은 항상 핍박과 무시를 당한다. 그는 주변부의 삶을 시작하는 새로운 것들을 위한 항변을 하고 있는 것이다. 이를 위해 그는 누구보다도 열심히 연습했다. 생각하는 것은 오직 게임뿐이었다. 게임에 대한 그의 열정은 타의 추종을 불허했고 그 열정으로 자신을 단련하고 채찍질했다. "프로게이머에게 게임은 전부다. 취미이자 의무다. 프로게이머가 게임을 한다는 것은 노동을 하는 것과 같다."

하지만 그의 고백이 여기서 그친다면 그는 그저 게임을 잘하는 선수로 남았을 것이다. 그의 존재는 다음과 같은 말에서 빛을 발한다. "프로게이머라면 이 세상에서 가장 재미있는 것이 게임이어야 하고 유일하게 재미있는 것이 게임이어야 한다. … 게임은 하는 사람만 즐거워서는 안 된다. 지켜보는 사람도 같이 게임 속으로 빠져들 수 있게 하는 게임을 해야 한다."

임요환에게 게임은 노동을 넘어 즐거움의 대상이다. 그는 새로운 문화와 새로운 정신을 창조했다. 기성세대가 고수했던 노동의 의미를 그는 새로운 방식으로 전환시켰다. 기성세대는 일과 즐거움은 동시에 추구할 수 없었고 노동을 통해 즐거움을 구매했다. 10대 청소년들에게 "왜 프로게이머가 되려고 하느냐"고 물으면, 대부분 "재미있어서"라고 답한다. 그들은 재미와 직업을 동시에 추구하는 세대다. 이는 곧 임요환이 추구한 삶의 방식이며, 그가 달려온 삶의 모습이다. 무엇보다도 자신의 몸으로 직접 보여줬다.

우리는 임요환을 새로운 영역, 새로운 문화를 인정받기 위해 선도적인 투쟁을 한 사람으로 기억할 필요가 있다. 그는 자전적 에세이 『나만큼 미쳐봐』에서 로버트 프로스트의 시 「가지 않은 길」을 인용한다.

홋날에 홋날에 나는 어디선가

한숨을 쉬며 이야기할 것입니다.

숲 속에 두 갈래 길이 있었다고,

나는 사람이 적게 간 길을 택하였다고,

그리고 그것 때문에 모든 것이 달라졌다고.

그는 어느 누구도 '가지 않은 길'을 선택함으로써 게임에 대한 편견과 싸웠다. 그에게 게임은 단지 전적이나 승리의 문제가 아니었다. 그것은 자신이 가진 모든 것을 쏟아붓는 열정의 도가니였으며, 나아가 고통과 외로움을 견뎌내는 선구자로서의 삶을 경험하고 있다.

임요환에게 다양한 기록은 사실 별로 중요한 것이 아닐지 모른다. 임요환은 기록과 사실로 남는 것이 아니라 상징으로 남아 있다. 그는 기록의 영역을 뛰어넘어 이제 하나의 상징이 되어 우리에게 감동과 아우라를 선사한다. 그는 '게임의 시대'를 열어간 일종의 아이콘이 됐으며, 우리는 그를 통해 비로소 '게임'을 사유할 수 있게 됐다.

프로야구

|

프로야구는 여성을
좋아한다

|

프로야구는 2015년 762만 명을 동원하여 역대 최다 관중 기록을 새로 썼다. 프로야구는 여느 종목을 압도하는 최고 인기 스포츠다. 미국과 일본에 진출한 선수들의 활약까지 겹치면서 야구에 대한 대중들의 관심은 더욱 커지고 있다. 잘 알려져 있듯이 프로야구의 출범은 군사독재정권이었던 제5공화국의 통치전략 수단에서 비롯된 것이다. 1982년 원년의 개막식 시구자는 전두환이었다. 자신이 만든 프로야구를 통해 자신의 정치적 색깔을 최대한 삭제하고 싶었던 것이다.

프로야구의 인기가 급격히 높아지면서 최근 연예인의 시구 횟수가 함께 늘어났고, 이제는 그것을 당연하게 받아들이는 분위기다. 또한 아이돌 걸그룹 전성시대를 맞아 여자 연예인의 시구가 연일 화제가 된다. 주로 운동장에서 실제 경기를 수행하는 이들은 남성들이고, 관중들의 비율 역시 아직까지 남성들이 많은 편이다. 이처럼 남성 문화가 강한 스포츠경기장에서 여성 연예인이 핫팬츠와 같은 선정적 옷차림으로 시구를 한다는 것은 분명 목적의식이 뚜렷하다고밖에 말할 수 없을 것이다.

2013년 5월, 방송인 클라라의 시구는 지금까지의 여자 연예인 시구 문화에 대해 다시 한 번 생각해볼 수 있는 계기를 제공했다. 어느 누구노 클라라의 복장과 자세 등이 성적으로 강렬했다는 사실을 부인하지는 못할 것이다. 남성연대라는 단체의 대표는 원색적인 비난을 쏟아내기도 했다. 이처럼 비판이나 비난은 클라라 개인에게 집중될 뿐이었다. 특히 클라라의 경우에 케이블방송 등에서 과도한 노출로 인해 몇 차례 논란을 겪은 적이 있었기 때문에, 일부에서는 의도적인 노출이 아니었나 하는 혐의를 두기도 한다.

하지만 문제는 클라라 개인의 노출이 아니다. 그보다는 프로야구의 시구 문화가 여자 연예인에 집중되고 있는 사회 전반의 분위기를 문제 삼아야 한다. 프로야구가 시작된 미국의 경우에는 시구 문화 역시 우리와 차이가 있다. 연예인이나 유명인이 할 때도 있지만 주로 프로야구계나 지역사회와 공동체에서 나름 스토리텔링에 근거해서 시구자를 선정한다. 한국 프로야구에는 스토리텔링은 없고 여성 연예인의 복장과 신체로서 이미지만 남는 것이다. 한국 프로야구는 시구뿐만 아니라 곳곳에 여성들이 배치되어 있는 것을 볼 수가 있다. 대표적으로 각 구단에서 운영하는 응원단으로서 치어리더를 꼽을 수 있다. 이미 중요한 응원문화의 일부로 자리 잡았으며, 일부 치어리더의 경우에는 선수나 연예인 못지않은 인기를 누리는 경우도 있다. 야구장을 찾는 남성 팬들이나 언론은 치어리더의 이미지에 야구 경기 못지않게 집중하는 것을 볼 수 있다.

그 외에도 많은 구단들이 '배트걸'을 고용하고 있다. 배트걸의 역할은 타자가 타격을 하고 나서 던져놓은 배트나 장비를 챙기고, 심판에게 야구공을 공급하는 것 등이다. 그들은 주로 치마나 짧은 바지를 입고 있다. 물론 이는 일종의 드레스코드로 정해놓은 것이다. 남성들이 운동복을 입고 땀을 흘리는 경기장에 치마를 입은 여성이 사뿐사뿐 뛰어들어온다. 그러한 개입은 경기 시작을 알리는 시구를 할 때 야구장의 가장 높은 자리인 마운드에 섹시한 여성이 올라서는 것과 유사한 효과를 드러낸다. 정말 타자의 배트를 챙기는 일과 치마는 어떤 관계를 갖는 것일까. 여자 승무원의 복장 논란도 비슷한 맥락에 놓여 있다고 봐야 한다.

실제로 다른 스포츠에서도 경기를 보조하는 역할을 하는 이들이 있다. 테니스의 경우에도 선수의 서비스가 네트에 걸릴 경우에 대기하고 있던 볼보이 혹은 볼걸이 달려가서 그 공을 치움으로써 원활한 경기 진행을 돕는다. 농구나 배구에서는 플로어에 묻은 땀이나 물기를 닦는 역할을 한다. 이처럼 경기를 보조하는 것은 대체로 아마추어 선수나 알바생들이 하는 경우가 많다. 하지만 프로야구의 경우에는 경기 외적인 측면에서 여성의 존재와 위치를 의도적으로 배치하고 있다는 혐의를 갖기에 충분하다.

프로야구와 여성의 친근성은 스포츠채널 방송의 여성 아나운서들에게도 그대로 나타난다. 몇 년 전부터 방송사들의 여성 아나운서 경쟁은 매우 치열하게 전개되고 있으며, 주로 경쟁 방식은 노출과 관련되어 있었다. 심야 생방송으로 진행하는 프로야구 리뷰는 여성 아나운서들의 의상과 노출 경쟁의 장이라 할 수 있다. 스포츠를 좋아하는 성별이 상대적으로 남성들이 많다는 점에 초점을 둔 철저한 마케팅 전략으로밖에 설명할 수 없다. 각 방송에서 매일매일 날씨를 전하는 기상캐스터의 노출이 논란이 된 적이 있다. 이제 그 자리를 스포츠채널 아나운서들이 차지하고 있는 것이다.

그것은 결국 프로야구 문화 전반의 문제다. 이것을 기획하거나 준비하는 주최 측에서는 아마도 이렇게 말할 것이다. 프로야구의 흥행을 위해서, 마케팅 차원에서 관중들의 시각적 즐거움을 위해서라고. 그렇지만 그 과정이 한국사회의 왜곡된 성 문화를 그대로 답습하고 있는 것이라면 다시 한 번 생각해봐야 할 문제다. 프로야구의 인기는 야구라는 스포츠가 갖는 내러티브로서 강력한 힘을 갖고 있기 때문일 것이다. 선수들의 기록과 경기 장면, 땀방울, 그리고 부상이나 개인사를 극복하는 인간적 노력에 따르는 감동적 스토리 등이야말로 팬들을 야구장으로 불러들이는 계기일 것이다.

지금처럼 여성을 마케팅 수단으로 여기면서 노출 경쟁에 따른 왜곡된 성 상품화를 지속할 경우에는 결국 관중들을 타자화 시킴으로써 프로야구 문화 전반에 미치는 스토리텔링을 부정하는 결과를 낳게 될 것이다. 그것은 결국 구단과 선수, 팬, 미디어가 프로야구 문화 전반의 주체가 되는 것이 아니라 각각의 주체들이 자신의 이익과 입장만을 생각하는 메마른 스포츠문화를 만들고 말 것이다.

|

장애예술에 대한
문화적 구성

|

1.

한국사회에서 장애인을 둘러싼 담론은 여전히 초보적인 수준에 머물러 있다. 여기서 초보적이라고 말하는 것은 지금까지 장애인 연구나 예술, 문화, 비평 등 다양한 영역에서 이론적, 실질적 활동을 펼친 이들의 수고를 폄훼하려는 의도는 아니다. 다만 장애인 담론이 한국사회의 구조와 맥락의 차원에서 어떻게 작동하고 있는가 하는 점을 생각할 때 초보적이라고 보는 것이다. 먼저 개인적으로는 장애인 담론 및 연구를 아주 구체적으로 알고 있지 않다는 사실을 고백할 수밖에 없다. 그럼에도 이렇게 글을 쓰는 것은 적어도 이를 통해 장애인 담론의 층위와 맥락이 좀 더 확장될 수 있기를 바라는 마음에서다.

실제로 장애인 담론은 철학과 사회학, 문화연구 등의 이론적 수용에 따라 비교적 폭넓은 확장을 하고 있는 것으로 보이지만, 실제 구체적인 현실은 말할 것도 없거니와 학술 담론의 장에서 장애인과 관련된 논의는 매우 제한적이고 형식적인 수준에 그치고 있음을 보게 된다. 그렇다 보니 일반 대중이나 학문연구자 등 비장애인들의 장애인에 대한 시선이나 관점, 담론의 수준은 한참 뒤떨어져 있게 된다. 그렇다면 도대체 그 이유는 무엇일까.

우선 가장 큰 이유는 아마도 당사자운동의 측면에서 장애인 운동이 일반적 차원에서 담론화 혹은 이론화 작업에 실패한 것이라고 볼 수 있다. 다시 말해 장애인 담론이 영역이 단순히 장애인 운동이나 문화, 예술, 일상에 국한되고 있지는 않은가 하는 점이다. 그것은 한편으로는 장애를 겪고 있는 장애인 당사자들을 교육하고 변화시키는 효과는 있겠지만 그럼에도 그 과정에서 이룰 수 있는 최대치는 장애인 집단이라는 내부 영역에 그치고 만다. 장애인과 비장애인이라는 구분은 되도록 사라져야 한다고 생각하는 입장이다. 그럼에도 무조건 둘 사이의 차이나 구별 지점을 삭제하려는 것은 또 다른 측면에서 정치적, 혹은 이데올로기적 의도를 담아낼 수 있다는 점에서 조심스러워 할 필요가 있다. 그런 점에서 장애인과 비장애인의 차이를 특정한 국면에서는 적극적으로 드러내는 것도 유의미한 일이 될 수 있는 것이다.

다음으로 장애인 내부자 운동의 잘못된 방향 설정이다. 장애인을 포함해서 소수자 집단의 내부자 운동은 매우 중요하다. 그것은 소수자들이 자신의 정체성을 어떤 방식으로 인식하고 수용하는가에 따라 실제로 언어와 행위, 운동 등이 달라지기 때문이다. 그렇기 때문에 소수자 집단의 내부자 운동은 상당 부분 정체성 찾기를 중요한 과제로 삼는 경우가 많다. 이때 중요한 것은 장애인을 장애인으로 만드는 것은 누구인가 하는 점이다. 장애인은 스스로 장애인이라고 생각한다. 하지만 그것은 자신의 생각이 아니라 이미 역사적이고 사회적으로 규정된 것을 학습을 통해 받아들인 것이다. 결국 장애인을 장애인으로 분류하고 규정하는 것은 당사자들이 결정하는 것이 아니라 오히려 비장애인의 권력, 즉 정치적이고 법적 장치들에 의한 담론적 배치에 따른 것이다. '장애인'으로 호명하는 것 자체가 이미 장애인으로 살아가는 것을 포함하고 있는 셈이다.

그럼에도 장애인 담론은 내부에서 그 나름의 논리에 따라 움직인다. 주류 장애인 문화와 예술은 특히 그렇게 움직이고 있다고 봐야 한다. 장애인 문화와 예술에서 작동하는 장애인 담론이 실제로는 비장애인의 권력에 따라 배치되고 있기 때문이다. 장애인 내부 담론의 가장 큰 문제점은 장애를 비장애인의 관점으로 인식하는 것이다. 예를 들면 장애를 불완전의 문제로 바라보거나 극복의 대상으로 삼는 경우가 있다. 완전하거나 완벽한 상태를 설정하고 장애는 그 상태가 무너진 것으로 인식하는 것, 혹은 장애는 극복해야만 하는 어떤 것으로 설정하고 비장애인보다 더 치열하게 노력하면서 살아가야 한다는 이데올로기를 강요당하는 것이다. 하지만 그러한 인식은 대부분 장애인 집단 내부가 아니라 외부에서 형성된 담론이 장애인들에게 마치 진리인 것처럼 강요되는 것이다.

그렇다고 해서 장애인 집단이 비장애인이라는 외부와의 소통을 단절한 채 내부 담론과 소통만으로 움직이는 것도 문제다. 내부는 곧 외부를 전제로 한다. 외부 역시 내부를 통해 자신의 정체성을 확인한다. 그런 점에서 지금과 같은 장애인 담론이나 문화를 바꾸고 변화시키기 위해서는 장애인 내부의 변화를 위한 운동 못지않게 외부의 변화를 위한 노력이 동시에 진행되어야 함을 뜻한다. 장애인 담론은 장애인만을 다루는 담론이 아니다. 장애인 담론은 장애인과 비장애인을 동시에 다룰 수 있어야 한다. 때로는 비장애인의 문제에 적극적으로 개입함으로써 장애인 담론의 입장을 제시할 수 있어야 한다. 그 과정에서 장애인 문화/예술은 매우 중요하면서도 적절한 역할과 기능을 수행할 수 있을 것이다. 문화/예술은 일단 대중성이라는 특징을 갖는다. 그것은 장애인과 비장애인이라는 구분을 넘어설 수 있는 잠재성을 갖고 있다. 이제 장애인 문화/예술은 어떤 기능과 역할, 표현방식을 수행해야 하는지 개괄적으로 살펴보고자 한다.

2.

장애인의 예술 활동이 단순히 복지적이거나 치료적인 활동이 아니라, 장애인의 창의적인 예술 활동은 사회에 새로운 가치와 아름다움을 제공하는 새로운 예술로 인식되어야 한다. 장애인의 예술 활동은 사회가 여태껏 발견하지 못했던 차이의 영역을 소통하는 행위다.*

실제로 장애예술은 대부분 복지나 치료의 차원에서 이루어지고 있다.

● 주윤정 지음, 「머리말」, 한국시각장애인예술협회 엮고 옮김, 『에이블 아트: 차이와 소통의 예술』 (사회평론 펴냄, 2006), 6~7쪽.

복지는 사회적 약자나 소수자에게 매우 중요한 영역이다. 현실적으로 삶의 수준을 유지하는 과정에서 복지가 이루어지지 않는다면 심각한 불평등의 문제를 경험할 수밖에 없다. 그런 점에서 복지는 필수적인 영역이라고 할 수 있지만, 다른 한편 장애인과 관련된 모든 활동이 복지의 차원에서만 전개되는 것은 장애인의 자율성과 능동성을 부정하는 문제점을 드러낸다. 이처럼 복지의 이름으로 장애예술이 형성될 경우에 장애인은 수동적 주체로 전락할 수밖에 없다. 자신의 감각이나 감수성, 역능力能을 적극적으로 표현하는 것이 아니라 누군가 베풀어주는 수준에서 반응하고 대응하게 된다.

치료의 관점 역시 마찬가지다. 치료는 대상을 환자로 바라본다는 점에서 그 과정에 권력관계가 형성될 수밖에 없다. 치료의 주체와 대상으로 구분됨으로써 치료 대상은 약자의 위치에 자리한다. 정신 장애는 가장 대표적인 사례다. 정신 장애를 하나의 증상으로 바라보는 것이 아니라 질병으로 바라보는 순간, 그것은 치료해야 할 문제가 된다. 그 과정에서 이용되는 많은 문화예술의 장치들은 치료의 도구 혹은 수단이 되어 문화예술이 본래적으로 담고 있는 자율성이 사라지고 만다. 이때 문화예술은 철저하게 치료의 주체가 필요로 하는 차원에서만 자신의 존재를 드러낼 뿐이다. 즉 치료 과정에서 요구되는 문화예술은 다양한 영역과 장르, 내용과 표현 등을 폭넓게 보여주는 것이 아니라 선택과 배제의 과정을 통해 일부의 특정한 문화예술만 접속할 수 있을 뿐이다. 그러한 선택과 배제를 결정하는 것은 정신 장애를 겪고 있는 치료 대상이 아니라 치료 주체가 된다. 하지만 우리가 분명 알아야 하는 사실은 치료의 주체는 정신과 의사가 아니라 정신 장애를 겪고 있는 당사자라는 사실이다. 이러한 인식을 갖게 되면 치료의 관점이 아니라 치유의 관점, 혹은 정신 장애를 문제로 보는 것이 아니라 일종의 증상으로 보는 관점이 생겨나는 것이다.

> 결손deficit, 비정상abnormality, 무능력disability이라는 코드 내에서 '특별한 것'으로서 간주되는 손상의 목록 지체가 다를 뿐만 아니라, 어떠한 손상 또는 손상을 지닌 사람 자체가 문제적인 것으로서 간주된다 하더라도 이의 해결 방식이 반드시 의료적 관점을 취하지는 않는다는 것이지요.[•]

그렇게 본다면 장애예술의 목표는 치유를 만들어내는 것이어야 한다. 단순히 장애인과 비장애인의 소통이나 공감이라는 목표를 두고 그 이면에서는 비장애인이 장애인에게 어떤 시혜를 베푸는 방식이 되어서는 안 된다. 장애인과 비장애인의 소통이나 공감은 진정한 의미에서 연결이나 통합이 아니다. 이렇게 이뤄지는 것은 대부분 외형적이고 형식적인 봉합의 수준에 그치고 만다. 폴 앤서니 다크의 주장처럼 "장애예술의 핵심 목표는 어떠한 일이 있어도 정상성을 정의하는 정상성 헤게모니의 일부가 되지 않는 것"이다.[••] 그의 말대로 그렇게 된다는 것은 환상일 뿐이다. 정상성 헤게모니에 속하는 비장애인의 예술이 되려고 노력하는 것이 아니라 그야말로 장애문화와 장애예술을 만들어내야 한다. 이때 필요한 것은

• 김도현 지음, 『장애학 함께읽기』(그린비 펴냄, 2009), 72쪽.
•• 폴 앤서니 다크 지음, 「브루디외 덕분에 나는 장애예술이 레테강에 익사한 까닭을 알고 있다」, 쉴라 리델·닉 왓슨 엮음, 양원태·윤삼호 옮김, 『장애문화 정체성』(한국장애인재단 펴냄, 2012), 176쪽.

장애인과 비장애인의 차이를 더욱 극명하게 드러내는 방식을 찾아내는 일이다. 바로 이 지점에서 상애예술의 중요한 기능과 역할을 발견할 수 있다.

3.

장애예술은 또한 역능力能의 문제를 사유해야 한다. 무엇을 할 수 없는가의 문제가 아니라, 감당할 수 있는 것이 무엇일까의 문제다. 그런 점에서 '에이블 아트 운동'Able Art은 매우 유의미한 활동이다. '민들레의 집' 이사장이면서 '에이블 아트 재팬'의 상임이사인 하리마 야스오는 에이블 아트 운동의 주요 제창자다. 그에 따르면, 에이블 아트는 장애가 있는 예술가를 '영혼의 예술가'라고 부른다. 이것은 미야자와 겐지의 사상을 이어받은 개념인데, '수라'라는 불교 용어에서 인간 세계 아래에 존재하는 세계를 뜻하는 개념에서 출발한다. 즉 수라의 세계는 의식과 대비되는 무의식의 세계에 가깝다. 따라서 "수라의 삶을 산다는 것은 마음의 신비한 기능을 억누르지 않고 표현하며 살아가는 것"이다.● 장애가 있는 사람들 역시 중심에서 떨어져 살아가는 존재이기에 보통과는 다른 차원의 세계를 보고 느낄 수 있다는 것이다. 즉 마음의 신비한 작동과 움직임을 표현할 수 있는 것이다. 그것은 근대 이후의 인간들이 잃어버린 감각들의 문제다. 예를 들어 '공감각'이라는 게 있는데, 그것은 소리를 들을 때 특정한 색채와 광경을 떠올릴 수 있는 감각이다. 하지만 오늘날 이러한 공감각을 유지하고 있는

● 하리마 야스오 지음, 「'영혼의 예술가'와 아트, 생명을 만들어가는 새로운 예술 운동」, 한국시각장애인예술협회 엮고 옮김, 『에이블 아트』(사회평론 펴냄, 2006), 13쪽.

사람은 서구 근대 문명 이후에 거의 찾아볼 수 없다. 그러한 능력을 소유하고 있는 이들은 문명의 혜택을 받지 않은 사람들이나 아직 문명화되지 않는 어린아이들뿐이다.

에이블 아트 운동의 중요한 기여는 감각의 문제를 새롭게 사유할 수 있도록 했다는 점이다. 모든 예술의 목표는 새로운 감각의 창조다. 신체적 감각뿐만 아니라 정신적 감각의 차원에서 지평을 확장하는 것이다. 감각의 지평을 확장하는 것은 새로운 경험을 뜻하는 것은 아닐 것이다. 단순히 도발적인 표현이나 경험을 통해 새로운 충격을 경험하는 것으로서 감각의 확장은 이뤄지지 않을 것이다. 감각의 문제는 장애인과 비장애인의 문제를 넘어선다. 비장애인은 삼각의 차원에서 보자면 매우 편협한 존재에 불과하기 때문이다.

에이블 아트 운동에서 지적했던 것처럼, 오늘날 비장애인들은 철저하게 규율적이고 억압적인 공간에서 살아왔다. 그들은 학교와 가정, 국가, 직장, 사회 등의 다양한 공간 환경에서 근대화 혹은 근대성의 논리 하에서 철저하게 합리적 개인으로 훈련되어 온 것이다. 그 결과는 '시민'과 같은 근대사회의 합리적 개인이라는 일종의 전형을 탄생시켰지만 정작 개인이 갖고 있는 기질과 특징, 즉 개별성과 특이성의 영역은 대부분 말살되고 말았다. 처음 태어날 때 갖고 있는 다양한 개인들은 가정의 훈육과 사회적 규율, 학교 교육 등에 따라서 철저하게 훈육과 통제, 규율의 형태로 구성되고 만다. 이 과정에서 비장애인은 자신이 본래 가지고 있던 독특성을 상실함으로써 결핍 혹은 결여의 존재로 남게 되는 것이다.

장애인은 처음부터 결핍의 존재로 태어난다. 이때 말하고 있는 '결핍'은 부정적 의미로 부족함의 의미라기보다는 다양한 개인이 갖고 있는 능력이나 자질, 기질 등의 측면에서 서로 다른 차이를 의미한다. 그런 점에서 누구나 결핍의 존재다. 장애인의 결핍은 비장애인의 그것과는 다르다고 할 수 있는데, 그 이유는 이미 자신의 결핍을 인지하고 있는 주체이기 때문이다. 그런 점에서 장애인은 자신의 결핍이 어떻게 작용할 것인지에 대한 나름의 반응과 예측을 알고 있다. 하지만 비장애인은 결핍에 대한 무지에서 출발하기 때문에 그러한 결핍이 자신과 어떤 관계를 맺을 것인가에 대해 무감각할 뿐만 아니라 특정 순간에도 제대로 반응할 수가 없다. 장애인이 예술의 차원에서 새롭게 드러나는 순간이 바로 이 지점이다. 자신의 결핍이 결국 특정한 국면에서, 외부 환경이나 자극에 반응할 때 전혀 다른 차원의 감각의 문제를 표현할 수 있는 것이다.

이제 장애예술은 일상의 영역에서 빛난다. 오늘날 비장애인들은 일상을 잃어버렸다. 그들은 수많은 기계와 문명, 대중문화의 초현실적 감각 등으로 인해 자신의 일상을 전혀 확보하지 못한다. 하지만 장애인들은 신체적 장애나 정신적 장애 모두 각각의 영역에서 일상을 의식할 수밖에 없다. 개별적 장애는 바로 그 지점에서 끊임없이 자각과 의식의 경험을 제공한다. 여기서 바로 장애와 일상의 관계를 고찰할 수 있다. 그런 점에서 장애예술은 추상적 차원의 순수 예술을 지향하지 않게 된다. 고통 속에 놓여 있는 노동자는 절대로 순수한 세계를 그리거나 창조하지 않는다. 그는 자신의 고통에서 출발할 수밖에 없다. 지독한 아픔을 경험한 사람은 그 아픔이 자신의 예술세계에 반영될 수밖에 없다. 그는 아픔 자체가 자신의 실존이기 때문이다. 장애예술 역시 비슷한 맥락에서 이해할 수 있다. 장애인이 경험하는 일상의 순간은 곧 나의 문제이고 현실이다. 그리고 나의 문제를 넘어 너의 문제가 된다. 나아가 우리의 문제가 된다. 장애예술이 공감의 영역으로 확장하는 것은 이러한 전개와 발전 과정을 통해서 가능하다.

4.

장애예술에 있어 중요한 특징은 창작자와 수용자의 간극이 거의 존재하지 않는다는 점이다. 달리 말해 둘 사이의 구분 자체가 삭제될 수도 있다. 예술의 영역에서도 근대 이후 창작자와 수용자의 관계는 일방적이고 억압적이었다. 창작자는 지배적인 주인의 위치에 있으며 수용자는 수동적인 자리에 서 있는 것이다. 수용자는 창작자의 의도를 파악하는 것을 자신의 중요한 목표로 삼았다. 근대 예술은 예술가 집단을 전문가 집단으로 위치지으면서 그들에게 우월한 지위를 제공했다. 그것은 자본주의 시스템에서 시장 논리에 의해서 더욱 확고해지는 계기가 되었다. 창작자는 수용자에게 새로운 감각의 창조라는 기회를 제공하기보다는 얼마나 유행에 민감한 예술을 만들어낼 것인가에 더 집중하고, 수용자 역시 자신이 실제로 느끼고 감각과 일상을 바꾸는 과정에 예술을 받아들이기보다는 대중적 흐름에 따라 휩쓸리는 과정에 참여하게 된 것이다. 창작자와 수용자는 그렇게 하나의 패턴으로 굳어가는 과정을 거치게 되었다. 하지만 창작자와 수용자는 구별되는 존재가 아니다. 모든 인간이 예술적 감성을 갖고 있다고 말할 수 있다면, 누구나 예술가가 될 수 있는 것이다. 다만 본래 갖고 태어난 예술적 감성과 능력을 어느 순간 잃어버리거나 망각한 채로 살아가기 때문에, 예술가로서 자신의 존재를 발견할 수가 없는 것이다.

그런데 장애예술은 창작자와 수용자의 관계를 전복시킨다. 단순히 위치를 바꾸는 것이 아니라 상호 소통과 만남의 장이 실제적으로 실현되는 것이다. 그것은 신체의 참여가 동반되기 때문에 가능하다. 언어라는 특정한 수단을 통한 의사소통의 차원을 넘어 다양한 소통의 영역을 부각시키는 것이다. 시각과 청각이 아니라 촉각을 통한 소통이 될 수도 있고, 언어가 아니라 몸짓을 통한 소통이 될 수도 있다. 몸짓이나 촉각은 창작자와 수용자의 일방적인 관계가 아니라 수용자가 스스로 자신의 정서와 감각을 통해 예술 텍스트를 경험하게 된다. 바로 이 지점에서 수용자의 능동적 자율성이 성립할 수 있는 것이다. 창작자의 의도를 파악하는 것이나 언어를 통한 메시지의 전달이 아니라 좀 더 다양한 감각의 경험과 소통을 통해 장애인 당사자가 갖고 있는 감각의 새로운 차원을 열어줄 수 있는 것이다.

　　그런 점에서 장애예술은 차이를 만들어내는 것과 동시에 신체적 차이를 적극적으로 표현하고 사유하는 방향으로 나아갈 필요가 있다. 즉 신체와 장애의 문제에 대한 전복적 사유가 필요하다. 신체장애의 경우에 신체의 손상이나 결핍으로 받아들이게 되는데, 그러한 방식이 아니라 '새로운 신체'로 인식하는 것이다. 실제 생활에서 불편한 것과는 별개로 문화예술의 차원에서 신체를 통한 표현이나 신체를 대상으로 텍스트화 하는 과정에서 신체를 비장애인과의 비교 속에서 바라보는 것이 아니라 있는 그대로의 신체를 인식하고 바라보는 것이다. 그것은 신체의 특이성을 사유하는 문제다. 신체의 특이성은 다른 신체와의 비교 우위를 통해 획득되는 것이 아니라 그 자체의 아름다움을 발견하고 의미를 부여할 때 가능한 것이다. 인간은 유사한 신체의 구성을 갖고 있는 것처럼 보이지만 가만히 들여다보면 서로 다른 수많은 신체의 이미지가 존재한다. 키가 아주 크거나 작은 사람, 체중이 많이 나가는 사람과 적게 나가는 사람 등등을 비교하게 되면 장애인과 비장애인의 차이나 구분이 얼마나 의미 없는 일인지 알 수 있을 것이다.

영국 학자 마이크 올리버에 따르면, 장애는 단순히 육체적인 손상이나 결여 때문이 아니라 사회적 차별에서 발생하는 모순이다.● 그는 특히 근대 산업사회가 형성된 이후에 표준화되고 대량화된 사회 체계 내에서 장애인들이 점차 설 자리를 잃어갔다고 말하고 있다. 이때 가장 중요하게 작동한 것은 속도의 문제다. 과거 농경사회에서는 누구나 동일한 리듬과 속도로 작업할 필요가 없었기 때문에 장애인들도 자신의 리듬과 속도에 맞게 노동을 할 수 있었으며 이를 바탕으로 사회공동체 내에서 각자 나름의 역할을 수행해왔다.

하지만 대량생산체제와 포디즘 생산방식의 도입은 속도의 증가와 더불어 표준화된 시스템이 도입되면서 그 과정에서 장애인은 배제됨으로써 사회적으로 비가시적인 존재로 사라져 갔다고 말하고 있다. 근대성의 완성이라고 할 수 있는 20세기를 지나고 21세기에 접어드는 과정에서 속도의 문제는 과거와는 또 다른 차원에 들어서고 있다. 특히 인터넷의 발달이나 스마트폰의 등장 등은 단순히 속도의 시대를 실감하는 정도가 아니라 우리가 살아가는 시대의 핵심적 가치를 '속도', 즉 '빠름'으로 규정하고

● 주윤정 지음, 「장애예술 운동의 역사와 이론」, 『에이블 아트』, 60쪽.

있다. 속도는 모든 영역에서 가장 중요한 가치이자 기준이 되고 있다. 이속도를 따라가시 못하기나 뒤처지는 사람들은 점차 사회에서 도태되고 있는 것처럼 느껴진다.* 삶의 속도가 빨라지면서 그 속도에 적응하지 못하게 되면 사고 발생률이 높고, 알코올 중독이나 약물 중독 비율이 높아지게 되고, 사회적 속도에 적응하지 못하는 사람들의 신체적 혹은 정신적 한계가 장애로 나타난다. 삶의 속도에 적응하지 못하게 되면서 새로운 기술의 발달은 심지어 인간의 상상력을 추월하고 있다. 결국 인간이 테크놀로지를 좌우하는 것이 아니라 테크놀로지가 인간의 경험괴 상태를 결정하게 될 것이다.

5.

장애예술이라고 할 때 장애/장애인을 소재 혹은 주제로 드러내는 것을 뜻하는 것일 수 있다. 하지만 그러한 예술은 협의의 문화에 그칠 뿐이다. 장애예술이 예술의 영역에서 그 역할과 효과를 드러낼 수 있기 위해서는 명확하면서도 폭넓은 범위를 포괄할 수 있어야 한다. 그것은 과거 1980년대 민중예술 혹은 노동자문학 등의 개념 논의와 유사한 측면을 갖는다. 즉, 노동자 혹은 민중을 대변하는 예술이라는 측면에서 노동자 민중의 삶을 있는 그대로 그린다거나 그들의 아픔과 고통을 작품에 담아내는 것만이 민중예술이라고 한정하게 된다면 결국 그러한 예술은 역사적으로, 예술적으로 살아남기 힘들지도 모른다. 소수성의 정치학은 단순히 소수성을 강

---

* 수전 웬델 지음, 강진영·김은정·황지성 옮김, 『거부당한 몸』(그린비 펴냄, 2013), 82쪽.

조하는 데 있지 않다. 대부분 소수성의 강조는 다수성과의 비교 혹은 다수성에 대한 부러움이나 다수성을 향한 열망에 기반하고 있다. 그 과정에서 소수성은 다수성을 닮는다. 소수성은 그 자체로 성립하는 것이어야 한다. 다수성과의 관계에서 규정되는 소수성은 결국 결핍이나 결여, 혹은 피해의 정서에서 자유롭지 못할 뿐더러 더 나아가 결코 다다를 수 없는 목적지를 향해 달리고 있는 슬픈 기차에 불과할 것이다.

　장애예술이 사회적, 정치적으로 정당성을 확보하기 위해서는 인식론적 투쟁, 즉 철학의 재정립이 절실하다. 단순히 장애예술의 기금이 늘어나거나 장애인들의 참여가 늘어나고, 혹은 비장애인이 장애인의 문화예술을 지금보다 더 빈번하게 관람한다고 해서 장애예술이 달라지지 않는다. 그것은 단지 표상적 층위에서 변화를 이끌어낼 뿐이다. 심층적인 토대의 변화가 있을 때 장애예술은 새로운 정의를 획득할 수 있으며 나아가 장애인의 새로운 정체성의 구성이라는 더 중요한 변화도 이끌어낼 수 있다. 그것은 결국 비장애인의 인식과 사회적, 정치적, 법적, 제도적, 문화적 변화를 경험할 수 있는 토대가 될 것이다.

장애예술은 전통적인 미학적, 사회적, 물질적 구성주의라는 탈60년대 사고가 출현하면서, 장애예술은 사실상 사회 예술에 관한 사회학이 되었다. 장애를 조장하는 예술의 실천과 과정을 탐구하려면 예술을 활용해야 한다. 장애예술은 장애인의 이미지와 경험을 주변화하고, 모욕하고, 착취하는 사회에서 예술적 실천과 (집합적이면서 개인적인) 사회문화적 배제 경험으로서의 문화를 통해 (본질상 손상이 아닌) 손상과 사회를 탐구하기 위해 장애의 사회모형을 사용한다.[*]

장애예술 혹은 장애예술이 사회 예술의 사회학이 된다는 것은 결국 장애를 둘러싼 사회적 담론 구성체를 문제 삼는다는 점에서 지극히 정치적이다. 비장애인들이 '정상성'의 이름으로 장애인의 문화예술을 얼마나 타자화 했는가를 밝혀내는 것이고, 나아가 장애인은 스스로 어떻게 그러한 주류적이고 지배적인 장애예술을 자명한 것으로 인식하고 수용했는가에 대한 반성이 전제되어야 한다. 그럴 때에야 비로소 장애예술은 전복적이면서 동시에 혁명적인 예술로 부각될 수 있을 것이다. 그것은 곧 장애예술의 정치학이라 할 수 있다.

> 장애예술은 타자성과 장애의 구성을 탐구함으로써 현대 문화가 장애예술에 자행한 만행의 속성을 들추는 것이다. 비장애 표준으로 실천되는 예술은 대부분 문화적 정상성 헤게모니 주변에서 구성되었고 또 지금도 그렇기 때문에, 장애예술은 현대 문화의 미적 가치를 근본부터 위협하는 것이다. 따라서 장애예술은 오직 인본주의적이고 비이데올로기적인 인간성 양도에 관한 최후의 위대한 혁명 예술로 손색이 없다.[*]

● 폴 앤서니 다크, 164쪽.

동물원

|

동물원에 가기 전에
생각해볼 것들

|

오랑우탄은 동물일까 아니면 사람일까? 정답은 '유인원'이다. 인간과 같은 영장류에 속한다는 점에서 인간의 원시 모습이라고 추측하기도 한다. 오랑우탄은 자연에서 주로 움직이지 않고 나무에 혼자 조용히 머문다. 안타까운 것은 그들 역시 조용히 삶을 즐기던 자연을 떠나 인간사회에 들어올 수밖에 없는 현실이라는 점이다. 또한 인간과 가까운 영장류라는 이유로 사실상 '동물쇼'에 동원되고 있는 것을 볼 수 있다.

2012년 6월 테마동물원 '쥬쥬'에서 오랑우탄 '우탄'(수컷, 20살)이가 폐사하는 일이 있었다. 문제는 그가 죽기 이전에 동물원 측에서 손의 인대를 의도적으로 끊었다는 의혹이 제기되었다.* 관련 내용은 매우 구체적이었고, 동물보호단체에서는 동물원 측을 동물보호법 위반 등의 혐의로 지

방검찰청에 고발했다. 오랑우탄은 나뭇가지를 잡을 때 손가락을 이용해서 자신의 몸을 지지한다. 인대가 끊어질 경우 나무를 오르기 어렵고 나무에 열린 과일이나 열매를 따먹을 수 없게 된다. 그것은 곧 생존과 직접적으로 연결되어 있는 문제다. 동물원 측에서 탈출 방지 혹은 원활한 쇼를 위해서 인대를 끊었다면 심각한 폭력에 해당된다.

대구달성공원 동물원은 1년에 약 2백만 명 정도가 찾을 정도로 대중적인 명소다. 그런데 2012년부터 2013년 7월까지 19개월에 걸쳐 동물 70종 438마리 가운데 25마리가 죽고 말았다. 그중에는 호랑이, 사자, 원숭이 등 멸종위기 동물도 8마리나 포함되어 있었다. 많은 곳에서 운영되고 있는 동물원에 수많은 동물들이 사육되고 있지만 실태조사나 문제점은 제대로 이뤄지지 않고 있다. 그리고 동물원의 문제가 동물들만의 문제가 아니라 사육사의 안전 문제까지도 연결되어 있다. 2013년 12월에는 서울동물원에서 사육사가 호랑이에게 물려 숨지는 사고가 발생했다. 그 사고가 발생하기 직전 11월 17일에는 제주도 내 한 동물원에서 반달곰에게 공격을 당한 사육사가 숨졌고, 곰 두 마리는 현장에서 모두 사살되었다.

사람들은 동물원을 평화롭고 조용한 공간으로 인식하는 경향이 있다. 하지만 앞에서 언급한 사건만 보더라도 실제로 동물원은 평화로운 공간이라기보다는 여러 가지 문제점이나 사고가 끊이지 않는 공간이다. 또한 동물원이 조용하다는 생각은 어쩌면 자연에서 뛰어다니던 동물들의 본성과 야성을 모두 거세한 결과로 얻어진 이미지일지도 모른다. 그것은 동물

● 「한겨레신문」, 2012년 12월 28일자.

들의 진짜 모습이 아니라 조작된 가짜 얼굴이다. 그럼에도 동물원은 친근한 공간이다. 일단 아이들이 즐겨 찾는 공간이면서 전 지구의 다양한 종의 동물들을 직접 접할 수 있다는 점에서 세대를 넘어 모든 이들에게 설렘과 흥분으로 다가오는 측면도 있다. 분명한 사실은 인간사회에서 인공적으로 조성된 동물원은 생각보다 훨씬 더 폭력적이고 억압적인 공간으로 존재하고 있다는 점이다. 그것은 개별적인 동물들의 특징을 살리고 보살피는 것보다는 인간에게 보여지는 존재로서 의미를 갖기 때문에 그들을 위한 공간과 환경이 조성되지 못한 데서 기인한다.

철학자 알랭 드 보통은 「동물원 가기」라는 에세이에서 "동물원은 동물을 인간처럼 보이게 하는 동시에 인간을 동물처럼 보이게 하여 마음을 어지럽힌다"고 했다.* 이 말은 동물원이라는 공간이 갖는 부자연스러움을 잘 나타내고 있다. 자본주의 사회의 도시 공간이 대부분 인공적이지만 동물원은 자연이나 야생과 같은 단어를 내재함으로써 그 인공성을 벗어나려고 애쓴다. 동물원은 인간과 자연의 사이에 존재한다. 사이의 공간으로서 동물원은 긍정과 부정의 시선에 모두 노출되어 있다. 동물원은 추억이나 과거의 공간으로서 잃어버린 것을 복원하는 것이 아니라 본래 인간에게 없던 것을 임의로 가져와서 새로운 공간을 만든 것이다. 그렇기 때문에 도시에서 볼 수 없고 만날 수 없는 자연의 세계를 손쉽게 접할 수 있다는 점에서 많은 사람들의 환영을 받는다. 하지만 동물원은 바로 그 지점에서 동물들이 생활하는 환경에 대한 문제제기에서 자유롭지 못하다. 어쩌면

● 알랭 드 보통 지음, 정영목 옮김,『슬픔이 주는 기쁨』(청미래 펴냄, 2012), 85쪽.

동물원은 결코 도달할 수 없는 '텅 빈 공간'으로 남게 될지 모른다. 분명한 사실은 동물원이 결코 소통이나 교감과 같은 지극히 긍정적인 역할을 수행하는 공간은 아니라는 점이다.

보통의 말은 동물원에서의 주체와 시선의 문제를 건드리고 있다. 동물원에서 사람들은 갇힌 동물들을 바라보고, 동물들은 거꾸로 인간을 본다. 인간과 동물의 관계는 '전시'를 매개로 보는 주체와 보이는 대상으로서 쌍방의 관계를 맺고 있다. 보통이 인간과 동물 사이에서 느낀 혼란스러움은 바로 이러한 시선과 정체성의 혼란에서 비롯된다. 인간과 동물의 경계는 구분이 가능한 것일까. 우리에 갇힌 맹수는 자신의 힘과 능력, 기질을 전혀 발휘할 수 없는 상태에서 무기력한 삶을 이어가게 된다. 이때 동물은 생활을 하고 있다기보다는 '전시'에 가깝다. '전시'라는 표현은 동물들이 인간에게 보이는 존재로서 살아간다는 사실을 폭로하고 있다. 생활이 생물의 차원이고 전시가 무생물의 영역이라면, 동물원의 동물들은 살아 있지만 죽어 있는 모습을 보여준다. 글의 서두에서 언급한 테마동물원 '쥬쥬'에는 1200마리의 동물들이 살고 있다. 하지만 법적으로는 개인 또는 민간기업이 운영할 경우 박물관 및 미술관으로 분류된다. '박물관'으로 분류되는 '쥬쥬'의 현실은 동물들이 어떤 상태에 처해 있는지를 상징적으로 보여준다.

동물원은 철저하게 '인간을 위한' 공간이다. 전 세계 각지에서 포획되어 끌려온 동물들의 권리나 행복은 사실상 고려되지 않고 있다고 봐야 한다. 동물원이라는 개념이 처음 등장했을 때도 마찬가지다. '현대 동물원의 아버지' 혹은 '동물 사냥꾼'이라고 불리우는 칼 하겐베크[1844~1913]는 다음과 같이 말했다.

내 계획은 영국이나 유럽 전반에 커다란 숲을 둘러치고 그 속에 야생 동물들 (사자, 호랑이, 흑표범, 곰 등)을 채운 다음, 살아 있는 먹이를 주며, 잘 수 있는 굴과 마실 수 있는 개울물을 마련해주는 것이다. 그런 다음 사냥 애호가들이 입구에 들어서자마자 세상에서 가장 멋진 대형 사냥감을 쏘아 잡을 수 있는 공간을 만드는 것이다. 주변 주민들을 위해 완벽하게 안전한 공간으로 만들 것이다. 숲을 아주 세심하게 둘러쳐서 그야말로 밀봉하듯이 할 것이기 때문이다. 동물들 입장에서도 자유를 되찾을 수 있으니 얼마나 신나는 일이겠는가!●

하겐베크는 커다란 숲에 야생동물을 풀어놓는다고 말하면서 마치 '울타리가 없는' 동물원을 꾸미는 듯한 인상을 준다. 하지만 그것은 동물을 위한 조치가 아니다. 오히려 사냥 애호가로서 인간에게 최대한 자연 그대로의 환경을 제공함으로써 그들이 사냥할 때 훨씬 더 큰 흥분과 만족을 느낄 수 있도록 하기 위해서다. 울타리가 없는 것이 아니라 보이지 않는 곳에 더 넓고 섬세하게 울타리를 설치하는 것이다. 현재 하겐베크 동물원은 독일 함부르크에 있는 세계적 수준의 동물원이다. 1848년 생선 중개상이었던 칼 하겐베크의 아버지인 클라우스 고트프리트 칼 하겐베크가 상어그물에 우연히 걸린 물개 여섯 마리를 '인어'라 표현하며 전시해 기대 이상의 성공을 거둔 것에서 시작되었다.

이처럼 동물원은 인간의 동물에 대한 관점이 가장 잘 표현된 공간이다. 동물원에 갇힌 동물들은 생활환경에 문제가 있게 되면 다음과 같은 이상

● 니겔 로스펠스 지음, 이한중 옮김, 『동물원의 탄생』(지호 펴냄, 2003), 77쪽.

행동을 나타낸다. 코끼리는 머리를 위아래로 흔들거나 몸을 앞뒤로 흔들고, 호랑이는 종종걸음으로 우리를 왔다갔다 하면서 같은 행동을 반복한다. 곰은 머리를 좌우로 흔들고, 기린은 입에 닿는 것이면 무엇이든 끝없이 핥는다. 또한 가만히 앉아 있거나 누워 있다든지, 온종일 잠만 자는 것도 무언가 잘못되었다는 신호다. 동물은 살아 있는 생물로서 충분히 보호받아야 할 존재다. 이상적으로 동물원이 사라진다면 가장 좋겠지만, 현실적으로 동물원이 존재할 수밖에 없다면 법적이고 제도적인 장치들을 잘 마련함으로써 동물의 권리로서 복지가 잘 이루어질 수 있어야 할 것이다. 동물을 인간을 위한 일종의 도구로 바라볼 것인가, 아니면 소중한 생명을 가진 생물체로서 동물과 함께 공존할 것인가 하는 점에서 후자의 입장을 강하게 주장할 때가 되었다.

지난 몇 년 사이 우리 사회에서 동물 담론이 활발해지고 있다. 반려동물 문화의 증가, 육식 문화 비판에 따른 논쟁, 여러 전염병의 증가로 인한 동물에 대한 관심 증가 등 다양한 요인들이 있다. 도로 건설에 따른 '로드 킬'에 대한 관심, 서울대공원 돌고래 학대 논란 등의 분위기도 중요하게 작용한 것이라 볼 수 있다. 하지만 이러한 관심사에 비해 동물원에 대한 사회적 논의는 아직 부족한 상태다. 동물원은 생물이 살아가는 인공적 문화공간이다. 박물관이 유물을 보관하고 유지하는 공간이라면, 동물원은 다양한 종의 생물과 동물 들이 인간과 함께 공존하는 공간이어야 한다. 무엇보다 인간의 즐거움이나 기쁨을 위해 동물의 고유성과 개별성이 억압당하지 않아야 할 것이며, 개인이나 민간단체가 운영하는 동물원의 경우에는 수익 중심의 동물원 운영을 지양해야 할 것이다. 그럴 때에야 각각의 동물들이 갖는 특징이 존중받을 수 있고 사육사의 노동과 인권 또한 보장받을 수 있다. 아울러 무엇보다 우리는 좀 더 평화롭고 조용한 문화공간으로서 동물원을 만날 수 있을 것이다. 지금이라도 동물과 인간, 도시와 동물원의 관계에 대한 본격적인 논의를 시작할 때다.

3

대학에서
절대 가르쳐주지
않는 것들

오늘날 청년들은 가면을 쓰고 살아간다. 청년들은 현실에 존재하고 있으나 드러나지 않는 존재들이다. 청년은 투명인간이다.

달관세대

|

달관세대는
없다

|

1.

2015년 2월 「조선일보」는 「'달관세대'가 사는 법」이라는 특집 기사를 3회
에 걸쳐 내보냈다. 기사의 부제는 "덜 벌어도 덜 일하니까 행복하다는 그
들… 불황이 낳은 '달관' 세대" "월 100만 원 벌어도 괜찮아… 덜 쓰고 잘
논다" "승진보다 저녁 있는 삶… 일 적은 부서로 갈래요" 등 꽤 선정적인
표현들이었다. 더욱이 실업과 주거 등 청년문제가 사회적으로 매우 중요
하게 논의되는 시점에, 마치 비정규직이나 알바로 지내도 얼마든지 행복
할 수 있다는 인상을 주었다. 기사에 등장하는 사례의 청년들도 성공이나
부자와는 거리가 먼 가치관을 내세우고 있는 이들을 새로운 청년세대의
표상으로 제시한 것이다.

'달관세대'라는 말은 일본의 '사토리さとり, 깨달음세대'를 자의적으로 번역 차용한 것이다. 일본에서 처음 등장한 사토리세대는 단어의 의미에서 알 수 있듯이 일종의 '득도세대'에 가깝다. 그렇다면 장기적인 경기침체로 고통을 겪고 있는 것으로 알려진 일본사회에서 청년세대는 어떻게 깨달음을 통해 '득도'할 수 있었을까. 일본에서 사토리세대의 등장이 가능한 이유는 기본적으로 최저임금이 높기 때문이다. 취업이 어려운 청년세대가 알바나 비정규직으로도 최소한의 삶을 유지할 수 있도록 사회적·경제적 시스템이 갖추어져 있는 것이다.

사토리세대는 동시대적인 자본주의의 욕망으로부터 자유롭다. '득도'라는 표현이 가능한 이유다. 사토리세대는 지극히 현실적이다. 탈출하거나 비약할 수 없는 현실을 인정하고 그 안에서 삶의 안락을 추구하는 것이다. 그것은 어찌할 수 없음에 대한 긍정이다. 그런 점에서 사토리세대에게는 나름의 깨달음이나 달관, 심지어 행복의 기운도 느껴질 수 있다. 하지만 한국의 청년세대는 사토리세대와 분명히 다르다. 주어진 삶의 조건에서 안위를 추구한다기보다는 무기력과 체념, 절망의 정서가 강하다. 그런 점에서 조선일보가 '달관세대'라고 명명함으로써 마치 일본의 사토리세대와 비슷한 것으로 해석한 것은 그 의도를 의심받을 수밖에 없다.

한국의 청년세대에게는 '삼포三抛세대'나 '오포/칠포/구포세대', 혹은 '잉여세대' 등의 표현이 가슴에 더 와 닿는다. '잉여'라는 말은 원래 '남아도는'이라는 뜻의 한자어였다. 하지만 청년실업 등의 사회적 문제를 언급하면서 '취업을 하지 못해 남아도는 인력'이나 '새로운 시대에 유용하지 않는 쓸모없는 인력', 즉 백수를 뜻하는 부정적 단어가 되고 말았다. 잉여스러움을 측정하는 수치인 '잉여력' 등이 대표적이다.

잉여세대나 달관세대 등 최근 등장한 청년세대를 일컫는 표현은 결국 청년세대의 가치를 약화시키거나 종속적인 것으로 만드는 데 기여한다. 달관세대는 적당히 벌고 행복하게 살아갈 수 있다는 점에서 그들에 대한 고려는 상대적으로 줄어들 수밖에 없다. 잉여세대는 말 그대로 없어도 되는 집단에 가깝다. 즉 청년세대를 포기한 사회적 시선을 드러낸 것이다. 이는 노인세대를 더 이상 생산하지 않는 집단으로 규정하는 것과 다르지 않다는 점에서, 우리가 살아가는 세계에 인간을 규정하는 새로운 프레임이 등장했음을 알려준다.

2.

2015년 5월 출간된 장강명 작가의 『한국이 싫어서』^{민음사 펴냄}는 제목이 암시하는 것처럼 '한국이 싫어서 떠나는' 청년세대를 전면에 내세우고 있다. 이 소설은 출판시장의 불황에도 불구하고 이례적으로 2만 부 이상 팔렸다고 한다. 소설의 여주인공 '계나'는 홍익대를 졸업한 뒤 금융회사에 취업한 20대 직장여성으로서 '한국이 싫어서' 호주로 떠난다. 스스로 '2등 시민'이라고 생각하는 계나는 "한국에선 자신이 명문대를 나온 것도 아니고, 집도 지지리 가난하고, 그렇다고 내가 김태희처럼 생긴 것도 아니고. 나 이대로 한국에서 계속 살면 나중에 지하철 돌아다니면서 폐지 주어야 돼"라고 말한다. 어쩌면 이 말은 '헬조선'이라고 불리는 한국사회를 살아가는 청년세대의 생각을 가장 적절하게 대변하는 것일지도 모른다. 상대적으로 판매부수가 많은 것도 독자들의 공감대를 불러일으킨 결과라고 볼 수 있다. 장강명 작가는 1980년대 이후 태어난 청년세대를 가리켜 '천 길 낭떠러지'에 처해 있다고 하면서, "청년들로서는 웅크리고 있다가 기회가 왔을 때 먹이를 확 물 수 있는 호랑이나 뱀의 생존방식을 취할 수밖에 없다"고 진단한다. 오늘날 청년세대는 탈출을 시도하거나 그렇지 않으면 절벽에 서 있는 형국이다.

2016년 1월 「한겨레신문」에 따르면 청년세대가 한국을 떠나고 싶은 이유 중 가장 많은 항목으로 '차별·경쟁·서열 사회, 경제적 불평등'(27.2퍼센트)을 꼽았다. 이는 청년세대가 현재 겪는 어려움도 있지만 희망을 가질 수 없는 미래에 대한 절망을 보여주는 것이다. 어쩌면 바로 이 지점이 오늘날의 청년세대가 이전의 청년세대와 확연히 구별되는 부분일 것이다. 과거에는 사회구조의 변화를 통해 나 개인보다는 타인의 삶, 즉 농민, 노동자 등 약자와 소수자에 대한 관심을 보였다면, 지금은 철저하게 자신의 생존, 즉 각자도생各自圖生에 초점을 맞추고 있다. '금수저/은수저/흙수저 계급론'은 청년들이 왜 개인에 집중할 수밖에 없는가를 보여준다. 자신의 재능과 노력, 열정과는 상관없이 부모의 경제적 능력에 따라 결정되는 현실은 청년들의 삶의 의지를 꺾는 불공정 게임의 대표적인 사례다. 출발선 자체가 큰 차이를 보이다 보니 자신이 아무리 열심히 공부하고 노력하더라도 따라잡을 수 없는 게 현실이다.

그렇다 보니 청년들이 느끼는 삶의 무게는 버거움으로 다가온다. 과거 중년 이후에 느낄 법한 정서를 이미 청년 시절에 경험하고 있는 것이다. 「한겨레신문」에 따르면, '청년 하면 떠오르는 단어'로 '취업/취업 준비/취업난'(49.8퍼센트)이나 '실업'(10.8퍼센트)이 등장한 반면, '연애'(4퍼센트)나

'자유'(4.4퍼센트) 등 과거 청년을 상징하던 단어들은 힘을 잃었다. 또한 청년들은 '최근 한 달 사이 가장 자주 느낀 감정'(중복 선택)으로 '무기력'(26.0퍼센트), '무감각'(13.5퍼센트), '좌절'(13.0퍼센트) 등을 꼽았다. 흥미로운 것은 무기력이나 무감각 등 무력감이 압도적인 반면, '분노'(4.2퍼센트) 등 저항과 관련된 반응지수의 빈도는 낮은 것으로 나타났다. 사회적이고 경제적인 불평등의 심화에 따라 헬조선이나 수저계급론 등 극단적인 인식이 일반화되고 있음에도 '분노'보다는 '무력감'이 큰 것은 청년세대가 절망과 좌절의 수렁에 빠져들고 있기 때문이다.

실제로 청년 고용률과 실업률 통계를 보면 상황이 계속 악화되고 있음을 알 수 있다. 2015년 5월 기준 통계청 자료를 보면, 청년층 고용률은 41.7퍼센트, 실업률은 9.3퍼센트다. 아울러 300인 이상 기업의 20대 청년층 비중은 점차 줄고 있으며, 첫 직장을 계약직으로 시작하는 청년층은 점차 늘어 20퍼센트를 상회하고 있다. 이러한 현실은 청년세대의 인식 변화와도 맞물린다. 한겨레경제사회연구원이 2015년 8월 19~34살 청년 1,500여 명을 대상으로 실시한 조사에서, '자신의 노력에 따른 계층 상승 가능성'을 묻는 질문에 대해 부모의 경제력이 중상층 이상인 경우에는 33.7퍼센트가, 빈곤층에서는 11퍼센트만이 긍정적으로 답했다.

부모의 경제적 지원을 받지 못하는 청년세대는 대학 등록금을 대출에 의지할 수밖에 없다. 등록금 인상률과 알바로 대변되는 최저임금의 격차는 점점 커져 왔으며, 그 결과 학자금 대출에 따른 신용유의자는 계속 증가하고 있다. 2014년 기준 한국장학재단과 대학교육연구소의 「학자금 대출 신용유의자 현황」 자료에 따르면, 2007년에 3,785명/141억 원이었던 것이 2014년에는 40,635명/2,653억 원에 이르러 대상자 수만 보더라도 10배 이상 증가했음을 알 수 있다. 이는 현실 속 취업 경쟁으로 이어진다. 학자금 대출을 받는 청년들은 학점 취득에 소홀하게 되고 나아가 경제적 문제로 인해 알바와 같은 노동시장으로 내몰리게 됨으로써 스펙을 쌓는 일도 힘들어진다. 최근에는 '취업 3종 세트'(학벌, 학점, 토익점수)는 말할 것도 없고, '취업 9종 세트'(3종+어학연수, 각종 자격증, 공모전 입상, 인턴 경력, 봉사활동, 성형수술)까지 등장했다. 이러한 대학생활은 취업 경쟁에 있어서 '불공정 게임'으로 이어질 수밖에 없는 것이다. 개인의 노력이나 재능을 넘어 부모 등 집안의 경제적 능력에 의해 개인의 취업이 유리해질 수 있는 구조를 갖고 있는 셈이다. 부모의 뒷받침이 없는 이들은 삶 자체를 저당 잡힌 상태에서 일상을 꾸려나가야만 한다.

3.

오늘날 청년들은 가면을 쓰고 살아간다. 그들의 표정에서 우리는 어떤 고통이나 절망을 읽어낼 수 없다. 자신의 감정이나 상황 등 개인적인 문제를 얼굴에 드러내지 않는다. 하지만 그 무표정한 얼굴은 사실 많은 이야기를 하고 있다. 그것은 단기간에 만들어진 것이 아니라 청소년기부터 수년 동안 형성된 일종의 습속에 가깝다. 일상에서 자신을 드러내지 않는 법을 습득한 것이다. 그러한 무표정은 또래 집단 사이에서도 작동한다. 특별하게 친밀한 집단 외에는 굳이 자신을 드러낼 필요가 없다. 대학생활을 하고 있지만 공동체는 고사하고 최소한의 연계나 네트워크가 존재하지 않는 삶의 연속이다. 그 결과 청년세대는 자신의 삶의 궤적에서 공동체를 경험하지 못한다. 그것은 스마트폰을 비롯한 테크놀러지의 발달, 1인 가구의 확산 등 다양한 사회적 조건에서 고착화된다. 결혼이나 가족의 구성은 다양한 방식의 공동체 실험이라 할 수 있다. 그러한 경험은 구체적인 이웃과의 사랑이나 연대로 확장된다. 하지만 오늘날 한국사회의 현실은 청소년기부터 청년기를 거치는 동안 그 어떤 공동체도 경험하지 않을 수 있는 위험한 사회인 것이다. 이런 현실에서 정치란 아무것도 아닐 수 있다.

이러한 무표정의 청년세대는 탐욕과 분노의 엄마부대나 어버이연합과 대비된다. 우리 사회에서 청년세대가 제대로 부각되지 못하는 이유를 여기서 찾는 것은 무리가 아닐 것이다. 청년들은 현실에 존재하고 있으나 드러나지 않는 존재들이다. 청년은 투명인간이다. 청년 담론과 관련 정책은 점차 실종되고 있는 것이 현실이다. 정당이나 언론에서 등장하는 청년 담론은 보완하는 수단으로서, 혹은 침몰하는 집단으로서 청년을 다룰 뿐이다. 청년은 사회적으로, 정치적으로, 경제적으로 그 어떤 힘도 행사할 수 없는 집단이 되고 말았다. 그 반대의 자리에 바로 어버이연합과 엄마부대와 같은 이들이 있다. 그들은 구체적인 권력을 행사하는 집단이다. 그 단체의 실체나 알바 동원 등의 비판은 다른 문제다. 드러나지 않는/드러내지 못하는 청년들과 끊임없이 나타나고/노출시키는 노인과 엄마들이 있다.

그렇다면 청년은 어디에 있는가? 그들 역시 존재한다. 그들은 취업 준비를 하고, 생존을 위해 알바를 하고, 누군가는 모든 것을 포기한 채 조용히 살아간다. 현실의 문제와 암울한 미래를 돌파하기 위한 나름의 노력도 진행 중이다. 비슷한 고민을 하는 사람들을 모아 실제적인 작업과 활동으로 연결시킨다. 주거, 취업, 생활 등의 문제를 해결하기 위한 공동 실천을 보여준다. 그럼에도 그들은 시회적으로 목소리를 내지 못함으로써 자신들을 제대로 드러내지 못하는 한계를 보여준다. 이러한 배경에는 대중문화의 영향이 크다고 할 수 있다. 대중문화에서 청소년과 청년은 수동적 대상으로 전락했다. 성인으로 표방되는 권력의 주체들은 청년을 대상으로 욕망한다. 그들은 소비의 대상이자 욕망의 배설구에 지나지 않는다. 걸그룹을 비롯한 아이돌그룹은 이제 청소년의 욕망이 아니라 삼촌/이모의 욕망을 대변한다. 정치와 경제 영역에서 권력을 행사할 수 없는 상황에서 청년들은 철저하게 권력 바깥으로 밀려나고 있다. 그들의 삶은 스스로 결정하는 것이 아니라 권력을 행사하는 누군가에 의해 결정된다. 대학의 주인도 더 이상 학생들이 아니며 대학을 운영하는 기업이나 국가다.

이제 필요한 것은 청년들이 협동조합이나 사회적기업, 청년수당을 넘어서는 욕망과 상상력을 발휘하는 일이다. 살 자리와 일자리, 놀 자리와 설 자리 등 청년세대의 문제를 정책적으로 접근하는 것은 중요한 작업이다. 하지만 그 지점에만 머문다면 청년세대의 문제는 같은 문제를 반복하거나 그 자리를 맴돌 가능성이 크다. 기존의 정책과는 다른 방식으로 자신들이 만들어낸 '청년담론'을 펼칠 수 있었으면 하는 바람이다.

세대 분리

세대와 공간의
정치학

|

2012년 대선 이후 우리 사회에서는 다양한 방식으로 세대 문제가 부각되고 있다. 과거에는 주로 총선이나 대선 등 정치적 국면에서 투표율과 투표 성향, 후보자별 지지율이 어떻게 나타나고 있는지를 분석함으로써 세대론이 제기됐다면, 그 이후로는 정치 이외의 다양한 영역에서 세대 문제가 도출되는 형국이다. 예를 들면, 부족한 일자리나 국민연금 등 경제 및 복지 영역에서 세대 갈등을 끌어내는 것이 대표적이다. 물론 이러한 공적 영역 외에도 가정에서의 부모와 자식, 회사에서의 직원들 사이에 불거지는 세대 문제는 훨씬 더 미시적이고 구체적이다.

현재 '세대론'의 가장 큰 문제는 공론장에서의 분석을 넘어 일상의 영역, 나아가 대중의 무의식적 차원에서 무비판적으로 작동하고 있다는 사실이다. 어쩌면 과거 '계급'이 그랬던 것처럼 이제 '세대'의 문제가 그 자리를 차지하고 있는 건지도 모른다. 가만히 돌아보면 우리를 둘러싼 환경은 이미 세대 구분이 일상화돼 있음을 알 수 있다. 지하철의 노약자석이 가장 대표적이다. 노약자석은 말 그대로 노인과 약자(임신부, 장애인, 아이들 등)의 자리임에도 실제 현실에서는 특정 '세대'의 공간처럼 이해되는 경우가 있다. 극히 일부이긴 하지만 임신 초기의 임산부가 노약자석에 앉아 있다가 노인의 호통에 쫓겨났다는 이야기는 이를 뒷받침해준다. 이것은 노약자석을 '내(우리) 자리'라고 생각하는 경향이 있으며, 다른 사람이 그 자리에 앉는 것을 침해라고 생각하고 분노로 대응하는 것이다.

하지만 마찬가지로 노약자석이 설치돼 있는 버스에서는 전혀 다른 맥락이 존재한다. 버스에는 노란색 커버가 있는 노약자석 외에도 분홍색의 임산부석까지 따로 마련돼 있다. 하지만 지하철에서는 노약자석에 잘 앉지 않는 젊은 세대가 버스에서는 버젓이 잘 앉는다. 임산부석도 마찬가지다. 더 놀라운 일은 버스에서는 이를 나무라거나 호통치는 사람이 거의 없다는 사실이다. 아마도 버스와 지하철의 공간적 배치의 차이 때문인 것 같다. 지하철에서 양쪽 구석 자리로 분리시켜놓은 노약자석은 비슷한 세대와 공감을 이루는 집단 공간으로 작동하지만 버스는 그러한 집단적 정서를 허용할 수 있는 공간이 없다. 지하철 노약자석에 모여 있는 노인들이 유난히 큰 소리로 이야기하는 것도 비슷한 심리 상태일 것이다.

처음 지하철 노약자석이 생길 때에 반대 여론도 있었지만, 이제는 노약자석을 늘려야 한다는 의견이 나오고 있다. 분명 노약자석은 노년세대와 임산부를 비롯한 사회적 약자들을 위해서 긍정적인 기능을 하고 있음을 부인할 수 없다. 그럼에도 특정 세대나 특정인을 분리시키는 것이 근본적으로 사회적으로 구성원들 사이에 일종의 분리와 차별, 배제를 무의식적으로 주입하고 있는 것은 아닌가 생각해봐야 한다. 실제로 지하철에서 노약자석이 아닌 자리에 노인이 앉아 있을 경우에 젊은 세대들이 탐탁지 않게 여기거나, 노인들이 스스로 '여기는 우리가 앉는 자리가 아니야'라고 말하면서 일행과 함께 노약자석으로 이동하는 것을 목격한 적이 있다.

　세대 구분을 통한 공간 분할은 대중교통에서의 문제만은 아니다. 클럽과 같은 유흥 공간에서는 성인이라 할지라도 세대 구분이 이뤄지고 있으며, 노년세대는 자의반타의반으로 자신들만의 공간, 예를 들면 '콜라텍'과 같은 공간으로 모여들고 있다. 상업적 공간은 그렇다 치더라도, 문제는 공공 영역에서 나타나는 공간의 세대별 분할과 배치를 어떻게 볼 것인가 하는 점이다. 더욱이 일상 속에서 학습을 통해 세대 구분에 익숙해진 대중들은 오히려 이러한 공간 분할을 적극적으로 환영하고 자연스럽게 받아들이고 있는 추세다. 최근 늘어나고 있는 노인복지관이나 청소년문화복지관, 청소년·어린이도서관 등이 대표적이다. 대부분 주민들에게 더 나은 삶을 제공하는 차원에서 문화 및 복지 시설 확대 차원에서 이뤄지고 있는 것이다. 그렇다 보니 대중들은 이러한 공간의 문제를 '배제' 혹은 '차별'로 받아들이는 것이 아니라 오히려 권리의 차원에서 긍정적으로 수용하고 있는 게 현실이다.

　언제부터인가 우리 사회는 공간을 통해 세대와 세대를 구분하고 있다. 사회의 모든 영역에서 분화가 심화된 시대에 특정 공간이 모든 세대를 통합할 수는 없을 것이다. 사실 세대는, 구분하지 않더라도 자연스럽게 구별

되는 것임에도 오늘날 공간적 혹은 제도적으로 구분 지음으로써 개인들을 특정 세대로 호명하고 있는 것이다. 어린이와 청소년, 청년, 노인 등등. 이제 우리는 여러 세대가 함께 자연스럽게 어울릴 수 있는 공간을 잃어버렸다. 가정이나 대중교통, 심지어 공공시설까지도 세대가 함께할 수 있는 공간이 줄어들고 있다. 결국 우리는 각자 세대의 자리에 앉아서 분노의 시선으로 노려보거나 애써 외면할 뿐이다.

|

각자도생의 세상에서
살아남는 법

|

우리 사회를 가리켜 지칭하는 다양한 표현 가운데 세대론이나 특정집단을 넘어 사회 전체를 가장 잘 드러내고 있는 것이 '절벽사회'일 것이다. 절벽은 낭떠러지다. 더 이상 물러날 수 없는 땅의 끝이다. 상당수의 사람들이 그 끝에 매달려 있다. 이러한 변화의 바탕에는 사회적으로 지속되었던 신뢰관계의 붕괴가 자리 잡고 있다. 불과 20여 년 전까지만 하더라도 국가와 정부가 개인을 보호하고 지켜줄 것이라는 믿음이 있었다. 하지만 최근 우리가 사회의 다양한 영역에서 직간접적으로 경험하는 사례들은 국가가 국민을 보호할 수 없다는 불신을 강화시키는 요소들이다. '국가란 무엇인가'라는 궁극적 물음이 자주 등장하는 것도 같은 이유다.

이처럼 우리가 살아가는 현실은 불안과 공포로 점철되어 있다. 대부분

경제적 위기에서 비롯되는 문제들이지만 어느 순간 삶의 전 영역으로 확산된다. 교육과 복지, 문화 등 상호 보완을 감당해야 할 삶의 여러 측면들이 오히려 동시에 위험에 처하고 마는 것이다. 이때 개인은 무엇을, 그리고 어떻게 할 것인가에 대한 답을 구하지 못한다. 한때 우리는 '왜 사는가'라는 질문을 통해 삶의 가치와 의미를 찾는 과정이 있었다. 적어도 당시에는 무엇을, 그리고 어떻게 살 것인가의 문제가 긴급한 현안은 아니었던 것 같다. 하지만 오늘을 살아가는 동시대인들에게 무엇을, 그리고 어떻게 살 것인가 하는 생존의 문제는 가장 중요한 당면과제가 되었다.

물론 국가 정책이나 제도, 민간 차원의 다양한 시도 등은 문제를 해결하거나 예방하는 대안으로 제출되고 있다. 자본주의의 독점과 참욕을 제어하려는 공유경제의 실험이나 협동조합 등의 집합적 노력 등은 사회적으로 모범사례에 속한다고 할 수 있다. 특히 청년들은 사회 곳곳의 다양한 영역에서 실험을 이어가고 있다. 그럼에도 우리 사회의 미래를 바라보는 시선은 그리 밝지 않은 게 사실이다. 무엇보다 출산율 저하로 인한 인구수의 급격한 감소는 눈여겨볼 문제이다. 이는 단순히 인구가 줄어들어 국가와 민족의 명맥이 끊어질 수 있다는 민족주의나 애국심 차원을 넘어서는 것이다. 인구 감소의 문제는 훨씬 더 현실적이고 실제적으로 우리 삶에 영향을 끼칠 것이다. 당장 공공 영역이라고 할 수 있는 정부와 지자체의 예산은 현재 상당 부분의 복지를 담당하고 있지만 당장 몇 년 후 급격하게 줄어드는 정부 예산을 예측하게 된다면 미래는 지극히 불투명하다. 결국 국가 예산은 세금으로 충당된다. 세금을 낼 수 있는 사람은 점차 줄어들고, 세금을 내야 하는 국민들의 주머니는 갈수록 얇아진다. 2015년 11월 현재 가계부채는 1,200조를 넘어섰고, 국가부채를 포함한 재정 역시 빨간 불이 켜진 지 오래다. 국민연금과 같은 공적 자산도 안심할 수 없는 상황이라는 게 전문가들의 의견이다.

이런 상황에서 과연 대안은 무엇일까. 분명한 사실은 당장 거대한 흐름을 바꾸는 것은 쉽지 않을 것이라는 점이다. 그렇다면 구체적이고 실천적인 영역에서 대안을 찾아보는 것을 생각할 수 있다. 그 하나가 바로 지역사회와 대학의 문제다. 대학사회가 가장 부족한 부분이 아마도 지역과의 연계일 것이다. 최근에는 지역학 과목이 개설되고, 부분적으로 특정학과나 동아리, 수업 등을 통해 지역사회와 연결하는 시도는 있어 왔다. 하지만 대학사회가 전면적으로 지역사회와 연결되어 지역공간을 대학의 또 다른 공간, 즉 타운캠퍼스로 인식하는 사고의 전환에는 이르지 못했다. 지난 20여 년간 대학은 신자유주의의 흐름에 적응하는 과정에서 적지 않은 진통을 겪고 있다. 외형적으로는 반짝거리는 신축 건물이 들어섰지만, 교수와 학생 등 어느 누구도 대학에서 행복하지 못한 상태다. 누구를 위한 개혁이고 구조조정인지 진지하게 질문을 던져야 할 때다.

성북구의 사례를 보자면, 지역에 7개의 종합대학이 있지만 대학과 지역이 실제적으로 결합되어 있는 것은 아니다. 수만 명의 대학(원)생과 교직원들은 지역과 별다른 관계를 맺지 못한다. 수업을 듣기 위해 일정 기간 동안 방문하는 곳이거나 강의를 하기 위해 출근하는 일터에 불과하다. 심지어 몇 년 동안 대학 인근에서 자취를 하더라도 그 대학생이 지역사회와 어떤 구체적인 관계를 맺을 가능성은 별로 없다. 이것이 대학생 개인의 책임이 아닌 것은 분명하다. 그보다는 우리 사회 전반에 퍼져 있는 일종의

'분리의식'이 문제다. 재개발과 신도시 건설, 그리고 아파트문화의 대중화는 개인들이 고향이나 마을, 동네를 경험하거나 기억하지 못하게 만들었다. 대부분 내가 살고 있는 공간에 대한 구체적인 경험과 기억, 그리고 역사를 갖고 있지 못하다. 원룸이나 고시텔 등에 거주하는 젊은 직장인들도 마찬가지다. 이런 현실에서 대학이 지역사회와 관계를 맺지 못하는 것은 어쩌면 당연한 일이다.

하지만 이제 우리 앞에 당면한 구체적인 현실과 위기를 극복하기 위해 발상의 전환이 필요하다. 예를 들면 국민대가 위치한 성릉 지역은 독특한 지리적 특성을 갖는다. 아파트와 빌라, 다세대 등 다양한 주거형태가 공존하고 있으며, 정릉시장이라는 재래시장이 남아 있다. 정릉시장에서는 서울시 신시장사업단이 결합되어 주민 및 예술가 등이 참여하는 정릉천과 시장이 함께하는 '개울장'(벼룩시장)과 청년창업 등으로 새로운 바람을 일으키고 있으며, 성북구 차원에서도 '도전숙'과 같은 청년창업지원을 위한 제도적이고 실질적인 연계방안을 마련하고 있다. 인구학적으로 보더라도 노년층을 포함해서 다양한 세대가 공존하고 있으며, 무엇보다 문화예술인들이 비교적 많이 거주하고 있는 것으로 알려져 있다. 주민들의 자율적 활동 역시 활발한 편이다. 예술가들의 도움을 받은 주민자치프로그램이 전국대회에서 대상을 타는가 하면, 여러 해 동안 정릉의 소식을 담아내는 「능말」이라는 마을잡지도 있다. 매년 가을에는 '버들잎축제'라는 마을축제를 열어 역사와 문화를 녹여내면서도 주민 화합의 장으로 만들어가고 있다. 이러한 다양한 자원을 토대로 성북문화재단에서는 2015년에 서울문화재단 후원으로 '정릉예술마을 만들기' 시범사업을 추진한 바 있다. 이러한 사실을 국민대 학생들은 얼마나 알고 있을까.

정릉에는 국민대를 다니는 자취생들도 많이 거주한다. 직장인들이 그렇듯이 대학생들도 자신이 살고 있는 공간이 이제는 자신의 삶터가 되지 못하고 있다. 청년세대에겐 취업 문제가 가장 심각하다. 만약 국민대의 예술 전공 학생들이 스펙을 위한 공모전만을 좇는 것이 아니라 지역 공간에서 주민들과 함께 유의미한 실천과 활동을 이어간다면, 단순한 취업과는 다른 방식의 청년문제 해결에 일조할 수 있을 것이다. 교수들 역시 마찬가지다. 연구업적과 실적을 넘어 자신의 전문지식을 펼칠 수 있는 후보지로 지역공간과 삶터를 염두에 둔다면 지식과 삶이 연결되는 지금과는 전혀 다른 놀라운 경험을 하게 될 것이다.

청년들에게도 당부하고 싶은 이야기가 있다. 누구나 꿈을 꾼다. 꿈이 크다고 해서 문제가 되는 것은 아니다. 하지만 꿈은 그냥 이뤄지지 않는다. 구체적인 현실에서 하나씩 단계를 밟는 실천이 필요하다. 주변을 둘러보면 성공한 사람들의 과정에는 바로 그 구체적인 현장이 있었다. 어느 누구도 어느 날 갑자기 성공의 자리로 이동하는 것은 아니다. 신데렐라는 없다. 내가 속한 캠퍼스와 지역 공간을 눈여겨보면서, 바로 그곳에서 무엇인가 새로운 실험과 도전을 시도하는 것이야말로 성공의 출발지점이다. '절벽사회'라고 말하면서 정작 자신이 발 딛고 서 있는 아래는 바라보지 않는다. 그곳에 무엇이 있는지 누가 함께 서 있는지 먼저 살펴보고, 그곳에서 함께 살아가고 탈출할 수 있는 방법을 강구해야 한다. 이제 우리에게 중요한 것은 '각자도생'이 아니라 '상호협력'의 태도다.

비정규직

|

살아남은 우리가
할 수 있는 일

|

현대사회에서 개인은 '생활'하는 것이 아니라 '생존'한다. 국가와 사회는 개인을 책임지려고 하지 않는다. 가족 혹은 가정 역시 해체의 길을 걷고 있다. 결국 개인이 홀로 세상과 맞서 살아가는 수밖에 없다. 공동체의 소멸은 단지 과거의 따스한 추억과 전통이 사라졌다는 것만 의미하는 것은 아니다. 그것은 더 이상 개인의 실수나 실패, 불행을 포용하거나 뒷받침해주는 버팀목이 존재하지 않는다는 사실을 보여준다. 이제 모든 문제의 해결은 개인의 몫이자 책임이 되었다. 최근 몇 년 사이에 국가 혹은 행정기관이 개인을 상대로 손해배상 소송을 거는 것을 목격했다. 그것이야말로 오늘날 개인이 어떤 상태에 처해 있는가를 잘 보여주는 사례다.

이를 가장 명확하게 보여주는 것이 바로 '비정규직 노동자'이다. 오늘날 '비정규직'이라는 용어 혹은 개념은 다양하게 정의될 수 있다. 정규직이 아니라는 의미에서 'irregular'이지만 실제 영어권에서는 'atypical'이나 'nonstandard'라는 단어로 표현된다. 흔히 비정규직 노동은 계약직, 임시직, 파견직, 용역직, 파트타임 등의 일자리를 가리킨다. 그것을 가리키는 이름은 점점 복잡하고 기이한 형태로 진화하고 있다. 분명한 것은 우리가 비정규직이라는 단어에서 '불안정성'을 강하게 느끼고 있다는 사실이다. 어느덧 비정규직은 남의 이야기가 아니라 나의 문제가 되었다.

이처럼 '비정규직'이라는 단어가 우리의 일상으로 스며든 것은 불과 얼마 되지 않는다. IMF 구제금융 사태 이후 한국사회에서 신자유주의 정책이 본격화되면서 비정규직 노동자의 수는 급격하게 늘어나기 시작했다. 소위 지식과 정보를 노동력으로 하는 계층이 증가하면서 자발적 비정규직 노동자도 늘어났다. 소위 1인 기업이나 1인 경영, 프리랜서 등의 증가는 그러한 사회적 맥락에 놓여 있다. 하지만 우리가 사회적으로 비정규직 노동자 문제를 다룰 때에는 과거와 같은 노동형태를 유지하면서, 즉 정규직과 유사한 노동을 하면서도 임금이나 복지 등에서 현격한 차이를 드러내는 것이다.

우리나라의 비정규직 비중은 2013년 8월 기준 22.4퍼센트로(이는 OECD 기준을 적용한 것이고 정부 기준으로는 32.5퍼센트, 노동계 기준으로는 46퍼센트에 이른다), OECD 국가 중 네 번째로 높으며 OECD 평균(11.8퍼센트)보다 약 2배 정도 높다. 비정규직 중 1년 뒤 정규직으로 전환되는 비율은 11.1퍼센트, 3년 뒤 전환 비율은 22.4퍼센트에 불과했다. 이는 OECD 평균 53.8퍼센트의 절반도 안 되는 수준이다. 비정규직의 월 평균 임금은 정규직의 55.8

퍼센트 수준밖에 안 된다. 문제는 시간이 지날수록 비정규직의 비율은 점점 증가하고, 정규직과 비정규직의 임금 격차도 점점 벌어진다는 것이다.

지그문트 바우만은 이런 상황이 '견고한'solid 국면에서 '유동적'liquid 국면으로의 변화에서 기인하고 있다고 본다. 전 세계를 휩쓸고 있는 지구화는 유동성을 극대화하는 조건이다. FTA라는 이름의 자유무역 확대는 사실상 전 지구적 시장의 확대를 뜻한다. 유동적인 사회의 또 하나의 특징은 노동시장의 유연화 정책이다. 신자유주의라는 새로운 자본주의 통치방식은 노동시장의 유연화를 통해 자본과 노동의 자유로운 이동을 추구한다. 흔히 접하는 '국경 없는 시장'이라는 표현은 국가와 시장의 영역 쟁탈전에서 시장의 승리를 선언하는 말이다. 국가도 시장의 의도에 따라 움직이며, 국가 지도자 혹은 관료들은 사익에 따라 정책을 결정하고 집행한다. 이러한 사회에서 개인에 대한 판단은 국가가 아닌 시장에 의해서 결정된다. 시장의 판단 기준은 '노동력'이다. 시장에 필요한 노동력을 제공할 수 없는 개인은 이제 불필요한 존재, 즉 '잉여인간'으로 전락하고 만다.

사회가 유지되기 위해서는 노동이 필요하다. 과거에는 인간이 그러한 노동을 감당했지만 오늘날 필요한 노동은 점차 줄어들고 있다. 인간은 더 이상 사회에 필요한 존재가 아니다. 그래서 등장하는 것 중 하나가 '인구 과잉' 담론이다. 19세기 말까지만 하더라도 '인구 과잉'이라는 단어는 쓰인 적이 없다고 한다. 하지만 오늘날 지구는 만원이다. 바우만의 표현을 빌자면 이제 '인간 쓰레기'가 생산되고 있는 것이다. '인간 쓰레기'는 잉여의, 여분의 인간들, 즉 공인받거나 머물도록 허락받지 못했거나 다른 사람들이 그것을 바라지 않는 인간 집단이다. 저출산 대책은 국가 유지의 최소비용만 지불하겠다는 말이다.

비정규직은 정규직과 잉여인간의 '사이'에 놓여 있다. 잉여인간은 더 이상 쓸모가 없는 것으로 추방되거나 배제된다. 부랑자와 노숙자, 정신이상자, 범죄자, 노인, 이주 난민 등이 여기에 해당된다. 비정규직은 언제 추락할지 모르는 불안정한 일상을 유지한다. 어느 순간 추방될 수도 있다는 불안과 공포는 스스로의 정체성을 더욱 강화시킬 뿐이다. 결국 비정규직은 일종의 권리로서 삶을 영위하는 것이 아니라 생존을 위한 투쟁으로 나아간다. 종교적으로는 가능할지 모르지만 인간의 존엄성에 대한 요구는 더 이상 찾아볼 수 없다. 비정규직은 잉여인간의 증가와 밀접하게 관련되어 있다. 잉여인간은 시장의 요구에 부응하지 못하고 의미를 갖지 못한다. 인간의 존재 이유를 유용성에서 발견하려고 하기 때문이다. 기술이 발달하고 지식과 정보를 통한 새로운 산업이 등장하면서 물리적 신체를 통해 노동력을 제공하던 수많은 인간들은 그 유용성을 상실하고 말았다. 좋은 사회라면 그들에게 새로운 사회를 대비할 수 있도록 해주거나 그렇지 못한다 할지라도 최소한의 삶을 영위할 수 있도록 보장해주는 게 맞다. 하지만 오늘날 현실은 정반대다. 시대의 변화를 따라가지 못하는 사람들은 가차 없이 쫓아내고 만다.

대학사회에서도 비정규직 노동자는 중요한 문제이다. 청소와 경비를 담당하는 용역 노동자, 전체 강의의 절반 가까이를 담당하고 있는 시간 강사, 최근 급증하고 있는 다양한 이름의 계약직 교수들이 모두 비정규직이다. 지난 몇 년 사이 간간히 들려오던 시간강사의 자살 소식은 한국사회의 슬픈 자화상 가운데 하나였다. 최근에는 용역 노동자 문제가 불거지고 있다.

2011년 1월 홍익대 청소노동자 사태는 하나의 분기점이었다. '월 75만 원과 하루 밥값 300원'이 외부로 전해지면서 불안과 공포, 분노가 사회적 연대를 가능하게 했고, 49일간의 파업을 거쳐 마침내 대학 당국은 전원 고용 승계와 일정한 임금 상승에 합의했다. 이는 비정규직 노동자가 증가하는 사회에서 어떤 방식으로 연대할 것인가를 잘 보여준 사례다. 다양한 시민사회단체와 대학생, SNS를 통한 여론 확산, 몇몇 연예인의 지지 발언 등이 어우러져 사회적 연대가 형성되는 경험이었다. 이것은 동시에 공포와 불안을 마음 한 구석에 품고 있던 다양한 세대를 움직인 결과이기도 했다.

현재 한국의 대학은 비단 대학 내 비정규직 노동자뿐만 아니라 '대학생'으로 표방되는 20대 청년세대 실업 문제와 관련해서도 비정규직 문제의 중심에 놓여 있다. 2007년 처음 경제학자 우석훈과 저널리스트 박권일이 제기했던 '88만원 세대'라는 말은 청년세대의 비정규직 노동자의 평균 임금을 가리키는 말이었다. 몇 년이 흐른 지금 상황은 전혀 나아지지 않았다. 한국에 '88만원 세대'가 있다면 일본에는 '프리터족'('free arbeiter'를 줄인 말로, 필요한 돈이 모일 때까지만 일하고 쉽게 일자리를 떠나는 사람들을 의미한다)이 있고 유럽에는 '1천 유로 세대'(최근에는 '700유로 세대'라고 한다)라는 말이 있다. 이는 청년세대의 비정규직 문제가 한국사회만의 문제가 아니라 전 세계적인 자본주의 시스템의 문제라는 것을 증명하고 있다. 결국 비정규직 문제는 외면할 것이 아니라 함께 고민해야 할 문제임을 보여준다.

2010년 11월 세상을 떠난 가수 '달빛요정역전만루홈런' 이진원 씨와 이듬해 1월 월세방에서 죽음을 맞이한 시나리오 작가 최고은 씨의 경우에도 그들이 풍족한 삶을 원한 건 아니었다. 다만 최소한의 생활을 할 수 있는 예술노동자로서의 삶을 꿈꿨다. 하지만 현실은 그들을 외면했다. 살아남은 우리가 할 수 있는 일은 무엇일까. 그것은 개인의 생존을 위해 매진하는 것이 아니라 우리의 삶을 개선할 수 있는 방법을 찾기 위해 함께 고민하는 일이며, 빠르게 달리는 기차에 올라타기 위해 필사적으로 매달리는 것이 아니라 기차를 잠시 세우고 더 많은 사람들이 함께 탈 수 있는 방법을 찾아보는 일이다.

대학의 종말

|

지식협동조합의 탄생과
대학의 진화

|

최근 대학사회는 구조조정으로 몸살을 앓고 있다. 이러한 대학사회의 움직임이 새삼스러운 일은 아니다. 2000년대 중후반을 지나면서 대학 평가와 취업률, 인기 학과 등의 기준으로 학과 폐지 혹은 통폐합 등의 시도가 있었고, 일부 대학에서는 대학 당국과 교수, 학생들이 충돌을 겪으면서 심한 몸살을 앓기도 했다. 그 과정에서 자신과 직접 상관이 없는 대부분의 대학구성원들은 물 건너 불구경하듯 남의 일로 치부할 따름이었다. 그것은 방관이거나 묵인이었으며, 대학언론이 비슷한 상황에서 탄압을 받을 때도 마찬가지로 반복되었다. 최근 강원도 어느 대학에서는 국어국문학과가 사라지고 한국에 유학 온 외국학생들이 공부하는 학과와 통폐합되어 전혀 다른 성격의 학과로 바뀌었다. 수도권의 한 대학에선 국어국문학과

와 전자전파공학과를 합쳐 웹툰창작학과를 만들자는 황당한 아이디어가 제시되었다. 청주의 한 대학은 수십 년의 역사를 가진 미술학과가 사라질 위기에 처해 있으며, 음악대학 역시 구조조정의 대상이 되고 있다. 대전과 경남에 있는 어느 대학에선 철학과의 폐지가 확정되거나 진행 중이다.

이러한 일이 벌어지는 과정에서 어떤 이들은 다른 학과가 사라질 때 이렇게 생각했을지도 모른다. '내가 속한 학과의 일이 아니니까 굳이 신경 쓸 필요 없어. 내 앞가림하기도 바쁜데… 그리고 설마 우리 과가 없어지기야 하겠어? 유럽어학과도 아니고 명색이 국문학과인데 말야' '우리 학과는 역사와 전통이 수십 년이나 되었는데, 설마 폐과시키진 않겠지' 등등. 하지만 현실은 예상과 다르게 흘러가고 있다. 그 학과에 속한 이들은 반복되는 무관심 속에 SNS 등을 통해 연대의 손길을 필요로 하고 있다. 어쩌면 지금까지 대학사회의 모습은 방관이나 묵인이 아닐지도 모른다. 방관이나 묵인은 비록 그 상황에 동의하지 않더라도 현재 나의 상황이나 사정이 어떻게 할 수 없기 때문에 지나치거나 눈을 감는 것을 뜻한다. 하지만 대학사회를 중심으로 이뤄지고 있는 다양한 변화들은 묵인이나 방관이라기보다는 오히려 지지나 동의에 가깝다. 이는 대학사회를 구성하는 청년세대의 변화, 대학에 대한 한국사회의 인식의 변화를 아우르는 환경적 요인이 크다고 할 수 있다.

앞의 사례는 그나마 재학생을 비롯한 동문, 교수 들의 저항과 싸움이 있어서 미디어나 SNS를 통해 외부로 알려진 경우다. 2년제 대학 등 재학생 수가 적거나 동문회 등이 조직되어 있지 않은 학과는 조용히 사라지고 마는 운명을 겪고 있다. 주로 인문학과 예술 등 기초학문이나 '복지' 등의 이름을 내건 유사학과 등이 주요 대상이다. 일단 그러한 학과를 폐지하고자 한다면 어떤 문제가 있는지 구성원들과 좀 더 깊은 논의가 필요함에도 불구하고 현재 진행되는 대학사회의 구조조정은 말 그대로 '속도전'으로 처리되고 있다. 지금 필요한 것은 학과 폐지와 구조조정 경쟁이 아니다. 오히려 각 대학이 머리를 맞대고 유사학과 혹은 중복학과가 왜 그렇게 많이 생겨났는지에 대한 체계적인 조사와 연구를 진행하고, 이를 바탕으로 중장기적인 대책을 마련해야 한다. 그것은 대학을 믿고 입학한 학생들에 대한 최소한의 예의가 아니겠는가. 문제의 정점에는 교육부가 있음은 물론이다. 취업률과 같은 계량화된 대학평가가 아니라 인문사회계열이나 예술계열 학과에서도 납득할 수 있는 평가기준을 마련해야 한다. 그리고 프로젝트를 지원하는 방식 역시 대학 간 경쟁 위주로 이뤄지는 것에 대한 근본적인 재고가 필요하다. 지금과 같은 상황에선 빈익빈부익부 현상이 더욱 가속화될 것이 뻔하기 때문이다.

대학의 현실에 대한 희망이 점차 사라지는 과정을 지켜보던 이들이 최근 들어 새로운 지식공동체를 형성하려는 움직임을 보이고 있다. 이들은 협동조합의 형태로 나타나기도 하고, 지식공동체 자체를 지향하기도 한다. 이미 2000년대 들어서 다양한 형태의 연구공동체가 형성되었다가 생성과 소멸의 과정을 겪어 왔지만, 최근 등장하는 지식공동체의 특징은 대학이라는 전통적인 지식생산시스템의 대안적 성격을 띤다는 사실이다.

지식·인문 협동조합 '급진 민주주의 연구모임 데모스Demos', 「말과활」을 발행하는 '사유와 실천의 공동체 가장자리', '연구와 삶의 일치와 공존을 추구하는 인문학 협동조합', '지식순환협동조합 대안학교', 고려대 교수들이 주축이 된 '실천적 인문공동체 시민행성' 등이 이미 결성되었거나 가시화되고 있다. 그 외에도 각 지역과 단체, 개인들을 중심으로 다양한 형태의 지식공동체가 꾸려지고 있다. 이들은 대학이 그 한계와 문제점을 분명히 갖고 있기 때문에 더 이상 진보적 담론을 생산할 수 있는 공간이 될 수 없다고 판단하며, 그런 점에서 대학 바깥, 즉 외부 공간의 창출을 목표로 하고 있는 것이다.

이러한 움직임은 '탈대학'과 같은 특정한 경향을 드러내는 것처럼 보인다. 그것은 대학에 대한 일종의 '환멸' 혹은 '포기'에 가까운 정서다. 대학 개혁과 같은 변화 혹은 변혁의 전망이 암울해지는 상황에서 공통의 흐름이 나타나고 있는 것이며, 이것이 향후에 긍정적이고 생산적인 효과를 낳을 것이라는 점은 분명하다. 대학의 비효율적인 학문제도와 교육시스템을 벗어나 자유로운 학문 탐구와 협력을 한다면 지식생산의 새로운 틀과 성과를 만들어낼 것이기 때문이다. 지식은 소비의 문제를 넘어 생산의 문제가 훨씬 더 중요한 측면을 지니고 있기 때문에 왜곡되고 변질된 지식생산의 장이 된 대학공간을 넘어 새로운 장을 만들어내는 것은 매우 중요하면서도 특별한 작업이다.

하지만 지금과 같은 탈대학이라는 흐름에 무조건적인 지지를 보내야 하는 것인가에 대해서는 의구심이 든다. 왜냐하면 지식생산 시스템이 중요하기 때문에 새로운 시스템을 구축하려는 것 못지않게 역설적으로 그 지점에서 대학공간을 포기해서는 안 된다는 주장이 가능하기 때문이다. 우리 사회에서 대학은 이미 대중교육의 장이 되어버렸다. 따라서 대학을 둘러싼 입시제도와 대학 및 대학원 교육에 대한 개입과 저항을 지속하지 않는다면, 신자유주의적 논리는 더욱 치밀하게 지배할 것이며 보수적 가치는 지금보다 훨씬 더 광범위하게 퍼져 나가지 않을까 히는 우려가 든다. 단순 비교는 힘들겠지만 중등교육의 차원에서 공교육과 대안교육의 관계를 생각해보면 어떨까. 공교육이 문제가 많다고 해서 대안교육에 집중하는 것은 한계가 명확하기 때문에, 대안교육이 병행된다고 하더라도 공교육 시스템을 바꾸는 작업이 지속되어야 하는 것이다. 특히 내 자식만 다른 교육 받으면 된다는 생각에 그치지 않는다면 말이다.

탈대학의 흐름이 본격적으로 제기되고 있는 이 시대는 동시에 대학공간에서 지식생산의 새로운 운동이 시작되어야 할 때다. 그것은 대학의 내부와 외부에서 대학을 바꾸는 운동의 효과를 동시에 진행함으로써 그 효과와 영향력을 극대화할 수 있을 것이다. 대학의 위기, 대학의 죽음, 대학의 종말이 공공연하게 회자되고 있다. 그렇다고 해서 대학이 사라지지는 않을 것이다. 특정한 의미의 대학이 사라질 뿐이다. 대학의 죽음이 언급될 때 역설적으로 대학은 새롭게 태어날 수 있을지도 모른다. 대학에 남아 있는 '한 줌의 지식인들'이 먼저 치열한 고민을 해야 할 것이다. 우리가 무엇을 할 것인가, 혹은 무엇을 할 수 있을 것인가 하는 점은 바로 그 지점에서 고민이 시작될 때 도출될 수 있다.

성적과 취업

|

대학생의 근시안과
고도근시를 앓는 사회

|

대학에서 강의를 하면서 느끼는 것 중 하나는 대학생들이 갈수록 성적에
집착하는 정도가 심해지고 있다는 것이다. 그들의 집착 방법은 다양하다.
장학금이나 복수전공, 학사경고 등을 핑계로 해서 포기하지 않고 애원한
다. 강의를 시작한 지 얼마 되지 않거나 마음이 약한 선생은 학생들의 '전
략'에 쉽게 넘어가기도 한다. 어쩌다가 대학생들이 이렇게 치사해진 것일
까. 청년세대로서 그들의 패기나 자신감은 어디로 사라진 것일까.

그런 점에서, 요즘 대학생들은 분명 속이 좁다. 여기서 말하는 '속'은 생
각의 넓이와 깊이를 일컫는 말이다. 자신을 둘러싼 주변과 당장 몇 년 후
만 생각하며 살아가는 요즘 대학생들은 정말 큰 문제가 아닐 수 없다. 하
지만 그 소심함이 대학생들의 책임이 아니라는 점도 지적해야 한다. 취업

난이 점점 심각해지고 있는 사회구조적인 문제와, 대학사회의 변화를 선도하고 있는 국가의 학문 및 교육정책에서 비롯된 것이다. 1990년대 후반 대학사회에 '엄정한 학사관리 지침'이 발효되면서 대학사회에는 '상대평가 제도'가 도입되었다. 대학생들은 조금씩 학점의 노예가 되기 시작했으며, '학우'들은 같은 시대의 공통 경험을 나누는 동지라기보다는 서로 또 하나의 경쟁자에 불과하게 되었다.

그와 맞물려서 최근 대학생들의 가장 큰 고민은 성적과 취업이다. 성적과 취업은 별개의 문제가 아니라, 상호 밀접한 연관을 갖고 있는 하나의 쌍으로 작동하는 문제라고 할 수 있다. 대학생들의 성적 집착은 곧 취업을 위해서인 것이다. 문제는 취업을 한다 하더라도 행복한 직장 생활은 요원하다. 대부분 새로운 직장을 구하기 위해 다시 노력한다. 이런 상황이 반복되는 데는 대학생들의 근시안적인 전망이 자리 잡고 있다.

근시는 의학적으로 가까운 데 있는 것은 잘 보아도 먼 데 있는 것은 선명하게 보지 못하는 시력을 가리키는 말로서, 현대인의 흔한 질병이기도 하다. 눈이 나쁘다는 현대인의 대부분은 근시를 앓고 있는 경우다. 근시는 가까운 곳과 먼 곳을 번갈아 보는 망막의 운동이 부족해서 생기는 병이다. 과거 전통사회에서는 근시가 많지 않았으며, 그 결과 안경을 끼는 사람도 적었다. 요즘에도 몽골과 같은 광야에서 살아가는 사람들은 상상할 수 없이 좋은 시력을 보유하고 있다. 하지만 현대 도시는 멀리 볼 수 있는 기회를 차단하고 있다. 현대인은 지하철이나 쇼핑몰과 같은 지하세계나 건물 내부에서 대부분의 시간을 보내고 있다. 자연스럽게 현대인의 눈은 근시를 앓도록 되어 있는 것이다.

현대를 살아가는 청년세대도 삶의 문제에 있어 지독한 근시를 앓고 있다. 당장 졸업 후 취업에만 자신의 모든 것을 걸고 있는 것이다. 하지만 가만 생각해보면, 취업보다 더 중요한 문제가 많다는 사실을 알 수 있다. 아무리 좋은 직장을 들어가더라도 40대 중후반이면 명퇴를 해야 하는 게 최근의 현실이다.

대학생들의 근시안적 태도는 한국사회를 그대로 닮아 있다. 한국사회는 그야말로 '고도근시'를 앓고 있다고 봐야 한다. 가장 대표적인 것으로는 우리가 거의 모든 면에서 '발전 이데올로기'에 사로잡혀 있다는 사실이다. 2008년 이명박 정부의 탄생은 그 이데올로기가 반영된 것이다. 이명박 대통령은 후보 시절 7퍼센트 경제성장률을 공약으로 내세웠지만, 이전 정부에 비해 경제성장률은 둔화되었고, 물가는 더 올랐고, 국가채무는 증가했으며, 복지정책은 후퇴했고, 청년실업률은 증가했다. 이미 세계는 고용 없는 성장 시대에 접어들었기 때문이다. 이러한 현실은 개인의 상황에서도 마찬가지다. 좋은 학점을 얻고, 토익 성적을 높이고, 여러 가지 자격증을 따면 취직이 잘 될 것 같지만 그렇지 않은 것 또한 현실이다.

그렇다면 어떻게 할 것인가. 우선 자신을 돌아볼 필요가 있다. 사회에서 요구하는 것이 아니라 내가 하고 싶은 것을 찾아야 한다. 그 과정에서 자신이 하고 싶은 것, 잘할 수 있는 것, 그리고 무엇보다도 즐길 수 있는 것을 자신의 직업으로 선택하려고 노력해야 한다. 그렇게 함으로써 행복의 기준을 달리 해야 할 것이다. 개인은 자신의 가치와 판단 기준으로부터 행복을 성취한다. 어느 광고 카피처럼 '모두가 일등이 될 수 있는 나라'는 없다. 그리고 일등이 나머지를 먹여 살리지도 않는다는 사실을 잊지 마시길!

생각 없는 학생,
자율이 사라진 대학

2014년 2월 한 대학의 신입생 오리엔테이션에서 발생한 경주 리조트 붕괴 사고는 우리 사회에 충격과 슬픔을 안겨주었다. 체육관 용도의 조립식 건물이 값이 싸다는 이유로 약한 재질로 지어졌다는 점과 폭설이 내리는 상황에서도 대규모 인원의 행사를 무리하게 수용한 리조트 회사 측의 안전불감증은 심각한 문제였다. 그런데 정부에서 내놓은 후속대책도 붕괴사고 못지않게 황당하기만 했다. 특히 눈에 띄는 부분은 이번 사건을 계기로 앞으로는 학생회 단독 오리엔테이션을 전면 금지하겠다는 점이었다. 이것은 단적으로 리조트 붕괴 사고의 원인을 엉뚱한 곳에서 찾고 있는 것으로만 보이게 한다.

물론 이번 오리엔테이션이 학교 당국과 학생회의 의견 차이로 인해 학생회가 독자적으로 진행한 부분은 있지만, 그것은 이번 사고와 직접적인 관련이 없다. 대학은 이미 성인인 20대 청년들이 자신들의 삶과 활동 등 다양한 영역에서 자율적으로 결정하고 활동하는 공간이라는 점에서, 그러한 규정을 만드는 것은 자칫 대학의 자율성을 해칠 수 있는 요소가 된다.

대학사회를 두고 다양한 문제점을 지적하기도 하지만, 바로 이 '자율성의 실종'이야말로 가장 중요한 문제가 아닐 수 없다. 자율성이 점점 축소되는 과정은 대학의 성격이 바뀌는 것과 관련이 깊다. 국가의 학문정책이 점점 경쟁과 효율을 강조하다 보니 대학 간 경쟁이 강화되고 그 과정에서 교수와 학생 등 대학구성원의 활동까지도 비슷한 흐름을 갖게 된다. 또 일부 대학의 경우에는 대기업이 재단을 인수하면서 대학운영을 기업 마인드로 하다 보니 대학사회가 전반적으로 그렇게 변화하는 것이다. 이처럼 학문정책과 대학운영의 변화 못지않게 실질적인 대학의 구성원들이라고 할 수 있는 대학생의 일상의 변화도 감지되고 있다.

이 가운데 최근 잇달아 불거지고 있는 체육학과의 '생활규정'은 우리가 어느 시대에 살고 있는지 의문을 품게 할 정도다. 몇몇 대학의 체육학과에서 사용 중인 '학교생활매뉴얼'이 공개되어 많은 이들이 대학에서 실제로 저런 일이 일어나고 있는가 하면서 놀라고 있다. 아마도 그들 학과에서는 지금까지 관례처럼 전해 내려왔을 것이다. 그렇지만 내용은 꽤 충격적이다. 이미 성인의 나이에 접어들었고 가장 자유로운 신체와 영혼을 가져야 할 20대 청년들이 타인에게 이러한 규정을 강제하는 것이나 그 규정을 그대로 용인하고 있는 현실이 놀랍기만 하다.

몇몇 학교의 생활규정에는, '선배들과 있을 때 모자 쓰고 있지 않기' '운동화만 가능' '학교 안에서 이어폰 끼지 않기' '강의 시작 전 언니들 찾아가서 인사드리기' '긴장하고 학교 다니기' '학교 앞이나 학교 주변에서 음주금지' '엘리베이터 타지 않기' '인사 제대로 하기' 등이 있다. 주로 군대에서 통용되는 '다/나/까 말투사용'('요'자 사용금지)도 있다. 가장 위계적인 조직이라고 할 수 있는 군대를 모방한 것이다. 이렇게 되면 학교는 병영과 군대가 된다.

많은 학교에서 유사한 '학교생활매뉴얼'로 신입생들을 교육할 것이다. 그리고 학과의 특성에 따라 일정 이상의 효과를 거둘 것이고, 신배들은 규율과 통제가 제공하는 권력의 달콤함을 맛보았을 것이다. 억압적 방식의 효과에 따른 권력 행사는 대부분 그렇게 반복되고 정착된다.

앞의 사례에서 볼 수 있듯이, 공통적 특징은 선배, 즉 권위에 대한 절대복종을 요구한다는 것이다. 규정 중에 '무슨 일이든 선배에게 먼저 보고하기'라는 게 있다. 부모나 교수가 아니다. 친구도 아니다. 선배가 정점에 서서 모든 권력을 갖는다. 이런 일이 과거 '지성의 전당' 혹은 '진리의 상아탑'이라고 불렀던 공간에서 일어나고 있는 것이다.

규율과 통제가 심한 조직이나 사회는 차별과 억압 역시 강할 수밖에 없다. 그것은 어느 순간 폭력적 문화로 귀결될 가능성이 크다. 우리는 사회의 다양한 영역에서 차별문화가 사라졌다고 하지만 그것은 제도적 측면에서 이루어지고 있을 뿐이지 실제의 삶 속에서는 좀처럼 달라지지 않은 것을 보게 된다. 중요한 것은 대중의 일상이다. 다양한 영역에서 온갖 방식으로 발생하는 폭력적 상황은 사실 우리의 일상을 반영하는 것이다. 폭력적 규정에 대해 체육학과 신입생으로서 처음에 황당하다고 느꼈을지 모르지만 1년이 지나고 선배가 되면 그것을 자연스럽게 수용할 가능성이 크다. 즉 일상적으로 내면화되는 과정인 셈이다.

흔히 인간을 가장 고등한 동물로 분류한다. 그렇게 말하는 이유는 아마도 '생각하는 능력' 때문일 것이다. 그렇다면 생각한다는 것은 무엇일까. 그것은 단순히 먹고 마시고 자는 것의 생존욕망을 넘어서는 것이다. 목숨을 유지하는 차원에서 생존하는 것에 대한 욕망은 인간이 아닌 다른 동물들도 많이 갖고 있기 때문이다. 뿐만 아니라 상대의 말과 행동에 따라 반응하는 것도 생각을 통해서 이루어진다. 그것 역시 반려동물이나 고릴라나 침팬지, 돌고래 등 지능이 높은 것으로 알려진 동물들은 이미 상당부분 수행하고 있음을 알 수 있다.

'어떤 삶을 살 것인가'라는 물음은 바로 '생각하는 것'을 향한다. 그리고 이 물음이 멈추는 순간, '생각하는 인간'으로서의 삶 역시 끝난다. 우리는 스스로 선택해야 한다. 어떤 삶을 살 것인가. 그것은 생각하는 것에서 출발한다. 그리고 생각한다는 것은 철저하게 지금과는 '다른 것'을 지향하는 것이다.

|

파시즘에 물들어가는
대학

|

한국의 대학이 심상찮다. 여기서 말하는 대학은 대학이라는 물리적·상징적 공간을 의미하며, 나아가 대학생으로 대표되는 한국의 20대 청년세대를 일컫는다. 최근 트위터와 온라인 커뮤니티 게시판에 욱일승천기를 배경으로 나치 경례를 하고 있는 청년들의 사진이 등장하여 상당한 충격을 주었다. 축구나 격투기 등 스포츠에 조금만 관심이 있는 사람이라면 일본 관중이나 선수 들이 욱일승천기를 강조하는 것을 본 적이 있을 것이다. 단적으로 그것은 일본 군국주의의 상징이며 한반도의 식민 지배를 정당화했던 논리와 맞닿아 있다. 따라서 욱일승천기는 단순히 한국인으로서 자존심을 넘어 평화와 양심을 가진 시민이라면 세계인 누구나 반대하는 항목에 속한다. 나치즘 역시 비슷한 맥락에 놓여 있음은 당연하다. 그래서

유럽에서는 축구 등의 스포츠 경기에서 비슷한 사례가 엿보이면 매우 강력한 제재를 하고 있다.

그런데 직접 군국주의나 파시즘의 가해자로서의 경험이 없음에도 한국의 젊은 세대들이 위험한 '흉내내기'를 하고 있는 것이다. 문제는 이들의 행위가 단순한 흉내내기에 그치는 것이 아니라 실제 일상 가운데서도 비슷한 사례들이 나타나고 있다는 점이다. 2013년 3월에는 지방의 어느 대학 신입생 환영회 및 MT에서 유격대 조교 복장을 한 선배들이 후배들에게 기합을 주고 있는 모습이 사진과 동영상을 통해 알려졌다. 이것은 단지 재미나 흥미로 받아들일 수 있는 것이 아니다. 거대한 사회적 문제에 대한 비판은커녕 일상의 잘못된 관습이 더욱 강고해져가는 모습인 것이다.

대학의 현실이 하루아침에 이렇게 바뀐 것은 아닐 것이다. 그 기원은 대충 1990년대 후반으로 거슬러 올라갈 수 있다. 1997년 말 한국사회를 강타한 IMF 구제금융 사태는 현실적으로 많은 변화를 이끌어냈다. 그것은 단지 경제적 고통이나 미래에 대한 불안감을 넘어서는 수준이었다. 사람들은 자신의 삶을 되돌아보는 계기를 마련했으며, 삶의 우선순위를 조정하는 결과를 낳았다. 그렇지만 그 후의 변화는 생산적이거나 긍정적인 측면에서 일어난 것이 아니라 오히려 퇴행적이고 부정적인 형태로 나타났다. 삶의 우선순위는 중요한 것이 아니라 경제적 문제, 즉 돈을 벌어야겠다는 자본주의에 대한 철저한 복종으로 이어졌다. 20세기에 한국의 대중들이 자본주의와 '동거'를 해왔다면, 세기말 혹은 새로운 세기의 입구에서 '결혼'에 성공한 것이다.

이처럼 한국사회의 중요한 변화 가운데 표면적으로 가장 두드러진 영역은 다름 아닌 대학이라는 공간이다. 그동안 대학은 폭등한 등록금 문제 뿐만 아니라 좀 더 근본적이고 본질적인 변동을 겪었다고 할 수 있다. 국가의 성격이 바뀌면서 교육 및 학문정책이 바뀌고, 나아가 대학정책이 달라졌다. 대학 평가가 중요해지면서 대학에서는 교수 평가를 시행했고, 나아가 대학은 추상적인 가치나 이념을 중요하게 생각하기보다는 물리적 공간으로서 건축물과 계량화된 교수 업적과 취업률을 가장 중요한 기준으로 내세우기 시작했다. 그러한 결과가 현실에서 나타나기 시작한 것은 오랜 시간이 걸리지 않았다. 국가와 대학이 변했고, 교수들은 그에 발맞추어 변해갔다. 그것을 지켜보던 학생들은 새로운 시대에 걸맞은 기준과 가치, 시선으로 무장했다.

이제 대학생, 나아가 20대 청년세대는 대학이라는 공간에 대해, 그리고 한국사회 전반에 대해 민낯을 드러내기 시작했다. 그들의 생각은 단순히 일부 학생들의 치기어린 행동이 아니다. 그들은 사유하지 않으며 즉자적으로 반응하고 행동한다. 그들은 이제 인간 존재의 고유성이나 고귀함에 대해 논하지 않는다. 이미 한국사회 혹은 언론매체에서 인간 생명의 가치와 존엄성에 대해 논하고 있지 않다. 용산 재개발 현장에서 다섯 명의 철거민과 한 명의 경찰관이 사망했을 때 일반 사람들의 반응은 냉담했으며 주류 언론 역시 크게 다르지 않았다. 쌍용자동차 파업과 해고 과정에서 지난 수년 간 이십여 명의 노동자들이 자살 및 사망에 이르렀다. 이러한 사실 역시 일부 사람들에게는 중요한 문제였지만 대다수 대중들에게 큰 관심사가 아니었다.

지금 대학생들이 청소년기를 보낸 시기가 바로 한국사회에서 인간성이 철저하게 파괴되던 시절이었다. 그뿐만 아니었다. 지난 10여 년의 기간은 입시 경쟁과 학력 차별이 더욱 강화되던 시기였다. 그사이 많은 청소년들이 스스로 몸을 던졌으며, 그 장면을 보거나 소식을 들으면서 자라왔던 것이다. 그들이 보고, 듣고, 배우고, 느낀 것은 무엇일까. 한국사회에서 기성세대가 청소년 및 20대 청년세대에게 충고하거나 격려할 수 있는 말이 과연 있을까. 그 어떤 표현으로도 청년세대의 상처와 고통, 절망을 회복시키는 것은 쉽지 않을 것이다.

군대를 다녀오지 않은 신입생이나 여학생 들이 폭력적인 군대문화에 익숙해지고 반복하는 것은 그들의 잘못이 아니다. 그들이 주변에서 보고 배우도록 내버려둔 대학의 선배와 교수, 부모 들의 잘못이다. 만약 그러한 문화가 정말 잘못된 것이라는 사실을 자신의 삶의 과정에서 이미 알고 있었다면 분명 저항이 일어났을 것이다. 이제 필요한 것은 번지르르한 말로 포장된 위로나 힐링이 아니다. 그보다는 직접 눈을 맞추고, 손을 잡고, 어깨를 토닥이고, 껴안아주는 것이다. 이러한 과정은 내가 아닌 네게 초점을 맞추는 것이다.

그러기 위해서는 나의 시간과 노력과 감정을 필요로 한다. 자신의 연구 업적과 평가, 연봉 올리기에 혈안이 되어 있는 교수들이 바뀌지 않는 이상, 입시 경쟁을 부추기고 부자와 성공 이데올로기에 목숨을 건 부모들이 바뀌지 않는 이상, 온갖 부정과 부패를 일삼고도 고위공직자나 정치가 등 성공한 사람으로 우대받는 사회가 지속되는 이상, 대학은 좀처럼 나아지지 않을 것이다. 우리는 지금 매우 중요하고도 심각한 갈림길에 서 있다.

잉여

|

쓰레기가 되는
삶들

|

청년의 삶은 좀처럼 나아질 기미를 보이지 않는다. 청년실업뿐만 아니라 아직 사회에 진입하지 않은 대학생들의 일상까지도 추락을 넘어 황폐해지고 있는 실정이다. 그중에서도 청년세대, 특히 대학생의 주거권이 매우 심각하다는 사실을 알 수 있다. 대학생들 중에는 친구의 자취방에 더부살이를 하거나, '대학생 노숙자'라는 표현이 등장할 정도로 일정한 주거 공간 없이 친구 자취방과 PC방, 찜질방 등을 떠돌아다니는 이들도 생겨났다.

이런 현상이 등장하는 것은 개인의 무능력 때문이 아니다. 살인적인 등록금과 물가 인상, 주택가격 및 전세값 상승, 그에 비해 터무니없이 낮은 알바비(최저시급) 등 사회적이고 구조적인 문제들이 대학생의 주거문화를 심각하게 침해하고 있는 것이다. 이제 쪽방이나 고시원의 삶은 20대 청년의 일상이 되고 말았다. 그런데도 실질적인 변화나 희망은 쉽사리 찾기 힘들다. 대학의 민자기숙사는 대학생의 빈부격차를 더욱 심화시키고, 정부나 지자체가 대학생의 주거권에 관심을 갖기에는 여유가 없다. 물론 서울시가 내놓은 대학생 전세임대주택 정책 등은 긍정적이지만, 그 대상이나 효과는 매우 미미할 수밖에 없다. 이제 대학생을 비롯한 청년세대의 노숙자 문제가 사회적으로 이슈화될 날이 멀지 않은 것 같다.

1980년대 학생운동이 대학가를 지배하던 시절, 캠퍼스에는 '많은 노숙자들'(?)이 있었다. 학생회나 동아리 등 학생자치활동을 하는 이들 중 상당수는 학생회실이나 동아리방을 활동과 생활의 통합공간으로 이용했다. 그들 중에는 자취방이 있는 이들도 있었지만, 상당수는 아예 모든 생활을 그 공간에서 해결하는 사람들도 상당수였다. 아침에 일찍 등교하면 학생회실이나 동아리방에서 잠자고 있는 선배나 동료를 만나는 일은 자연스러운 일상이었다. 지금처럼 공간에 대한 통제가 강화된 시기에는 상상할 수 없는 장면이다. 즉 당시 대학생들이 그렇게 할 수 있었던 이유는 학생들의 자율적이고 자치적인 활동이 충분히 보장되고 있었음을 보여준다. 그들은 대학이라는 공간과 일체가 되어 있었다.

그런 점에서 본다면 과거와 지금 대학의 모습에서 느끼게 되는 가장 큰 차이점은 대학이라는 물리적 공간이 그 공간을 이용하는 실질적 주체인 대학생들과 유리되어 있다는 사실이다. 2000년대 전후로 학생회관을 비롯한 다양한 대학공간이 신축되거나 리뉴얼되면서 외형적으로는 세련되고 쾌적한 공간으로 거듭난 측면이 있다. 그런데 이 매끈한 공간은 주인

없는 텅 빈 공간으로 존재한다. 첨단시설을 자랑하지만 사람 냄새가 사라졌다. 그 원인으로는 비용의 문제를 들 수 있을 것이다. 과거에 대학 공간은 무상 제공이 원칙이었다. 하지만 최근에는 대학공간의 많은 부분은 임대를 통해 외부 업체가 들어와 있으며, 강의실이나 세미나를 위한 공간마저도 일부 학교에서는 공식적으로 비용을 청구한다.

이는 비단 대학의 문제만은 아닐 것이다. 한국사회 전체가 이미 유사한 공간으로 변모해왔기 때문이다. 서울을 중심으로 강남이나 신촌, 종로 등 상업 공간은 이제 젊은 세대의 문화적 취향이나 유행이 생성되는 공간이 아니라 거대 자본의 기획에 의해 창출된 공간과 물품을 소비하는 공간이 되었을 뿐이다. 따라서 소비를 할 수 없는 이들은 그 공간에 진입할 수가 없다. 그러한 진입 장벽은 직접적인 억압으로 작동하는 것이 아니라 암묵적으로 존재한다. '소비 능력이 없는 무능력자'들은 출입을 금한다는 것이다. 도시의 변모는 놀랍다. 과거의 어둡고 칙칙한 느낌을 지우고 세련되고 번지르르한 모습으로 바뀌고 있다. 하지만 새롭게 구성되는 도시 공간은 끊임없는 구획화를 통해 시민들의 삶이나 심지어 정서까지도 '구별 짓기'를 시도하고 있는 것이다.

결국 새로운 공간에 진입할 수 없는 이들은 대학이나 사회에서 잉여의 존재로 남게 된다. 그들은 정착하지 못하고 떠돌게 되는 것이다. 마치 '좀비'처럼. 해마다 3월 봄기운과 더불어 새내기들이 대학공간에 들어온다. 아무리 시대가 변했다지만, 그들 역시 대학의 꿈과 낭만에 대한 기대를 품고 있으리라. 하지만 오늘날 대학의 현실이 자신들의 발걸음마저 제약하고 있음을 깨닫게 될 때, 그들이 할 수 있는 일은 어떤 것일까. 적어도 대학에서는 잉여의 존재, 쓰레기 같은 삶을 창출하는 것이 아니라 공간과 사람, 문화가 자유롭게 소통하고 만나야 하지 않겠는가.

연애는
투쟁이다

누구나 멋진 연애를 꿈꾸지만 그렇다고 모두 멋진 연애를 할 수는 없다. 한때 TV를 통해서 방영된 수많은 '짝짓기 프로그램'은 인간이 꿈꾸는 연애와 사랑, 결혼이 어떤 것인지를 잘 보여줬다. 2000년대 들어 「천생연분」 「우리 결혼했어요」^{이상 MBC}, 「짝-애정촌」^{SBS} 등은 짝짓기를 통한 인간의 다양한 심리를 보여줌으로써 다양한 사례들을 객관화시키고 있다. 그래서 인지 인간을 주인공으로 하는 '동물의 왕국'이라는 비판도 있었다. 아무튼 연애는 항상 젊은 세대의 주요한 관심사가 아닐 수 없다.

주변에서 온통 연애 이야기를 하다 보면 연애에 관심이 없던 이들도 관심을 갖게 된다. 그래서 의도적으로 연애를 해보려고 하지만 맘대로 되지 않는다. 결국 그들이 찾는 것은 연애지침서 혹은 연애매뉴얼이다. 최근에는 각종 연애 관련 서적뿐만 아니라 연애상담을 전문으로 하는 연애컨설턴트가 일종의 직업이 되고 있다. 그들은 마치 재테크 상담을 하듯이 구체적인 상황에 대한 처방을 알려준다. 상대방을 만났을 때 에티켓부터 다양한 상황 대처법, 상대방의 심리를 읽는 법, 진도 나가는 법 등 모든 것들을 망라한다.

오늘날 연애와 사랑, 결혼은 조건이다. 부모세대는 조건이 맞지 않아 파경을 맞은 다양한 사례를 들이대면서 조건을 따져야 한다고 강요한다. 학력과 경제력, 가족관계, 종교, 외모, 심지어 출신지역(그것도 부모의 고향!)까지 따져봐야 한다고 말한다. 하지만 연애는 조건이 없어야 한다. 대부분의 결혼이 강렬한 불꽃으로 살아남지 못하는 이유는 조건으로 맞추기 때문이다.

몇몇 학교에서 2000년대 이후 연애학개론이나 특강이 자주 열리고 있다. 특히 여대에서 그런 강좌가 많이 개설되는 것을 볼 수 있는데, 이것은 주목할 만하다. 연애를 가르치고 배울 수 있다는 사실만으로 우리는 연애가 얼마나 위기에 처한 것인지를 알 수 있다. 연애는 가르치고 배우는 것이 아니다. 가장 원초적으로, 가장 직접적으로 내가 온몸으로 배우는 것이 바로 연애다. 연애는 정해진 속도가 없으며, 정해진 순서도 없다. 만난 지 얼마가 되어야 손을 잡거나 입을 맞추는 것이 아니다. 처음 만난 날, 손을 잡거나 입을 맞출 수도 있다. 어떤 이는 잠자리를 함께할 수도 있을 것이다. 마음이나 감정보다도 몸이 먼저 타자에 대해 반응하고 연애의 감정이 싹틀 수도 있다. 마찬가지로 손을 잡고, 입을 맞추고, 스킨십을 하고, 성관계를 갖는 순서 역시 아무런 의미가 없다. 그것은 일종의 정형화된 이야기일 뿐이다.

연애는 감정이고 느낌이고 표현이다. 연애를 한다는 것은 살아 있다는 증거일 수 있다. 결혼과 연애기 양립할 수 없는 것은 단순히 도덕적이거나 법적인 문제가 아니다. 그것의 일차적인 문제는 연애를 하고 싶은 욕망이 사라지기 때문이다. 연애는 욕망이다. '하고 싶다'는 욕망의 문제를 표현하는 것이 연애다. 사람을 만나고 싶고, 사귀고 싶다는 욕망. 기본적인 욕망은 또 다른 욕망을 낳는다. 손을 잡고 싶다, 키스하고 싶다, 성관계를 맺고 싶다 등등. 그러한 욕망은 순차적인 욕망이 아니다.

연애는 흐름이다. 첫눈에 반하거나 운명이라고 생각되는 연애는 오래 가기 힘들다. 왜냐하면 만남이 지속될수록 처음의 이유가 점점 줄어들 일만 남았기 때문이다. 연애는 사막을 걷는 것이나 바다를 항해하는 것과 같다. 그것은 길을 따라 걷는 것이 아니라 길을 만들어가는 과정이다. 그런 점에서 연애는 휴게소나 정류장이 아니다. 오히려 연애를 쉬는 것이 곧 정류장이 된다.

연애는 현실이다. 예쁘고 멋진 연애를 꿈꾸는 것은 누구나 마찬가지다. 하지만 그러한 연애는 저절로 주어지지 않는다. 예를 들어 남성이 여성에게 하는 프러포즈는 평생 잊지 못할 감동을 준다. 그래서 많은 여성들은 프러포즈를 받는 꿈을 꾼다. 하지만 그것을 준비하는 남성은 선물 준비, 장소 섭외, 시간 약속 등 그 준비 과정은 수많은 노동과 재정으로 이루어진 현실일 뿐이다. 동시에 연애는 항상 타자를 필요로 한다. 가끔 연애가 귀찮아서 애완동물로 대신하는 사람이 있다. 그들은 타자와의 관계에서 형성되는 불편과 갈등을 거부한다. 연애에서 비롯되는 필연적인 문제들을 아예 차단하는 것이다.

연애는 노동이다. 과거 청춘은 낭만의 상징이었고, 연애는 그 청춘을 대표하는 경험이었다. 하지만 오늘날 20대에게 청춘은 더 이상 낭만이 아니다. 낭만은 현실을 망각하는 순간 찾아온다. 과거의 20대는 현실을 잊은 채로, 즉 아주 먼 미래만을 상상하면서 살아갈 수 있었다. 그렇지만 오늘날 20대는 현실에 발을 딛고 산다. 당장 생활비와 월세를 걱정해야 하고, 다음 학기 등록금을 위해 알바를 해야 하며, 학자금 대출의 이자를 꼬박꼬박 납부해야 한다. 추상적이고 관념적인 가치들로 가득 차 있어야 할 청년들의 머릿속에는 돈과 관련된 현실의 찌꺼기로 채워져 있다. 그들에게 낭만의 상징인 연애는 사치품이 되었다. 명품을 아무나 소비할 수 없는 것처럼 이제 연애도 아무나 할 수 있는 것이 아니다. 시간과 돈을 소유한 자만 연애를 할 수 있는 자격이 있다.

　너무 극단적인가. 하지만 현실은 현실이다. 대학을 졸업한 청년 백수와 비정규직들에게 연애는 무거울 수밖에 없다. 「연애, 그 참을 수 없는 가벼움」_{김해곤 감독, 2007}이라는 영화가 있었다. 하지만 연애는 이제 가벼움의 대상이 아니다. 그것은 학업과 알바로 찌든 피곤한 몸으로는 도저히 감당할 수 없는 무거움 그 자체다. '원 나잇 스탠드'와 같은 일회적 만남이 일상화되고, 온갖 성 관련 산업이 판치는 현실은 오늘날 연애의 무게를 역설적으로 보여준다. 인간과 인간의 자연스러운 연애가 이루어지지 않는 사회에서 성을 매개로 하는 온갖 산업들이 번성하지 않겠는가. 연애를 하고 싶고 할 수 있지만 어느 순간 현실은 그러한 욕망을 가로막는다. 그러한 현실은 20대의 연애를 한없이 무겁게 만든다.

　연애는 혁명이다. 연애를 혁명이라 부를 수 있는 것은 연애의 비정형성과 비고정성 때문이다. 모든 경계와 장벽을 허물어야 한다. 프리드리히 니체는 "사랑 때문에 행해지는 일은 선과 악의 경계를 벗어나 있다"고 말했다. 그것이 사랑의 힘이다. 거침없이 사랑하라! 미국의 소설가 앨리스 워커는 "그 누구의 연인도 되지 말라"고 했다. 이건 무슨 말인가. 연애를 하지 말라는 말인가. 아니다. 오히려 연애를 적극적으로 하라는 말이다. 곧 자신을 사랑하고 타자를 사랑하라는 말이다.

당신은 지금 만나고 있는 사람의 어떤 모습을 사랑하는가. 서로 얼굴을 맞대고 사랑의 밀어를 속삭일 때인가. 아니다. 우리는 상내빙의 옆모습을 볼 때 사랑을 느낀다. 내가 원하는 상대방은 처음부터 나를 정면으로 바라보지 않았다. 나는 그의 옆모습을 보고 사랑에 빠진 것이다. 공부하는 모습, 타인과 말하는 모습, 일하는 모습, 걸어가는 모습 등등. 반대의 상황도 마찬가지다. 누군가 나를 바라볼 때 그는 내 옆모습을 보게 된다. 다시 말해 내가 누군가를 의식하고 말하거나 행동하는 것이 아니라 내 일상의 모습을 있는 그대로 보게 되는 것이다. 흔히 사람들을 평가할 때 식당 같은 장소에서 종업원에게 어떻게 말하고 행동하는지를 보면 그 사람을 알 수 있다고 말한다. 그것도 그 사람의 평소 모습을 알 수 있기 때문이다. 옆모습이 곧 진실이다. 옆모습을 통해 보고, 보여준다는 것은 결국 나 자신을 사랑하는 것이 가장 중요하다는 말이다. 나 스스로의 존재를 그대로 인정하는 것에서부터 우리는 타자와의 관계를 제대로 맺을 수 있다.

우리가 연애를 통해 배워야 할 마지막 내용은 경제 논리다. 연애의 경제는 투입과 산출의 불균형이다. 아무리 많이 투입한다고 해도 산출이 전혀 없을 수 있으며, 전혀 투입하지 않아도 산출이 많을 수 있다. 연애라는 둘만의 공동체는 그러한 경제가 유통되는 공간이다. 이해타산을 넘어선 주고받음이 존재한다. 자본의 지배가 점점 강고해지는 사회에서 연애의 범람은 신자유주의적인 경제 논리를 넘어선 새로운 경제를 상상할 수 있는 기반을 마련해준다.

보통 오늘의 청년세대는 노동할 수 있는 권리를 위해 싸워야 한다고 말한다. 하지만 정말 필요한 것은 연애할 수 있는 권리다. 자유로운 연애를 가로막는 모든 것에 맞서 투쟁해야 한다.

성

|

청년세대의 성,
무엇을 말할 것인가

|

현재 청년들의 성 생활은 어떨까? 정답은 '아무도 모른다'일 것이다. 물론 가끔 언론에서 청년세대의 연애나 성, 동거 문제 등을 주제로 설문조사와 인터뷰 기사를 싣기도 하지만, 그것만으로 현실을 가늠하기란 한계가 있다. 예를 들면 첫 만남에서 키스하기까지 일주일, 성관계를 갖는 데는 한 달 정도가 소요된다는 식이다.

분명한 사실은 청년들에게 '성'은 회피할 수 없는 매우 중요한 문제라는 점이다. 무엇보다도 많은 청년들이 그 시기에 '첫 경험'을 하게 된다는 데 그 중요성이 있다. 단지 좋아하는 감정의 차원을 넘어 키스와 스킨십, 성관계 등 연애의 신체적인 단계를 경험하는 것이다. 그 과정에서 많은 이들이 잘못된 관계로 인해 육체적인 접촉이나 성관계에 대해 오해와 부정적 감정, 왜곡된 관계를 받아들이게 된다. 일차적 원인은 학교에서 실제적이고 효율적인 성교육이 이뤄지지 않는다는 데 있다. 그렇다 보니 많은 청(소)년들이 개인적인 경로를 통해 성에 대한 지식을 습득하게 되고, 그 과정에서 왜곡된 성의 경험과 지식을 따를 수밖에 없는 것이다. 특히 여성의 경우 신체적인 접촉과 같은 경험은 매우 강한 영향을 끼칠 수밖에 없다. 즉 첫 키스에 대한 추억이 좋지 않은 이들은 이후에도 키스에 대한 거부감을 드러내기도 한다.

또한 대학생의 성 문화가 왜곡될 수밖에 없는 또 다른 이유는 사회적 환경 때문이다. 성인이 되어서도 가족과 함께 생활하는 한국사회의 특성상 연인과 함께 지낼 수 있는 공간이 부족한 것이나. 이는 '혼전순결'이라는 일종의 이데올로기와 함께 연관되면서 유교적이고 보수적인 전통이 강력한 힘을 발휘하고 있다. 물론 최근에는 대학생들이 원룸과 같은 독립 공간을 확보하면서 상대적으로 자유로운 만남을 갖고 있지만, 여전히 왜곡되거나 은밀한 형태로 나타나고 있다. 아울러 남성 중심의 한국사회가 왜곡된 성 문화를 조장하고, 나아가 여성을 끊임없이 수동적 존재로 인식하게 하는 것도 문제의 원인이다.

일부 대학에서는 '연애론'이나 '성 문화' 등 교양강좌를 개설함으로써 대학생들에게 올바른 연애와 성에 대해 가르치고 있다. 이들 수업은 주로 '실전' 중심으로 이뤄진다. 예를 들면 처음 본 이성에게 호감을 얻는 법, 고백의 법칙, 이성친구와 싸웠을 때 화해하는 법, 실연을 극복하는 법, 성관계시 남성과 여성의 생각의 차이 등이다. 하지만 이러한 정석에 가까운 방법들은 실전에서 통용되기 쉽지 않다. 특히 연애와 같은 문제는 이론보다는 경험이 훨씬 더 중요한 기제로 작동하는 것을 볼 수 있다. 연애할 때, 특히 성관계와 같은 매우 민감한 문제는 교과서나 정석대로 되지 않는다는 사실을 경험자들은 잘 알고 있다. 누군가는 손을 잡고, 포옹을 하고, 키스를 하고, 스킨십을 하는 등의 '순서'를 밟겠지만, 다른 누군가는 갑작스러운 키스를 먼저 한 후에 연애를 시작하기도 한다.

그러므로 강의나 책을 통해 배우는 연애방법이나 성관계 등은 명확한 한계를 지닐 수밖에 없다. 오히려 대학생들에게 필요한 것은 남성과 여성의 관계 이전에 사람과 사람의 관계라는 차원에서 연애와 성의 문제를 바라보는 것이다. 동성이나 이성 친구, 부부, 부모와 자식, 선생과 제자, 이웃, 친척 등 모든 관계는 상호 존중과 배려심을 동반해야 한다. 그렇게 본다면 남성과 여성의 관계 또한 크게 다르지 않다. 상호 이해와 존중이 없는 상태에서 남성과 여성의 차이만을 강조하는 이성관계의 처방은 매우 근시안적인 방법이다.

흔히 성 문제에 있어서 강조되는 '성적 자기결정권'은 상호존중을 위한 중요한 바탕이다. 왜냐하면 모든 관계는 자신으로부터 출발하기 때문이다. 따라서 온전한 '성적 자기결정권'을 위해 자신의 감정을 믿고 자신의 몸을 이해하려는 노력이 필요하다. 그런 준비과정 없이 상대의 요구에 대해 수동적으로 반응하게 되면 남는 것은 상처뿐이다. 가장 중요한 것은 자신에 대한 사랑이다. 나의 감정과 나의 몸에 대한 애정을 가져야 한다. 그리고 알려고 노력해야 한다. 나의 섹스가 일시적인 쾌락을 위한 것인지, 아니면 사랑의 감정을 담은 행위인지를. 쾌락을 추구하는 것이 잘못된 것이 아니다. 오히려 모든 문제는 그 둘을 구분하지 않거나 분간하지 못하는 데서 비롯된다. 자신을 지키고 보호한다는 것은 순결을 지키는 것이 아니다. 순결 이데올로기에 사로잡혀 감정과 몸의 언어를 경험하지 못한다면 그것 또한 불행한 일이다. 결국 성관계를 비롯한 다양한 이성과의 문제에 있어서 억압당하지 않고 능동적이면서도 자율적인 관계를 맺는 것이 중요하다.

공부

|

공부란 변태變態 능력을
기르는 것

|

2011년 전국의 영재들이 모인다는 한 대학에서 자살 사건이 잇따랐다. 그들은 대학에 왜 갔을까. 지금까지 '힘든' 공부를 왜 한 것일까. 당시 '개혁'이란 명분으로 '차등등록금제' '영어몰입수업' 정책 등을 도입한 '저명하신 총장님'이 생각하는 공부는 어떤 것일까.

한국사회에서 벌어지고 있는 일련의 사태에서 우리는 좀 더 본질적인 물음을 던질 필요가 있다. 근본적인 원인을 발견해야 지극히 현실적인 대안 수립도 가능하다. 우리가 자라면서 수없이 듣는 말이 있다. '공부 안 하면 저렇게 된다'는 담론이다. 아이와 함께 기차를 타려고 역에 도착한 엄마가 철로에서 보수공사를 하고 있던 이를 보고 아이에게 한 말, "너도 공부 안 하면 저렇게 된다"는 협박이었다. 실제로 이 말을 들은 사람이 한

이야기다. 이런 말이 반복되면서 오늘날의 한국사회가 만들어진 것이다.

모두들 공부를 열심히 하라고 한다. 그러다가 최근에는 공부를 무작정 열심히 하면 안 되고 '똑똑하게' 하라고 말한다. 일명 '자기주도형 학습'이 유행하는 것도 비슷한 맥락이다. 주로 입시공부를 하는 학생들에게 주어지는 충고다. 하지만 대학생이 되어도 공부는 계속해야 한다. 이제 '스펙'을 쌓는 과정에서 학점과 토익, 공무원 시험 등 다양한 분야에서 더 많이 공부해야 한다.

그렇다면 직장인이 되면 어떨까. 잘 알다시피 공부는 계속된다. 지식과 정보가 넘쳐나는 시대에 뒤처지지 않으려면 새로운 지식과 정보를 담아 경쟁력을 키워야 한다고 강조한다. 어떻게 하면 시간 내비 고효율을 얻어서 몸값을 올리고 성공할 수 있을 것인가에 대한 공부비법을 다룬 책들이 잘 팔린다. 직장을 다니면서도 학원과 온라인 강좌 등 공부를 멈출 수 없다. 직장인은 정글에서 살아남아야 하는 약육강식의 세계에서 살고 있기 때문이다. 일면 '평생학습'이 펼쳐진다.

이 모든 과정에서 가장 중요한 '공부를 왜 하는가'라는 물음은 빠져 있다. 대다수 사람들이 알고 있는 대답은 한 가지, '성공하고 부자로 살기 위해서'다. 정말 그럴까. 여기서 우리는 '공부를 왜 하는가'라는 물음과 더불어 '공부란 무엇인가'를 물어야 한다. 그것은 우리가 책상에 머리를 박고 공부하느라 미처 보지 못했던 공부의 '얼굴'을 보는 것이다.

공부의 가장 중요한 특징은 종착지가 없다는 것이다. 공부는 끊임없는 일상의 연속이다. 공부는 완결을 추구하지 않는다. 결국 어떤 직업이나 직위를 목표로 하는 것은 공부가 아니다. 공부는 끝이 없다는 말도 된다. 이 세상에는 배울 게 많다는 의미가 아니다. 결국 이 말은 공부가 어떤 목표나 목적을 갖는 것이 아니라 그 자체가 목적이 된다는 의미다.

고전평론가 고미숙은 공부를 계몽이 아닌 '촉발', 훈계가 아닌 '감염'이라는 표현으로 설명한다. 계몽은 지식을 전달하는 것으로서 완성을 추구한다. 하지만 그렇게 전달받은 지식은 결국 다시 자신의 경험과정에서 깨지면서 다시 공부하는 과정을 겪을 수밖에 없다. 따라서 정말 중요한 것은 있는 그대로의 지식을 전수받는 것이 아니라 지식을 찾아갈 수 있는 동기부여와 호기심을 발견하는 일이다. 바로 이 시점이 모든 공부의 출발점이다. 훈계는 자신의 생각을 가르치는 것에 불과하다. 훈계를 통해 누군가를 변화시키려고 한다. 우리가 수없이 경험해서 잘 알고 있는 것처럼, 우리는 '훈계'를 통해 배우는 것보다 몸짓과 분위기 등 훈계 이외의 것에서 더 많은 것을 배운다. 그것은 눈과 귀와 코 등 모든 감각이 동원되는 감염과 중독의 과정이다. 우리는 호기심이라는 촉발 단계를 거쳐 감염과 중독이라는 과정에서 공부를 하게 된다.

공부는 머리로 하는 것일까, 아니면 몸으로 하는 걸까. 흔히 머리가 좋아야 공부를 잘한다고 말한다. 천재 혹은 영재 등을 언급하는 것도 그런 이유 때문이다. 동시에 엉덩이의 힘이라고 말하기도 한다. 아무리 머리가 좋아도 책상에 앉아서 책을 봐야 공부를 하는 것이기 때문이다. 특히 고시를 준비하는 이들처럼 시간과의 싸움을 하는 이들에게 공부는 곧 체력이고 몸이 된다. 철학자 김영민은 "생각은 공부가 아니다"라고 말한다.[•] 생

• 김영민 지음, 『김영민의 공부론』(샘터사, 2010), 36쪽.

각하는 것만으로는 공부가 될 수 없다는 것이다. 생각만 해서는 그야말로 생각에 그칠 뿐이고 중요한 것은 그 생각을 넘어설 수 있는 독서와 글쓰기 등 직접 몸이 동반되는 과정을 거쳐야 한다는 말이다.

고미숙은 이 문제를 좀 더 적극적으로 밀고 나간다. "공부란 특정한 시공간에 고착되지 않고 다른 존재로 변이되는 것을 의미한다."● 공부는 곧 '변태'變態, metamorphosis 능력을 길러서 스스로 변태가 되는 것이다. 변태는 곧 '되기'becoming를 뜻한다. 고정된 주체로서 직업이나 직위나 부의 축적이 아니라 끊임없이 다른 존재로 변이되는 것이다. 고정된 주체는 이미 존재하는 세상의 질서와 규칙을 따르는 것이지만 변태는 새로운 질서를 창조한다. 공부를 한다는 것은 바로 우리의 신체가 그린 과정을 포함하는 것을 뜻한다. 이를 가리켜 12세기 독일의 신학자 성 빅토르 위그는 "고향을 떠나 이별하는 것"이라고 표현했다. "현명한 사람은 한 발자국, 한 발자국, 고향에 이별을 고하는 것을 배우지 않으면 안 된다." 과거에 머물러 있는 것이 아니라 새로운 고향을 찾아 떠나는 것이야말로 진정한 공부의 모습이다.

공부를 하는 것은 어떤 목적을 이루기 위해 참고 이겨내야 하는 고통이 아니다. 그것은 끊임없이 새로운 것이 되는 변태를 경험하는 과정이며, 그 순간은 나의 존재가 새로운 존재로 변이라는 순간을 경험하는 것이다. 그것은 기쁨의 과정이다. 동시에 나의 존재가 변화하는 순간마다 세상의 질서와 배치를 바꾸게 된다. 내가 변화하지 않은 상태에서 지배적인 흐름을

● 고미숙 지음, 『공부의 달인, 호모 쿵푸스』(북드라망, 2012), 206쪽.

따라가는 것은 고통의 순간이 되지만 그 반대가 되는 순간은 곧 '혁명'이 된다. 그러므로 공부는 곧 혁명을 이루는 과정이다.

철학자 미셸 푸코는 『자기의 테크놀러지』이희원 옮김, 동문선 펴냄, 2002에서 "자신의 신체와 영혼, 사고, 행위, 존재방법을 일련의 작전을 통해 효과적으로 조정하는 노력"을 강조한다. 그러한 노력은 타자와 나, 세상과 주체, 몸과 마음의 관계를 염두에 두고 살아가는 것을 뜻한다. 타자에 대한 어떠한 고려도 없이 자신만을 위한 공부는 헛공부가 될 가능성이 크다. 결국 세상을 변화시키고 타자를 바꾸고 몸을 단련하는 공부는 결국 나를 바꾸는 공부가 되는 것이다. 자신의 영혼이나 마음, 사고뿐만 아니라 신체와 행동, 존재 그 자체를 동시에 고려하고 만들어가는 과정이야말로 공부의 구체적인 내용이라 할 수 있다. 그것은 우리가 '공부'라는 단어와 밀접한 관계를 맺고 있는 '교육'을 고민할 때에도 마찬가지다. 교육학자 이반 일리히는 "인생의 모든 순간들을 학습하고, 지식·기술·경험을 서로 나누어 가지고, 서로 도와주는 순간으로 바꾸어 놓을 수 있는 교육망 형성이 바로 우리가 추구해야 할 과제"라고 말하고 있다.•

바야흐로 스마트한 시대다. 시대는 스마트한 인간을 필요로 한다. 대학은 스마트한 인간을 양성하는 훈련소로 변질되고 있다. 이런 현실에서 공부란 무엇인가, 왜 공부를 하는가, 어떻게 공부를 할 것인가에 대한 물음을 제기할 필요가 있다. 이제 공부를 통해 우리는 자기조직적이고 자기창조적인 여정으로 나아가야 한다. 그렇게 되면 아무리 급격한 변화의 시대

• 이반 일리히 지음, 박홍규 옮김, 『학교 없는 사회』(생각의나무, 2009), 142쪽.

일지라도 우리는 그것을 타고 넘을 수 있는 변화의 달인이 될 것이다.

인디언이 되었으면! 질주하는 말 잔등에 잽싸게 올라타 비스듬히 공기를 가르며, 진동하는 대지 위에서 전율을 느껴보았으면, 마침내 박차를 내던질 때까지, 실은 고삐가 없었으니까, 그리하여 눈앞에 보이는 땅이라곤 매끈하게 풀이 깎인 광야뿐일 때까지, 이미 말 모가지도 말 대가리도 없이.

          _ 프란츠 카프카, 「인디언이 되려는 소망」 전문●

● 프란츠 카프카 지음, 전영애 옮김, 『변신, 시골의사』(민음사 펴냄, 1998), 178쪽.

|

교수님,
안녕들 하십니까

|

2013년 12월 10일 고려대학교 경영학과 4학년 주현우 씨가 철도 민영화, 국정원의 불법 대선 개입, 밀양 주민 자살 등 사회문제에 무관심한 학우들에게 보내는 두 장짜리 육필 대자보를 붙였다. 이른바 「안녕들 하십니까」 대자보의 시작이었다. 이후 고려대는 물론 전국의 대학과 중고등학교까지 "안녕하지 못하다"라고 응답하는 대자보가 확산되었다. 물론 대자보를 훼손하는 이들도 있고, 일부 청년보수단체는 반박 기자회견까지 했다.

'안녕 신드롬'은 하나의 사건이 됐다. 이에 대해 다양한 관점의 분석이 가능하겠지만, 눈여겨볼 것은 대자보라는 매체와 손글씨라는 테크놀러지의 방식일 것이다. 스마트폰이 지배하는 이 시대에 손글씨로 쓴 대자보는 분명 독특한 의미망을 형성한다. '손글씨 대자보'는 단순히 아날로그의 상징이 아니다. 그렇다고 386세대의 추억을 불러일으키는 향수의 소재도 아니다. 오히려 그것은 자신의 생각을 손으로 직접 썼다는 점에서 직접민주주의를 표상한다. 오늘날 SNS 환경에서 '좋아요'나 '리트윗', '댓글' 등은 모두 대의민주주의를 닮았다. 타인의 목소리를 빌거나 익명으로 소극적 의사표현을 할 뿐이다. 「안녕들 하십니까」 이후의 수많은 '릴레이 대자보'는 퍼포먼스 이상의 의미를 갖는다. 그들이 실명으로 대자보를 쓰는 이유도 거기에 있다.

그렇지만 더 중요한 것은 대학사회의 변화라는 맥락이다. 이미 대학은 대자보를 자유롭게 붙일 수 없을 정도로 통제와 검열이 일상화된 공간이다. 그럼에도 '안녕 신드롬' 사건에서 확인했듯이, 대학은 여전히 새로운 희망을 엿볼 수 있는 공간이다. 하지만 여전히 안타까운 이들은 바로 대학교수들이다. 「안녕들 하십니까」 대자보가 등장한 시점 이전의 우리 사회는 총체적으로 정상적이라고 보기 힘든 상황이었다. 하지만 대학교수들의 목소리는 좀처럼 들리지 않는다. 한국사회에서 대학교수가 사라진 것이다. 한국 현대사의 역사적 국면에서 중요한 역할을 했던 지식인들은 온데간데없다. 지금 그 자리를 지키는 것은 가톨릭 신부를 비롯한 일부 종교인들이다. 밀양 송전탑 건설 문제와 마을주민의 죽음, 그리고 삼성전자 서비스센터 직원의 죽음, 국정원 및 군 사이버사령부 댓글 사건 등 중요한 사건들이 눈앞에 있지만, 대학교수들의 목소리는 들리지 않는다. 일부 교수들은 '사주'의 눈치를 보는 '샐러리맨'으로 전락했으며, 어떤 이들은 학생들에 대한 책임을 방기한 채 오히려 권력을 행사하기에 급급하다.

'안녕 신드롬'의 발화 주체는 대학생이다. 대학생들의 삶이 전혀 안녕하지 못하다는 말이다. 이를 뒷받침하는 증거나 증언은 무수히 많다. 교수들은 제자들의 고통스러운 헌신을 알고 있을까. 물론 알고 있다고 답할 것이다. 하지만 그들이 알고 있는 것은 언론을 통해 습득한 대학생 일반의 고통이다. 수업 시간이나 학과에서 자신이 직접 만나는 학생의 구체적인 현실이 아니라 추상화되고 객관화된 현실을 알고 있을 뿐이다. 요즘 학생들은 자신의 고민을 교수들과 나누지 않는다. 교수에게 말해봤자 별 소용이 없을 뿐더러 진심과 애정이 담긴 응답을 기대할 수 없기 때문이다. 학점관리 때문에 친한 척하는 학생들 외에 자신의 방문을 두드리는 제자들이 얼마나 되는가. 많은 교수들이 학생들에게 관심이 없다. 논문 등 연구업적이나 프로젝트 수주, 대학사회에서의 '정치'에 더 많은 시간과 에너지를 쏟는다. 대학에서 학생들은 무엇을 배우고, 무엇을 할 수 있을 것인가.

흔히 멘토의 유행이나 자기계발 열풍을 비판한다. 실제로 대학생들은 대학이 아닌 외부의 강연을 찾아다니고 관련 서적을 읽는다. 과거 대학교수가 했던 역할을 스님이나 소설가, 재야 철학자가 대신하고 있다. 그들은 청년세대의 수많은 문제에 대해 '해답'을 제시한다. 왜 이렇게 된 것일까. 이유는 간단하다. 더 이상 대학에서 그러한 이야기를 들을 수 없기 때문이다. 강의실에서 자신들의 삶과 일상이 이야기되지 않는다. 지금 대학생들의 눈앞에 수많은 현실적 문제들이 놓여 있음에도 교수들은 그 문제들을 언급하지 않고 외면한다. 일부 교수들은 강의실 밖에서 안타까워하거나 비판할지 모르지만, 강의실에서는 굳이 말할 필요가 없다. 괜히 현실에 대해 말했다가 구설수에 오르거나 강의평가만 나빠질 수 있기 때문이다.

대학은 한국사회의 축소판이다. 청소노동자, 시간강사를 비롯한 비정규직 교수, 비리 사학 재단, 등록금 문제 등 다양한 모순과 갈등이 존재하는 곳이 바로 대학이다. 청소노동자는 최저임금 수준의 노동과 온갖 차별을 감당하고, 시간강사들은 추운 방학을 두려워하고, 계약직 교수들은 혹시라도 불이익을 당할까봐 영혼 없는 강의를 하고, 학생들은 방학에도 등록금 마련을 위해 알바를 하느라 잠시도 쉴 틈이 없다. 2012년 12월 대통령 선거가 끝나고 대학의 한 시간강사는 대통령 당선자와 학교 당국을 비판했다는 이유로 모든 강의를 박탈당했다. 그는 아직도 고통의 수렁에서 조금도 빠져나오지 못하고 있다. 그럼에도 누군가에게는 여전히 편안한 날들이 이어진다. "교수님, 안녕들 하십니까."

착한 사람들의 나쁜 사회
지금 여기, 지속 가능한 삶의 조건들

1판 1쇄 펴냄 ㅣ 2016년 4월 5일

지은이 ㅣ 권경우
발행인 ㅣ 김병준
편집장 ㅣ 김진형
디자인 ㅣ 정계수(표지) · 박애영(본문)
발행처 ㅣ 생각의힘

등록 ㅣ 2011. 10. 27. 제406-2011-000127호
주소 ㅣ 경기도 파주시 회동길 37-42 파주출판도시
전화 ㅣ 070-7096-1332
전자우편 ㅣ tpbook1@tpbook.co.kr
홈페이지 ㅣ www.tpbook.co.kr

공급처 ㅣ 자유아카데미
전화 ㅣ 031-955-1321
팩스 ㅣ 031-955-1322
홈페이지 ㅣ www.freeaca.com

ISBN   979-11-85585-22-2 03300

이 도서의 국립중앙도서관 출판시도서목록(CIP)은
서지정보유통지원시스템 홈페이지(http://seoji.nl.go.kr)와
국가자료공동목록시스템(http://www.nl.go.kr/kolisnet)에서
이용하실 수 있습니다.(CIP제어번호: CIP2016007726)